Robert Domes

WAGGON VIERTER KLASSE

Eine Spurensuche in der Nachkriegszeit

ROBERT DOMES

WAGGON
VIERTER KLASSE

Eine Spurensuche in der Nachkriegszeit

Penguin Random House
Verlagsgruppe FSC© N001967

Unterrichtsmaterialien zu diesem Buch sind erhältlich unter www.schullektuere.de.

1. Auflage 2021
Originalausgabe
© 2021 cbj Kinder- und Jugendbuch Verlag
in der Penguin Random House Verlagsgruppe GmbH,
Neumarkter Str. 28, 81673 München
Alle Rechte vorbehalten
Umschlaggestaltung: Suse Kopp, Hamburg
Umschlagmotive © akg-images / Tony Vaccaro
kk · Herstellung: AS
Satz: Uhl + Massopust, Aalen
Druck: GGP Media GmbH, Pößneck
ISBN 978-3-570-31352-7
Printed in Germany

www.cbj-verlag.de

INHALT

VORWORT

von Wilhelm Weinbrenner

>>*Schwerer ist es, das Gedächtnis der Namenlosen
zu ehren als das der Berühmten.*<<

WALTER BENJAMIN

Als ich vor fünfzig Jahren nach Obergünzburg im Allgäu
zog, baute ich mit meiner Frau ein Haus am östlichen Dorfrand, direkt an einem kleinen Bach. Ich wusste nichts davon,
dass gerade mal hundert Meter weiter an diesem Bach früher
mal ein ausrangierter Bahnwaggon stand, schon gar nichts
von seinen Bewohnern. Das wäre sicher so geblieben, hätte
nicht ein Zufall die Geschichte ans Licht gebracht.

Diesem Zufall haben wir ein bisschen auf die Sprünge
geholfen, als wir 2004 die >>Arbeitsgemeinschaft Lokalgeschichte Obergünzburg<< gründeten. Wir befragten ältere
Bürgerinnen und Bürger zu ihren Erinnerungen und Erlebnissen. Besonders interessierte uns dabei die Zeit des Nationalsozialismus, die Kriegs- und Nachkriegszeit.

In einem dieser Gespräche erwähnte ein Zeitzeuge eher
beiläufig einen Eisenbahnwaggon, der ohne Räder am östli-

chen Ortsrand auf einem Wiesenrain neben dem Bachdamm aufgestellt war. Er benutzte den Begriff »Ostbahnhof«, was allein schon bemerkenswert ist, denn Obergünzburg besitzt keinen Gleisanschluss. Der Waggon diente als Behelfswohnung. Der Zeitzeuge erinnerte sich auch an einen Mann, der in den 30er- und 40er-Jahren in dieser Notunterkunft lebte. Er sprach vom »Lammwirts-Luis«. Wie im Allgäu üblich, nannte er den Mann nicht beim Nachnamen, sondern nach dem Hausnamen. Es handelte sich also um einen Mann, dessen Familie das »Gasthaus zum Lamm« in Obergünzburg betrieb. Sein Name: Alois Roth.

Die Geschichte vom »Ostbahnhof« machte mich neugierig. Wie ich bei weiteren Recherchen feststellte, gab es noch eine Reihe älterer Menschen im Dorf, die sich sowohl an den Waggon als auch an Alois Roth erinnerten. Und es gab noch Dokumente, Meldezettel, Schulzeugnisse, Gerichtsakten.

Alois war ein begabter Junge, wie ich bald erfuhr, ein hervorragender Schüler. Aber dennoch war sein Lebensweg vorgezeichnet – als Knecht, bestenfalls Kleinbauer. Er wollte sich damit nicht abfinden und brach aus. Dabei geriet er auf die schiefe Bahn – ob gewollt oder ungewollt, das wissen wir nicht.

So mogelte er sich durchs Leben, nicht immer legal. Er hatte keine feste Arbeit, lebte von der Hand in den Mund. Nach allem, was über ihn erzählt wird, war er jedoch ein lustiger Kerl, ein Geschichtenerzähler, ein kleiner Philosoph. Ein schräger Vogel, der sich seine Freiheit nahm, der sich nicht einschränken lassen, nicht einfügen wollte. Er, der mitten in der Dorfgesellschaft aufgewachsen und dort zu Hause war, wurde zum Außenseiter. Oder er wurde zum Außenseiter gemacht – wer weiß.

Bei meiner Suche stieß ich noch auf weitere Bewohner des Waggons. Es war die Familie Minde, die nach dem Krieg als Flüchtlinge in Obergünzburg landete. Ernst Minde kam 1948 aus russischer Kriegsgefangenschaft nach Obergünzburg und holte nach und nach seine Frau und die fünf Kinder aus der Ostzone.

Die Familie stammte aus Königsberg/Ostpreußen und war Teil des großen Menschenstroms, der ab Herbst 1944 aus den Ostgebieten vertrieben wurde oder in den Westen flüchtete. Der kleine Ort Obergünzburg mit seinen damals rund 1800 Einwohnern musste allein fast tausend Evakuierte, Flüchtlinge und Vertriebene aufnehmen. In jedem verfügbaren Wohnraum wurden die Neubürger einquartiert.

Als die Mindes ankamen, fanden sie im Dorf keine Bleibe und kamen für rund zwei Jahre im »Ostbahnhof« unter. Vier von den damaligen Minde-Kindern leben noch; drei von ihnen haben uns eindrucksvoll ihre Flucht, ihre Ankunft und das Einleben in der neuen Heimat beschrieben. Vor allem auch den Alltag im alten Bahnwaggon, in dem sie abgeschieden am Bachrand lebten. Sie erzählen von Armut und miserablen Lebensbedingungen, von Einsamkeit und Fremdheit. Aber auch von Hilfe aus dem Dorf, von neuen Freundschaften, von einem engen Zusammenhalt in der Familie und von bescheidenem Glück.

Zumindest in ihrer ersten Zeit in Obergünzburg waren die Mindes ebenso Außenseiter wie Alois Roth. Allerdings gab es einen großen Unterschied. Die Flüchtlingsfamilie wollte sich integrieren, wollte dazugehören und schaffte es schließlich auch.

Roth hingegen schien sich mit seiner Rolle als Sonderling

abgefunden zu haben. Und er wurde ja auch lange Zeit von der Dorfgemeinschaft toleriert. Dies änderte sich mit dem Aufkommen der Nazis. In ihren Augen waren Menschen wie er »Volksschädlinge«.

Ich habe viel über Alois Roth nachgedacht. Wie er wohl gelebt hat in diesem Waggon am Rande des Dorfes. Was er gedacht, wovon er geträumt hat. Es geschah eine seltsame Annäherung, die immer tiefer und dichter wurde, je mehr ich über ihn herausfand. Alois ließ mich nicht mehr los, er wuchs mir ans Herz.

Ich freue mich sehr, dass gerade Robert Domes sich von meiner Begeisterung anstecken ließ. Er hat die Recherchen professionell vertieft und viele wertvolle Details und Hintergründe ausgegraben. Und er hat daraus nun dieses berührende Buch geschrieben, das den Menschen Alois Roth lebendig werden lässt.

Endlich wird damit die Decke des Schweigens gelüftet, die sich über ihn und jene Zeit des Ungeistes gebreitet hatte. Denn seine Geschichte zeigt exemplarisch, wie sich die Gesellschaft in der Nazizeit radikalisiert hat und wie dadurch Menschen an den Rand gedrängt und ausgestoßen wurden. Nicht nur in unserem beschaulichen Markt, sondern überall im Land. Zugleich sehen wir am Beispiel der Familie Minde, dass die Integration von Flüchtlingen gelingen kann. Ich wünsche mir, dass unsere heutige Gesellschaft und künftige Generationen etwas daraus lernen.

Wilhelm Weinbrenner

Wilhelm Weinbrenner, Jahrgang 1939, begann mit 27 Jahren seine Tätigkeit als Fürsorger im damaligen »Nervenkrankenhaus Kaufbeuren«, dem späteren Bezirkskrankenhaus. Nachdem Dr. Michael von Cranach 1980 die Krankenhausleitung übernommen hatte, arbeitete Weinbrenner an der Umsetzung der Reformpsychiatrie; seit 1992 als leitender Sozialarbeiter. Nach seiner Pensionierung im Jahr 2001 engagierte er sich als Projektkoordinator der Arbeitsgemeinschaft Lokalgeschichte Obergünzburg in der Erforschung der Ortsgeschichte. Dabei entdeckte er den »Ostbahnhof«, an dem mehr als 30 Jahre lang das Original des »Waggons vierter Klasse« stand. 2020 initiierte Weinbrenner, an der Stelle einen historischen Erinnerungsort zu schaffen. So entstand das EU-geförderte Projekt »*Demokratie Heute und Morgen: DenkStätte am Bichtholzer Bach*«.

Martha

GEISTER

Ich bin begraben. Sand und Kalk rieseln in meinen Mund. Das Heulen der Granaten hallt noch immer als Echo durch die Grüfte. Unter der Erde wimmern die Verschütteten. Ich höre das Weinen der Kinder, die sich an ihre Mütter pressen. Sie haben gelernt, leise zu sein, obwohl das nun völlig egal ist. So oder so wird niemand sie hören. Doch ich höre sie. Ich kämpfe mich mit blutenden Händen durch Schuttberge, die Haare kleben an meinem Gesicht. Rudernd wie eine Ertrinkende wache ich auf.

Die Schwärze bleibt, auch nachdem ich die Augen öffne. Ich habe keine Orientierung, weiß nicht, wo ich bin. Meine Finger betasten das Bett und die glatte Holzwand. Dann spüre ich Erna neben mir, die leise seufzt. Über mir auf der oberen Etage des Stockbetts der ruhige Atem von Karl, vom anderen Ende des Raumes das Schnorcheln von Vater. Ich bin nicht in einem Keller, ich bin in einem alten Bahnwaggon. In Obergünzburg. Im Allgäu. Die erste Nacht in meinem neuen Zuhause. Ich lege mich zurück in das schweißfeuchte Kissen und lausche. Kuhglocken schellen aus der Ferne, vor dem Fenster das Zirpen der Grillen und das Plätschern des Bachs, über dem Dach das sanfte Rauschen der Tannen. Langsam beruhigt sich mein Herz.

Da ist das Weinen wieder. Es kam nicht aus meinen Träumen, es kommt von draußen. Leise und unterdrückt, als würde jemand einem Kind die Hand vor den Mund pressen. Ich versuche, Erna zu wecken. Doch die schläft fest wie immer und dreht sich knurrend weg.

Vorsichtig taste ich mich zur Tür. Sie ist nicht abgesperrt. Vater schließt nie ab. Ich überquere den Bach, der direkt am Waggon vorbeifließt. Rechts säumt dichtes Gebüsch den Damm. Aus der finsteren Wand aus Zweigen und Blättern dringt das Weinen. So hoffnungslos, dass ich am liebsten mitheulen würde.

Ein dornengespickter Pfad führt ins Dickicht, der Eingang ist im Sternenlicht nur vage zu erkennen. Ich gebe mir einen Ruck und trete zwischen die Sträucher. Sofort hört das Klagen auf. Ich starre in die Schwärze und habe das Gefühl, dass ich selbst angestarrt werde. Was immer es ist, Mensch oder Tier, es lässt mich schaudern.

Ohne auf die Dornen zu achten und ohne mich umzuschauen, renne ich zurück zum Wagen. Im Bett horche ich noch lange hinaus in die Julinacht. Doch das Weinen ist verstummt. Selbst die Grillen schweigen.

*

»Ich dachte mir gleich, dass es hier spukt«, flüstert Erna. Sie ist von meinem nächtlichen Abenteuer wie elektrisiert. »Warum hast du mich nicht geweckt?«

»Erna, das kann alles Mögliche gewesen sein. Es war

stockdunkel, ich habe nichts gesehen. Und außerdem: Wie soll man dich bitte schön wach kriegen? Dich könnte man in der Nacht davontragen und du würdest es nicht merken.«

Erna boxt mich in den Arm und zieht einen Schmollmund. Wir sitzen auf der Bank vor dem Waggon und genießen die Morgensonne. Vater ist schon früh ins Dorf gegangen, um etwas zu Essen zu besorgen. Karl macht sich im Waggon zu schaffen. Wir hören ihn laut und falsch vor sich hin pfeifen.

»Ich bin sicher, dass es ein Geist ist«, beharrt Erna. »Weißt du noch, gestern Nachmittag, kurz nachdem wir ankamen, ist die Blechtasse aus dem Regal gefallen, obwohl keiner dran war. Und am Abend flackerte die Petroleumlampe, obwohl kein Wind ging. Und dann die Geräusche. Es knarzt und knirscht und raschelt die ganze Zeit. Wie die alten Kutter zu Hause im Hafen.«

Ich senke die Stimme. »Das ist kein alter Kutter, sondern ein Piratenschiff. Die Mannschaft hat sich versteckt und wartet, dass das Meer zurückkommt. Dann nehmen sie uns alle mit nach Afrika.«

Erna wirft sich auf mich und fängt mit ihren flinken Fingern an, mich zu kitzeln. Wir rollen ins taufeuchte Gras. Sie ist im letzten Jahr mit einem Schub gewachsen und passt, obwohl sie drei Jahre jünger ist, inzwischen in meine Kleider. Sie hat mit dreizehn einen Busen und ihre Tage bekommen. Mein kleines Schwesterchen ist ein richtiger Backfisch geworden.

Ich werfe sie von mir ab und wir liegen lachend in der Sonne. Erna schaut auf den Waggon und runzelt die Stirn.

»Der Kasten ist mir unheimlich. Ich will hier nicht bleiben.« Sie seufzt. »Ich will wieder nach Radebeul zu Mutti. Du etwa nicht?«

Bevor ich antworten kann, steht Karl über uns. Er hat die Arme verschränkt, eine Haltung, die er sich von Vater abgeguckt hat.

»Na, toll. Ihr tobt hier rum und ich darf drinnen aufräumen. Vater hat gesagt, dass ab jetzt die Mädchen den Haushalt machen.«

»Das würde dir so passen«, sage ich schnippisch und werfe einen Erdklumpen nach ihm. Karl weicht geschickt aus und der Klumpen kracht gegen die Blechwand. Karl lacht und dreht mir eine Nase. Dann sieht er Ernas erschrockenes Gesicht.

»Keine Sorge, der Karren ist stabil.« Er klopft gegen die Blechkante und es hallt im Waggon wider. »Der bricht nicht so schnell auseinander.«

Aber Erna reagiert nicht. »Ist was?«, fragt Karl irritiert.

»Martha hat einen Geist gesehen«, sagt Erna.

Ich versuche sie mit einem scharfen Blick zu bremsen, aber sie redet weiter. »Genauer gesagt hat sie ihn nicht gesehen, sondern nur gehört. Es war ein schauriges Geheule. Heute mitten in der Nacht. Hast du nichts gehört?«

Karl schüttelt den Kopf und schaut mich fragend an.

»Es war mehr so, als ob ein Kind weint. Oder mehrere. Irgendwie seltsam – und ein bisschen gespenstisch.«

In Karls Gesicht breitet sich ein Grinsen aus, dann prustet er los und kriegt sich nicht mehr ein vor Lachen.

»Was ist daran so lustig?«, fragt Erna.

»Kommt mit«, sagt Karl und ist schon hinter dem Waggon verschwunden.

Wir folgen ihm in das Gebüsch, vor dem ich in der Nacht zurückgeschreckt bin. Jetzt am Tag sieht es friedlich und harmlos aus. Schon nach wenigen Metern, keinen Steinwurf vom Waggon entfernt, geben die Büsche eine Lichtung frei. Hier sind im Halbschatten sechs quadratische Betonbecken aneinandergereiht. Jedes so groß wie ein Doppelbett und gut einen halben Meter tief. Sie sind bis zur Hälfte mit Wasser gefüllt, das einen scharfen Gestank verbreitet. Auf den Becken liegen schwere Eisengitter, die mit Vorhängeschlössern gesichert sind.

Karl stellt sich wie ein Zirkusdirektor daneben und grinst. »Da hast du deine Geister.«

Durch die Gitter blicken uns kleine Pelztiere mit Augen wie Glasmurmeln neugierig an. Sie sind so groß wie Stallhasen, haben ein graubraunes Fell und einen langen, dünnen Schwanz. Die Vorwitzigen unter ihnen machen Männchen und drücken ihre Nasen durch die Gitter. Unter ihren dicken Schnurrbärten leuchten orangefarbene Nagezähne hervor.

Erna bleibt in sicherem Abstand stehen. »Iiiih, das sind ja Ratten«, sagt sie angeekelt.

Karl verdreht die Augen. »Das sind keine Ratten. Das sind Nutrias. So was Ähnliches wie Biber.«

Es müssen mindestens fünfzig Tiere sein. Beim Näherkommen sehe ich, dass es Durchlässe zwischen den Becken gibt. Das Ganze ist wie eine Wohnung mit mehreren Zimmern.

Ich beuge mich hinunter und halte die Hände ans Gitter. Eine der Nutrias schnuppert daran. Ihre feuchte Nase wandert über meine Handflächen, dabei kitzeln mich die Barthaare an den Fingern. Es ist eine zärtliche Berührung.

»Und was hat das mit den Geistern zu tun?«, fragt Erna.

»Sie weinen in der Nacht«, sagt Karl. »Es hört sich an wie kleine Kinder.«

Die Nutria hat nun genug geschnuppert und reibt ihre haarige Wange an meiner Hand. Dieses kleine Pelzknäuel versteht mich. Es fühlt meinen Kummer und meine Sehnsucht.

»Du warst das also«, flüstere ich. »Du hast mich durch die Büsche angeschaut. Du wolltest mich gar nicht vertreiben. Du wolltest, dass ich zu dir komme und dich tröste.«

Als würde es mich verstehen, schaut das Tierchen hoch zu mir. Seine glänzenden Knopfaugen blicken mir bis in die Seele. Sie sehen jeden Riss, jede Verletzung, sie sehen die vielen Tränen, die ich nicht geweint habe.

»Wenn ich hier eingesperrt wäre, würde ich auch weinen«, sagt Erna, die immer noch auf Abstand bleibt.

Ich muss schlucken.

»Was passiert denn mit denen?«, fragt Erna.

Karl fährt sich mit der Hand quer über den Hals. »Daraus macht man Pelzmäntel.«

Ich fahre hoch. »Pelzmäntel? Wer kommt denn auf die Idee?«

Karl zuckt mit den Achseln. »Scheint gerade schwer in Mode zu sein.«

Als ich zurück zum Gehege schaue, ist die Nutria weg. Sie hat sich in die hinteren Becken zu ihrer Herde zurückgezogen.

Wie uns Karl erklärt, werden die Nutrias von einem Mann aus dem Dorf gezüchtet. Er heißt Greisel, aber alle nennen ihn nur Bienenkönig. Schon in der dritten Generation hält die Familie Bienenvölker rund um das Dorf und handelt mit Honig. Eines seiner Bienenhäuser steht wenige Meter vom Waggon weg auf der Wiese, gleich neben dem Plumpsklo.

Der Bienenkönig hat auch sonst viele Tiere und er hat als Erster im ganzen Umkreis eine Nutriazucht eröffnet.

»Dann könnte er ja jetzt auch Biberkönig heißen«, kichert Erna.

Karl rollt mit den Augen und erzählt weiter. Der Bahnwaggon diente dem Bienenkönig als Lager, zum Schleudern des Honigs, zum Gerben der Felle oder einfach, um sich im Winter aufzuwärmen. Als Vater in Obergünzburg eine Wohnung für die Familie suchte, überließ Greisel ihm den Wagen.

Im Dorf selbst ist schon lange nichts mehr zu finden. Die vielen Flüchtlinge haben alles belegt. Komplette Großfamilien quetschen sich in Abstellkammern und Geräteschuppen. Selbst Garagen, Ställe und zugige Heuschober werden als Wohnung genutzt. Wer einen Dachboden ergattert, kann sich glücklich schätzen.

Der Bahnwaggon ist ein Fremdkörper auf dem sonnigen Wiesenhang. Von der Hauptstraße unterhalb sieht es aus, als hätte ihn ein Lokführer einfach abgehängt und vergessen. Erst wenn man näher kommt, kann man erkennen, dass der Waggon keine Räder mehr hat. Und dass der vermeintliche Bahndamm, an dem er steht, in Wirklichkeit die Uferböschung eines kleinen Bachs ist. Es gibt nirgendwo Gleise. Obergünzburg hat keinen Gleisanschluss und keinen Bahnhof. Wie der Waggon hierhergekommen ist, weiß Karl nicht.

Das Ding steht auf einem schmalen ebenen Grasstreifen neben dem Bach, der jetzt im Sommer nur wenig Wasser hat. Die beiden Plattformen des Waggons sind noch dran, doch nur auf der rechten Seite gibt es eine Eingangstür. Zu ihr gelangt man über eine kleine Holzbrücke. Neben dem Bach liegt ein Weg, der vom Dorf heraufkommt und den Hang hinauf in den Wald führt. Auf der Südseite des Waggons liegt freies Feld, das leicht zur Hauptstraße hin abfällt.

Karl, der seit einem halben Jahr hier ist, hat Vater geholfen, den Waggon herzurichten. Er wird nicht müde zu erzählen, wie fleißig er gearbeitet hat. Auch wenn er damit angibt, glauben wir ihm. Karl war schon immer ein geschickter Bastler. Und er ist mit seinen vierzehn Jahren kräftig genug, um Vater auch bei schweren Arbeiten zur Hand zu gehen.

Die Sitzbänke für die Fahrgäste sind schon vorher entfernt worden, die linke Tür mit Brettern verschlossen, ebenso die Fenster, die nach Norden gingen. Vater hat auch die mittleren zwei Fenster nach Süden mit Holz verkleidet. Das macht den lang gezogenen Raum zwar dunkel, aber auch heimelig. Nach und nach entstand so eine vollständige Wohnung. Sie ist ärmlich und doch fehlt nichts. Bretter haben Vater und Karl aus der Sägemühle erbettelt, Bohlen und Hartholz bei der Wagnerei. Möbel und ausrangiertes Geschirr stammen von hilfsbereiten Leuten im Dorf.

Direkt hinter der Tür steht Vaters Militärbett, das tagsüber eingeklappt wird. Daneben ein altes rotbraunes Sofa. Die Federn sind durchgesessen und drücken beim Draufsetzen in den Hintern. An der Fensterseite ein kleiner Tisch, darauf die Petroleumlampe, die einzige Lichtquelle im Raum. Vater achtet sorgfältig darauf, dass sie sicher steht und nachts auch wirklich gelöscht ist. Seine größte Angst ist, dass die Lampe umfällt und den Wagen in Brand steckt.

In der Mitte des Raums ist die Küche, ein emaillierter Kohleherd mit zwei Kochplatten, eingerahmt von Regalen für Lebensmittel, Geschirr und Hausrat. Hier ist auch der

»Waschraum«. Er besteht aus einer Schüssel, die in einen Hocker eingelassen ist. Daneben ein Stück Kernseife, ein Waschlappen, ein Handtuch. Für eine schnelle Wäsche kann man das Wasser aus dem Bach schöpfen. Doch das ist nicht so gut. Deshalb muss täglich jemand mit dem Leiterwagen ins Dorf und am Brunnen zwei große Kannen füllen.

Die komplette Rückseite des Waggons ist zur geschlossenen Regalwand umgebaut, in der Platz für Kleidung und Schuhe ist. Davor steht das Stockbett, das Karl bisher für sich alleine hatte und das wir uns nun zu dritt teilen. Vater hat auch einen kleinen Kanonenofen organisiert und auf der Fensterseite eingebaut. Zwischen Bett und Ofen wohnen zwei Hühner in einem Verschlag. Vater besteht darauf, dass es zwei sind, weil eines alleine zu einsam wäre.

Vater und Karl haben die Tür mit Holzwolle gedämmt, die Ofenrohre durch die Decke geleitet und das Dach abgedichtet. Sie haben das Plumpsklo neben dem Bienenhaus gebaut und sogar einen eigenen Keller, ein überdachtes und mit Erde aufgeschüttetes Loch, in dem die Vorräte auch im Sommer kühl bleiben.

Als Karl mit seinem Rundgang fertig ist, zeigt Erna auf die Zahl neben dem Eingang. Dort steht eine große Vier. »Sogar eine Hausnummer hat das Ding.«

Karl seufzt. »Das ist die Wagenklasse.«

Ein Waggon vierter Klasse, wie passend. Mir geht unser helles Haus und der Garten in Königsberg durch den Kopf. Darauf folgte ein muffiges Landgut in Masuren, das diesen Namen nicht verdiente. Danach die enge Kammer in Radebeul, die so kalt war, dass die Wäsche zu steifen Brettern gefror. Und jetzt ein Waggon vierter Klasse, so weit abseits vom

Dorf, dass wir mit unserem armseligen Aussehen das Orts-
bild nicht stören. Und ich dachte, dass ein weiterer Abstieg
nicht möglich wäre.

*

Vater ist rührend. Er hat tatsächlich Fleisch aufgetrieben.
Es ist von der Freibank, fett und zäh. Aber es gibt zusammen mit Gemüse und Kartoffeln eine richtige Festtagssuppe.
Vater lässt es nicht zu, dass wir ihm helfen. Wir sollen singen, so wie früher. Das tun wir und sehen dabei zu, wie er im
Unterhemd am Herd steht, Karotten putzt, Kartoffeln schält
und Zwiebeln schneidet.

Immer wieder fährt er sich mit dem Handrücken über die
Augen. »Diese vermaledeiten Zwiebeln.«

Wir singen mit belegten Stimmen weiter. Als wir »Zogen
einst fünf wilde Schwäne« anstimmen, murmelt Vater was
von aufs Klo gehen und eilt aus dem Waggon.

Zwei Stunden später ist das Fleisch genießbar. Andächtig sitzen wir um den Tisch. Die Sommersonne scheint
durchs Waggonfenster. Vater betet »Aller Augen warten
auf dich, Herr, und du gibst ihnen ihre Speise zur rechten
Zeit«. Unser »Amen« ist noch nicht verklungen, da fängt
Karl schon an zu löffeln. Ich halte die Augen geschlossen,
atme den Duft der Fleischbrühe ein und lausche dem Klappern des Bestecks und dem Schlürfen. Eine ungewohnte
Ruhe macht sich in mir breit, eine friedliche Wärme. Obwohl mein Magen knurrt, brauche ich gar keine Suppe. Mir
genügt es, hier zu sitzen, den Duft in der Nase, die Essge-
räusche im Ohr und keine Angst zu haben. Jetzt fehlen nur

noch Mutti, Klaus und Heinzi – aber sie werden nachkommen.

Als ich die Augen öffne, sehe ich, dass Vater auch nicht isst. Er hat die Hände vor sich gefaltet, schaut mich an und lächelt. Sehr mager ist er geworden, sein rotbraunes Haar schlohweiß. Auf der Stirn und den Wangen haben sich tiefe Kerben eingegraben. Aber sein Lächeln ist wie früher. Am liebsten würde ich jetzt auf seinen Schoß kriechen, den Kopf an seine Brust pressen und mich von seinen Armen und seinem Herzschlag wiegen lassen. So wie ich es immer getan habe.

Und zugleich weiß ich, dass es nie mehr so sein wird. Zu viel ist passiert, seit ich ihn das letzte Mal umarmt habe. Mit ihm, mit mir, mit uns allen. Zwischen uns stehen die Bombennächte und Feuergefechte, die Schwermut der Flüchtlingstrecks und die Kälte Sibiriens, Ohnmacht, Verlorenheit und Heimweh.

Er nickt mir zu. »Deine Suppe wird kalt, Marthi.«

Selbst mein alter Kosename klingt nun fremd. Vater spürt es genau wie ich: Wir haben uns nach vier Jahren endlich wieder gefunden und zugleich verloren.

Alois 1900

SILVESTER ·

Vorsichtig schlüpft Alois aus dem Bett und zieht die Decke über Marie zurecht. Seit Stunden liegt er schon wach und zählt die Schläge der Kirchturmuhr. Er lauscht auf den Lärm aus der Gaststube, der gedämpft nach oben dringt. Ein Wirrwarr aus Gelächter und Stimmen, Gläserklirren und Gepolter, dazwischen das Akkordeon des Heiderbauern. Alois kennt die meisten Lieder und singt sie stumm mit.

Wie so oft ist seine kleine Schwester in der Nacht zu ihm geschlüpft und hat sich an ihn geschmiegt, eingerollt wie eine Katze. Als er aufsteht, beklagt sie sich mit einem Murren, schläft aber weiter.

Alois zieht Hemd und Hose an, darüber seine feste Wolljacke. Dennoch friert er, dass seine Zähne klappern. Zitternd steht er am Fenster, haucht ein Loch in die Eisblumenschicht. Drunten auf dem verschneiten Marktplatz werden die ersten Fackeln entzündet, Menschen sammeln sich in Grüppchen. Nach dem Sturm und dichtem Schneefall der letzten Tage hat sich das Wetter beruhigt. Nur noch wenige Flocken glitzern durch die Nacht.

Vom Kirchturm dringen drei Schläge, Viertel vor zwölf.

Es wird Zeit. Alois schleicht die Treppen hinunter und späht in die Gaststube. Das »Lamm« ist voll, so wie alle Gasthäuser heute Abend. Vater hinter der Theke kommt mit dem Ausschenken kaum hinterher. Mutter und eine extra angeheuerte Bedienung kämpfen sich mit Bierkrügen und Punschgläsern durch die Stuhlreihen. Über die dichten Rauchschwaden hinweg schreien die Gäste ihre Bestellungen, rudern und winken, wenn ein volles Tablett in ihre Nähe kommt. Hermann ist zum Abräumen und Spülen eingeteilt. Mit hochrotem Gesicht balanciert er das Geschirr in die Küche.

Die Männer, die neben der Tür sitzen, sind aufgestanden und rufen, weil sie die Fackeln auf dem Marktplatz entdeckt haben. »Noch zehn Minuten. Auf geht's!« Der Heiderbauer nimmt Hut und Mantel und folgt den Männern mit seinem Akkordeon nach draußen.

Alois nutzt die Gelegenheit und schlüpft in die Gaststube. Er drängelt sich an den Gästen vorbei durch den Raum. Niemand achtet auf ihn. Gerade als er an der Tür ankommt, wird er von hinten am Ohr gepackt.

Die harte Stimme seines Vaters. »Hab ich dir nicht gesagt, dass du in der Gaststube nichts verloren hast?«

Ein Großknecht neben ihm mischt sich ein. »Lass ihn doch, Sepp. So eine Feier gibt es nur einmal im Leben.«

»Halt dich da raus, Lenz.« Vater zieht nur noch fester an seinem Ohr. »Feiern – das könnte dem so passen.«

Doch Lenz lässt nicht locker. »Weißt du was, Sepp? Das wird sein Jahrhundert. Unseres ist vorbei, wir sind doch alt und lahm. Aber der da, der hat noch was vor sich. Gell Alois, heut lassen wir fünfe grade sein.« Er zwinkert ihm zu.

»Und zur Feier des Tages könnt ihr auch alle ein gutes Trinkgeld geben«, sagt Alois und grinst breit.

Vaters Hand lässt sein Ohr los und schlägt ihn kräftig in den Nacken. »Was fällt dir ein, du frecher Kerl.«

Alois, der das gewohnt ist, zieht nur den Kopf ein. Der Großknecht lacht. »Dein Luis ist nicht blöd.«

»Nein,« sagt der Vater, »blöd ist er nicht, aber stinkfaul.« Und er schlägt noch mal zu.

»Jetzt sei nicht so«, sagt Lenz, packt Alois an der Schulter und schiebt ihn mit der Menge nach draußen.

Die kalte Luft fängt Alois ein. Durch den Nebel seines Atems starrt er auf den Trubel. Da fangen die Glocken an zu läuten und wollen gar nicht mehr aufhören. Aus den Häusern und Wirtschaften strömen die Menschen auf den Marktplatz, rufen »Prosit Neujahr« und fallen sich in die Arme. Viele haben Punschkannen mitgebracht und lassen sie kreisen. Sie stoßen an und heben die Gläser. Alois ist starr vor Freude. Ein neues Jahrhundert beginnt.

Eben als sich die Fackelträger bereit machen, wird die Menge durch einen Schuss aufgeschreckt. Diejenigen, die noch den Krieg gegen die Franzosen erlebt haben, zucken zusammen und ziehen die Köpfe ein. Die Jungen grölen. Vor dem Nachbarhaus steht der alte Rieger, in der Hand einen Vorderlader mit rauchendem Lauf. Er schwankt leicht, lädt nach und schießt erneut in die tief hängenden Wolken. Da reißt ihm Bürgermeister Haug die Flinte aus der Hand. »Bist du wahnsinnig? Willst du, dass jemand zu Schaden kommt?«

»So ein Silvester hat man nur einmal im Leben«, sagt Rieger und starrt den Bürgermeister mit glasigen Augen an. Er riecht nach Schnaps.

Haug nimmt das Gewehr an sich. Er hebt die Flinte wie einen Dirigentenstab und der Fackelzug setzt sich in Marsch. Trompeten, Trommel und Akkordeon voraus, dann die Fackelträger, dahinter die Menge. Sie ziehen über den Alten und den Oberen Markt, dann die Günz entlang zum Unteren Markt, wieder zurück und einmal um die Kirche, und singen dabei »Das Alte ist vergangen«.

Mittendrin Alois, sechs Jahre alt, der staunt und friert und glücklich ist. Er schaut in den schwarzen Himmel und dort tut sich eine Lücke in den Wolken auf, aus der die Sterne funkeln. Bestimmt hat der alte Rieger mit seinem Vorderlader das Loch hineingeschossen. Den Kopf im Nacken stolpert Alois im Festzug mit. Plötzlich zieht eine Sternschnuppe genau durch die Wolkenlücke. Alois ist sicher, dieses Zeichen ist ganz allein für ihn bestimmt. Der Himmel hat ihm zugezwinkert. Eine Verheißung auf all das wunderbare Neue, das kommen wird.

Zuerst die Schule. Im Mai wird er in die erste Klasse kommen und kann es kaum erwarten. Endlich wird er zu den Großen gehören, wird Lesen und Schreiben und Rechnen lernen. Er wird alle Abenteuergeschichten lesen. Und dann, in ein paar Jahren, wird er selbst solche Abenteuer erleben.

Er wird hinauskommen aus der rauchigen Gaststube und dem dunklen Hinterhaus, hinaus aus dem Kuhstall. Er wird sein Leben nicht in Gummistiefeln und Schürze verbringen, wird keine Gläser spülen, kein Bier ausschenken, keine Kühe austreiben und abends ihre Schwänze hochbinden, damit sie ihm beim Melken nicht ins Gesicht schlagen. Er wird keinen Mist aufladen und keine Kartoffeln klauben. Er wird in die Welt ziehen.

Ihn schaudert es bei dieser Vorstellung. Ein heißes Gefühl von Freiheit kribbelt seinen Rücken hoch.

Alois ist so in Gedanken, dass er Lenz, der vor ihm geht, in die Beine läuft.

»He, kleiner Luftikus, wo schaust du denn hin?«

»Da war gerade eine Sternschnuppe«, sagt Alois.

Lenz folgt seinem Blick, aber die Lücke am Himmel hat sich schon wieder geschlossen. »Das ist ein gutes Zeichen, Junge. Du hast dir hoffentlich was gewünscht.«

Alois nickt eifrig.

Lenz zieht seine Geldbörse aus der Hosentasche und gibt Alois eine Mark. Der starrt das Geldstück an, ein Vermögen.

»Aber nicht gleich alles für Zuckerzeug verplempern«, mahnt Lenz.

Alois strahlt vor Glück. Er kann sich gar nicht vorstellen, wie viel Süßigkeiten er beim Bäcker Holzheu dafür bekommen würde. Und er könnte damit auch noch die Brausebonbons bezahlen, die er vor Weihnachten heimlich gemopst hat.

Lenz fingert weiter in seinem Beutel. Schließlich hat er gefunden, was er gesucht hat. Er drückt Alois eine Fischschuppe in die Hand. »Die ist vom Karpfen heute Abend. Pass gut drauf auf. Die bringt Glück. Wenn du die in deinen Beutel steckst, geht das Geld nie aus.«

Alois bedankt sich mit einem artigen Diener. Die Schuppe fühlt sich glatt und fremd an in seiner Hand. Sie glitzert silbern wie eine Schneeflocke. Er überlegt, wo er seinen Schatz verstecken kann, damit Hermann ihn nicht findet. Und auch Marie nicht, die mit ihren neugierigen Händchen gerne Sachen kaputt macht.

Marie! Sie hat er ganz vergessen. Er wollte nur kurz vor die Tür gehen und jetzt ist er bald eine Stunde weg. Hoffentlich ist sie nicht aufgewacht. Nicht auszudenken, wenn sie aus dem Bett gefallen ist. Vielleicht sitzt sie nun oben in der Kammer und weint und keiner hört sie, keiner tröstet sie. Oder sie kommt im Nachthemd in die Gaststube und ruft nach Mutter. Oder noch schlimmer, sie fällt die Treppe runter und bricht sich weiß Gott was. Schreckliche Bilder tauchen in seinem Kopf auf, wie sie bleich und leblos im dunklen Flur liegt.

Der singende Festzug hat seine Runde beendet und stimmt vor dem Rathaus »Deutschland, Deutschland über alles« an. Die Männer stehen stramm und salutieren, die Frauen wischen sich mit Taschentüchern über die Augen. Alois sieht, dass auch Vater und Mutter vor dem »Lamm« stehen. Er witscht unbemerkt durch die Tür. Der Gastraum ist fast leer. Nur ein paar Männer sitzen am Tisch neben dem Ofen, zu alt oder zu betrunken, um draußen mitzusingen.

Er nimmt den Durchgang durchs Hinterzimmer zum Treppenhaus. Dort löst sich ein Schatten aus dem Flur. Hermann packt ihn am Kragen und presst ihn ans Holzgeländer.

»Du hast sie wohl nicht mehr alle. Ich darf hier schuften und du gehst draußen mitten in der Nacht spazieren wie ein Gockel.«

Alois bleibt die Luft weg. Er spürt Hermanns heißes Gesicht vor seiner Nase. »Papa hat's erlaubt«, krächzt er.

Sofort bekommt er eine Ohrfeige. »Mich auch noch anlügen«, faucht Hermann.

29

Fieberhaft überlegt Alois, wie er den aufgebrachten Bruder besänftigen kann. Aber ihm fällt nichts ein. Wie soll er dem fast fünf Jahre Älteren erklären, dass er diesen Jahreswechsel, diesen Jahrhundertwechsel auf keinen Fall versäumen durfte. Dass er einfach dabei sein musste. Wie soll er den Glanz der Sterne beschreiben, die für einen kurzen Moment durch die Wolken schienen. Wie soll er Hermann begreiflich machen, dass der alte Rieger nur für ihn ein Loch in die Wolkendecke hineingeschossen hat. Dass ihm der Himmel durch diese kleine Lücke zugezwinkert hat. Und dass der Großknecht Lenz ihm eine Mark und dazu eine silberne Karpfenschuppe geschenkt hat. Überhaupt: wie schön und frei diese Nacht war.

Es ist unmöglich. Hermann würde nichts davon verstehen. Er würde nur noch böser, noch neidischer werden.

Alois verlegt sich aufs Betteln. »Lass mich los, ich muss ins Bett.«

»Ach, jetzt auf einmal«, höhnt Hermann. »Jetzt ist der kleine Herr müde.«

Er packt seinen Bruder, hebt ihn hoch und schüttelt ihn. Etwas klimpert auf dem Steinboden. Ohne Alois' Hemdkragen loszulassen, bückt sich Hermann und hebt das Markstück auf. »Sieh mal einer an. Hast Trinkgeld gekriegt? Ausgerechnet du faules Stück.« Er steckt das Geld ein.

Alois wehrt sich. »Gib das sofort her, das hab ich geschenkt bekommen. Das gehört mir.«

Er fuchtelt mit den Armen und boxt auf Hermann ein. Der schlägt ihm mit der flachen Hand ins Gesicht, dass Alois wimmernd zu Boden geht. Sofort ist Hermann auf ihm, presst ihm mit den Knien die Lunge zusammen und prügelt auf ihn ein. Alois versucht, sein Gesicht zu schützen, aber es gelingt ihm nicht. Er spürt einen blutigen Geschmack im Mund, trommelt mit den Fäusten auf Beine und Bauch des Bruders ein.

Da tönt eine wütende Stimme durch den Flur. »Seid ihr wahnsinnig!« Mutter ist mit wenigen Schritten bei ihnen und zerrt Hermann am Kragen hoch. Bevor er etwas sagen kann, hat er links und rechts eine Ohrfeige. Alois ist als Nächster dran.

Mutter fragt nicht, was vorgefallen ist. Sie fragt weder nach dem Grund des Streits noch, wer damit angefangen hat. Es ist müßig.

Sie schubst Hermann Richtung Gaststube. »Mach, dass du an die Spüle kommst. Wir haben schon bald keine Gläser mehr. Und wehe, du zerbrichst mir was.«

Während sich Hermann trollt, wendet sie sich Alois zu. »Und du, Bürschlein, marschierst sofort ins Bett. Aber vorher wäschst du dein Gesicht, sonst machst du mir noch die Laken blutig.«

Sie schiebt ihn grob zum Spülstein und wacht darüber, dass er sich ordentlich sauber macht. Beim Waschen fühlt Alois, dass sein linkes Auge geschwollen und die Lippe aufgesprungen ist. Viel schlimmer ist jedoch, dass Hermann sein Markstück in der Hosentasche hat. Sein Schatz, sein kleines Vermögen ist unwiederbringlich verloren.

In der Kammer stellt er erleichtert fest, dass Marie von all dem Lärm, den Böller- und Gewehrschüssen, von der Musik und der Prügelei nichts mitbekommen hat. Mit angezogenen Knien liegt sie unter der dicken Federdecke und hat das Bett geheizt. Alois legt sich zu ihr, streicht ihr sanft über den

31

Kopf. Selbst im Tiefschlaf spürt sie, dass er da ist, und rückt eng an ihn heran.

Alois träumt sich hinaus in die schwarz glitzernde Nacht. Bevor er einschläft, reibt er mit den Fingern über die Karpfenschuppe.

Martha

ZWIEBELCHEN

Unterwegs muss etwas verloren gegangen sein. Ein Stück von mir ist weggebrochen, liegen geblieben, zertreten. Wie bei der Tasse aus Mutters Meissener Porzellan, die beim Transport eine Macke bekam. Eine scharfe Kante am Rand, die beim Sonntagskaffee an der Lippe scheuert. Auch in meinem Kopf gibt es eine raue Stelle. Dort fehlt ein Splitter meiner Kindheit, ein Splitter von dem Glauben, dass alles gut wird, dass das Leben gelingen kann.

Ich kann nicht sagen, wo es passiert ist. Vielleicht im Keller unseres Hauses in Königsberg, aus dem wir staubgrau und ascheblind am Morgen hervortauchten. Mutter und fünf Kinder, gepudert wie die Männer in den Bernsteingruben von Palmnicken. Steif und staunend über die Unmöglichkeit, dass draußen noch die Sonne schien, dass die meisten Häuser unserer Straße noch standen und dass überall Menschen herumliefen, ebenso versteinert wie wir.

Vielleicht in den Bahnhöfen und Zügen, eingekeilt zwischen Kisten, Koffern, Säcken, Decken, selbst ein Gepäckstück. Wenn die Tiefflieger kamen, wurden wir Kinder wie Stückgut aus den Abteilen geworfen und von kräftigen Händen oder den schweren Körpern der Erwachsenen in die Gräben gedrückt.

Vielleicht geschah es auch an diesem Aschermittwoch in Radebeul, als wir Kinder den blutroten Himmel über dem nahen Dresden bestaunten, das über Nacht zum Backofen geworden war. Die Hauptstraße, die aus Dresden herausführte, voll mit angesengten Wesen, ein dampfender Leichenzug. Nach dem Donnern und Tosen klopften wir uns auf die Ohren, weil wir die Stille nicht ertragen konnten. Auf der Elbe schwammen phosphorgetränkte Körper vorbei, die wie Glutnester auf dem Wasser brannten.

Mutter sagte, schau nicht hin. Das sagte sie immer. Schon als wir in der Königsberger Straßenbahn zum ersten Mal ein Mädchen mit gelbem Stern auf dem Mantel gesehen haben. Ich kannte sie, weil sie bis vor Kurzem in meiner Schule gewesen war. Schau nicht hin, sagte Mutter.

Erna hat sich nie daran gehalten. Mit ihren großen blauen Augen hat sie alles aufgesogen. Die Neugier war stärker als der Schrecken. Aber der Schrecken hatte einen längeren Atem.

Ich, die Große, habe damals Mutters Anweisung befolgt. Doch es half nichts. Die Bilder sind trotzdem da. Halb gesehen, halb erahnt sind sie durch vorgehaltene Hände und geschlossene Lider in mich eingesickert.

Weit schlimmer: Wo die Augen nicht hinschauen durften, mussten die Ohren zuhören. Schutzlose Trichter. Sie sammelten Detonationen und Feuerprasseln, Stoßseufzer und Schmerzensschreie, Gebete und Verwünschungen, Dröhnen, Pfeifen, Sirenengeheul, Geschützdonner, Gewehrgarben und wieder Sirenen. Und sie sammelten das stumme Entsetzen, das leise Klagelied, das lautlose Weinen, das aus Kellern und Wandverstecken drang, aus Kanälen und Straßengräben, aus allem, wo ein Mensch hineinpasste.

Das Schweigen und der Höllenlärm – sie spielen die düstere Musik zu meinen Albträumen.

*

In der Nacht kommt ein Gewitter auf. Ein schwerer Trommelwirbel auf dem Blechdach und an den Fenstern. Dazu bläst der Wind durch die Ritzen. Die beiden Hühner scharren unruhig in ihrem Verschlag und geben glucksende Laute von sich. Erna drückt sich so eng an mich, dass ich mich kaum rühren kann. Das hat sie als kleines Kind oft getan, wenn sie schlecht träumte.

»Und wenn hier doch ein Geist wohnt?«, flüstert sie.

»Keine Angst, Zwiebelchen, hier ist niemand.« Seit ich denken kann, nennen wir sie Zwiebelchen, weil sie als Kind so viel weinte. »Und wenn doch, dann ist Vati da, der mit seinem Schnarchen alle Geister verjagt.«

Sie lacht leise. Durch das Trommeln des Regens und das Singen des Windes tönt Vaters kräftiger Sägeton.

»Du hast recht, ich bin eine dumme Gans.«

Ich streiche ihr sanft übers Haar und sie seufzt tief. Doch sie schläft nicht. Ihr Körper bleibt angespannt und sie starrt und lauscht ebenso wie ich in die Dunkelheit. Nur dass ihre Dunkelheit tiefer ist als meine.

Seit den Bombennächten in Königsberg plagen sie Schuldgefühle. Ihretwegen war die Familie noch mal nach Hause zurückgegangen und dort in das Inferno der Angriffe geraten.

Wir hatten die Stadt im Frühjahr 1944 verlassen. Mutter hatte kein gutes Gefühl, weil die Russen immer näher rückten. Wir waren tief im Masurischen auf einem Landgut untergekommen. Es war baufällig, kalt und finster. Nach etwa drei Monaten sollten wir verlegt werden, weil auch hier die Front näher rückte. Es hieß, wir kommen ins Sudetenland.

Als wir am Bahnhof waren, in diesem Chaos aus Säcken und Betten, Decken und Koffern, klammerte sich Erna an einen Pfeiler und weinte und schrie, dass sie zurück nach Hause wolle. Sie war untröstlich. Und schließlich willigte Mutter ein. Der Zug ins Sudetenland fuhr ohne uns ab und wir stiegen in die Bahn, die uns zurück nach Königsberg brachte.

Dort schien alles ruhig. Es gab immer wieder Bombenalarm, doch das waren wir gewohnt und der Himmel über der Stadt blieb still. Auch die Russen schienen weit genug weg. Wir hörten im Volksempfänger von tapferen und erfolgreichen Abwehrschlachten und wir glaubten es. So lange, bis Ende August zuerst unser Viertel und zwei Tage danach die ganze Stadt in Flammen stand.

Es dauerte eine Woche, bis Mutter es wagte, mit uns zum Bahnhof zu gehen. Sie band uns Tücher vor Mund und Nase, zog uns trotz der Sommerhitze mehrere Kleider und Mäntel übereinander, packte Rucksäcke und Koffer und belud den Leiterwagen. Obenauf setzte sie Klaus und Heinzi. Obwohl Erna mit ihren zehn Jahren sehr selbstständig war, band Mutter sie mit einem Strick an ihren Koffer. So marschierte sie vorneweg, Erna wie ein Kälbchen im Schlepptau. Am Ende unseres Zuges passten Karl und ich auf, dass die Kleinen nicht vom Karren fielen.

Als ich mich noch einmal umdrehte, sah ich die Lücken in der schönen Häuserreihe unserer Straße. Eine davon direkt neben uns. Wo vorher das Haus der Merinkes stand, war jetzt ein rauchendes Loch, das die Familie verschlungen hatte. Ich versuchte mir das Bild unseres Hauses einzuprägen, aber alles, was ich sah, war der Krater daneben und der tiefe Riss, der sich wie das Abbild eines Blitzes quer über unsere Fassade zog.

Auf dem Weg durch die Innenstadt kannten wir die Straßen, die wir tausendmal gegangen waren, nicht wieder. Häuser und Geschäfte, Brunnen und Fuhrwerke, Leben und Betriebsamkeit waren verkohlt. Der Leiterwagen rumpelte durch ein Trümmerfeld, aus dem alle Farben und Stimmen gewichen waren. Noch immer glühten die Reste in den eingestürzten Kellern. Wir kamen am ausgebrannten Schloss vorbei und an der halb eingestürzten Ruine des Doms. Über allem hing ein tödlicher Nebel.

Erstaunlicherweise war der Hauptbahnhof unversehrt. Mutter kämpfte sich wie eine Löwin durch die drängelnden Menschen und schaffte es, dass wir zusammenblieben. Sie bedrängte den Schaffner so lange, bis er uns den Zug nach Süden besteigen ließ.

Beharrlich scheuchte sie uns vor sich her, gab Anweisungen, tröstete, beruhigte und schimpfte. Ihre Stimme führte uns durch fremde Bahnhöfe und überfüllte Züge zurück auf das Landgut in Masuren und schließlich zur Großmutter nach Radebeul.

*

Als am nächsten Tag unvermittelt ein Teller vom Tisch fällt und in tausend Scherben zerspringt, ist es um Erna geschehen. Sie ist sicher, dass hier ein Geist umgeht, und will keinen Tag länger im Waggon bleiben. Alles Reden und Schimpfen von Vater hilft nichts. Alle Beruhigungen von Karl und mir helfen nichts. Erna will hier raus.

Vater spricht mit Tante Irene. Sie wohnt im Dorf und hält sich mit dem Nähen von Kleidern über Wasser, meistens mit Ausbessern und Umschneidern. Nach dem Krieg hat sie viele Uniformen in Anzüge verwandelt. Selbst eine alte Hakenkreuzfahne hat sie so geschickt umgenäht, dass eine unverdächtige Tischdecke daraus wurde. Irene schlägt vor, dass Erna bei ihr einzieht und eine Schneiderlehre machen kann.

So packen wir ihre Habseligkeiten in einen Rucksack und ich begleite sie ins Dorf zur Tante. Beschwingt geht sie neben mir her.

»Ich freue mich so auf die Schneiderei. Und auf ein festes Dach über dem Kopf.«

Ich kann sie gut verstehen. Kein Plumpsklo mehr, keine zugigen Fenster, keine Katzenwäsche im Bach.

An der Hauptstraße müssen wir warten, weil ein Motorrad heranbraust. Plötzlich gibt es einen scharfen Knall. Erna schreit auf und instinktiv packe ich sie am Arm und ziehe sie durch eine Hecke. Sekunden später liegen wir geduckt hinter einer Gartenmauer. Da hören wir hinter uns ein schallendes Lachen. Ein Bauer steht in Gummistiefeln auf einem Misthaufen und stützt sich auf seine Heugabel.

Wir liegen vor ihm mit dreckigen Strümpfen und Schuhen und schauen ihn verdattert an. Schnell helfe ich Erna auf und klopfe ihr den gröbsten Schmutz vom Kleid.

»Seid ihr vom Zirkus?«, ruft er und lacht über seinen eigenen Witz.

»Ja, genau«, sage ich. »Wir wollten nur nach dem Kamel schauen.«

Wir drücken uns durch die Hecke zurück auf die Straße, während der Bauer uns »Rotzgören« hinterherruft. Weit entfernt hören wir einen weiteren Knall. Obwohl uns inzwischen klar ist, dass es nur eine Fehlzündung des Motorrads ist, ziehen wir die Köpfe ein.

Tante Irene erschrickt, als wir verdreckt vor ihrer Tür stehen. Doch sie schimpft nicht und lacht nicht, als ich erzähle, was passiert ist. »Die tun gerade so, als hätte es den Krieg nicht gegeben«, murmelt sie.

Dieses Dorf im idyllischen Allgäu hat keine Ahnung vom Krieg. Es gab keinen Bombenregen, keine Heckenschützen, keine zerschossenen Körper. Es gab nur Väter und Söhne, die hinauszogen an irgendeine Front und von denen einige als Krüppel zurückkamen, andere gar nicht mehr.

Wie sollen die Menschen hier verstehen, dass wir bei jedem Peitschenknall zusammenzucken, dass wir beim Klang eines Flugzeugs nach Schutz suchen? Sie wissen nicht, wie es ist, wenn du in einem Straßengraben flehst, dass dich die Kugeln nicht treffen.

Sie wissen nicht, wie es ist, wenn du in einem Keller sitzt und das Pfeifen einer Granate näher kommt, wenn die Wände einstürzen, wenn die Menschen beten und fluchen und schreien und still sind. Wenn hinterher die Leichen aus den Trümmern gegraben und im Stadtzentrum turmhoch aufgeschichtet und verbrannt werden. Das alles hat dieses

Dorf nicht mitbekommen. Wie können sie unsere Angst verstehen? Wie können sie verstehen, dass in unseren Träumen, in unseren Nächten immer noch Krieg herrscht?

Erna wird in einer Kammer neben der Nähstube einquartiert. Während sie auspackt, macht Tante Irene Tee. Sie wundert sich, warum Erna es so eilig mit dem Umzug hatte, wo wir doch gerade erst angekommen sind.

»Sie fürchtet sich im Waggon«, sage ich.

»Aber warum denn, um Gottes willen?«

»Sie glaubt, dass es dort spukt«, flüstere ich. »Dass ein Geist umgeht.«

»Ein Geist? Hier gehen viele Geister um.« Sie grinst müde und wedelt mit der Hand. »Du weißt, was ich meine.«

Ich habe keine Ahnung, nicke aber trotzdem.

»Und du? Fürchtest du dich auch?«

»Aber nein, das ist doch Kinderkram.« Es soll fröhlich klingen. Aber ich bekomme einen Kloß im Hals. Ich sehe die Augen der Nutrias, höre ihr Weinen und das Pfeifen des Windes. »Es ist nur alles so fremd.«

Die Tante schaut mich lange an. Sie nickt und tätschelt mir die Wange.

»Die Leute hier sind eigen. Sie wirken oft abweisend und verschlossen. Aber sie haben das Herz am rechten Fleck.« Sie macht eine Pause. »Die meisten jedenfalls. Du wirst dich bald eingewöhnen.«

AUSSICHT

Maries Lachen übertönt das Holpern der Räder. Ihre blonden Zöpfe flattern im Wind. Sie klammert sich an den Sprossen des Leiterwagens fest, stemmt die Füße gegen die Seitenwände. Alois ist ihr Pferdchen, im vollen Galopp saust er den Alten Markt hinunter. An der Poststraße nimmt er die Kurve so scharf, dass der Wagen auf einer Seite abhebt. Marie kreischt.

»Nicht so schnell!«

Aber das Pferdchen hört nicht. Alois zerrt an der Deichsel und bringt den Wagen wieder auf Spur. Als er die zwei Frauen auf dem Trottoir sieht, ist es zum Ausweichen zu spät. »Aus der Bahn«, ruft er, die Fußgängerinnen retten sich mit einem Sprung zur Seite. Kartoffeln purzeln aus ihren Körben. Wütend schimpfen sie dem Gespann hinterher.

Erst hundert Meter weiter, am Anstieg zur Berggasse, geht dem Pferdchen die Puste aus. Alois bleibt stehen und grinst seine Schwester breit an.

Sie nimmt die Stimme ihrer Lehrerin an. »Böses Pferdchen. Du musst lernen zu gehorchen, sonst lasse ich dich im Stall. Dann wirst du schon sehen …«

Sie fängt an zu husten und presst sich die Hände vor das blasse Gesicht. Alois eilt auf sie zu und klopft ihr sanft auf den Rücken.

»Es geht schon wieder.« Sie lächelt schwach. »Vielleicht gehe ich das nächste Mal lieber zu Fuß.«

»Das kommt gar nicht infrage.« Alois hebt seine Schwester aus dem Wagen. Obwohl sie schon elf ist, ist sie leicht wie eine Feder. »Magst du hoch? Heute ist bestimmt eine tolle Aussicht.«

Er schaut hinauf auf den Nikolausberg, der wie die Rückenflosse eines riesigen Urzeitfisches aus dem Günztal auftaucht. Der Hang wärmt sich in der Nachmittagssonne. Nach dem langen Winter blühen Büsche und Bäume jetzt im Mai um die Wette. Direkt vor ihnen beginnt der Pfad mit dem Kreuzweg, der hoch zum Friedhof führt. Alois zählt die Stationen, während er bedächtig einen Fuß vor den anderen setzt.

Er hat Marie huckepack genommen, ihre Arme sind wie ein Schal um seine Schultern geschlungen. Obwohl Alois schlaksig und mager ist, trägt er sie mühelos. Ihm sieht man die Kraft nicht an, die in ihm steckt. Anders als bei Hermann, der das hitzige Temperament und die bullige Statur vom Vater hat.

Oben angekommen stellt Alois sie auf die Bank vor der Friedhofsmauer. Doch der Platz gefällt ihr nicht. »Hilf mir hoch auf die Mauer.«

Alois, der noch um Atem ringt, verdreht die Augen. »Du bist eine ganz schöne Diva.«

»Bitte, Luis.« Sie streckt ihm die Arme entgegen.

Er seufzt, dann klettert er auf die Mauer und zieht sie nach oben.

»Na, zufrieden?«

»Was ist eine Diva?«

Alois, der sich immer freut, wenn er mit seinem Wissen protzen kann, setzt eine gelehrige Miene auf. »Eine Diva ist eine große Opernsängerin, aber auch eine Frau, die besonders empfindlich und launisch ist. Eine, die die Leute herumkommandiert und der man es nur schwer recht machen kann.«

»Du bist gemein.« Marie zieht einen Schmollmund und knufft ihn mit der Faust. »Aber wenn ich schon hier oben bin, will ich auch alles sehen.«

Versonnen schaut sie hinunter auf den Ort. Die Häuser und Kamine sehen von hier klein und putzig aus wie in einer Puppenstube. Mittendrin die Kirche und das Schloss. Schräg gegenüber liegt das »Gasthaus zum Lamm«.

Rund um den Ort breitet sich das Tal wie ein grüner Teppich aus, in dem sich die Günz nach Norden schlängelt. Im Süden leuchten die schneebedeckten Berge.

»Siehst du den Hochvogel?« Alois zeigt auf den Alpenkamm. »Er sieht aus wie eine Pyramide. Daneben die Mädelegabel und ganz rechts der Hohe Ifen.«

Er balanciert auf der Mauer. »Ich frage mich bloß, warum sie hier ausgerechnet einen Friedhof angelegt haben. Ich hätte lieber die alte Burg wieder aufgebaut.«

»Ich finde, der Friedhof hier ist eine gute Idee.« Marie blickt über die Gräberreihen hinter der Mauer. »Wenn man schon tot ist, soll man wenigstens eine gute Aussicht haben.«

»Ich glaube, dass denen die Aussicht egal ist.«

»Mir ist es nicht egal. Ich will mal hier oben begraben sein, am liebsten an der höchsten Stelle, wo man die Berge sieht.«

»Klar. Für die Diva bauen wir einen Aussichtsturm.«

»Blödmann.« Sie wirft einen Moosbrocken nach ihm.

Er winkt ab. »Oder ein Baumhaus. Da fällt mir bestimmt was ein. Aber bis dahin haben wir ja noch viel Zeit.«

»Nein.«

Alois stutzt, weil Maries Antwort so schnell und bestimmt kommt. »Wie, nein?«

»Nein, Luis, wir haben keine Zeit.« Sie sagt es ganz leise, wie zu sich selbst.

»Was redest du da für ein Zeug.«

Sie schaut ihn mit ihren schwarzen Augen an und Alois fröstelt.

»Es wird nicht mehr lange dauern. Ich weiß es.« Ihre Stimme ist ruhig und klar. »Und dann wünsche ich mir den schönsten Aussichtsplatz.«

»Red nicht so einen Unsinn. Wenn du nicht sofort still bist, kitzle ich dich, bis du den Berg hinunterkugelst. Dann hast du deine Aussicht.«

Er greift ihr an die Rippen und sie kichert laut.

Von der Kirche schlägt es vier Uhr.

»Wir müssen los«, sagt Marie. »Du weißt, dass Vater zornig wird, wenn du zu spät in den Stall kommst.«

Alois zieht eine Grimasse.

»Du bist schließlich sein Lehrling.«

»Sein Knecht, nichts anderes.«

»Ach komm, so schlimm ist es auch wieder nicht.«

Alois fährt erregt hoch. »Doch, es ist schlimm. Es ist schlimm, wenn du tagein, tagaus Kuhschwänze vor der Nase hast. Oder Schweine füttern musst. Oder Unkraut aus den Wiesen und Äckern rupfen musst. Und vor allem, wenn du dir dabei immer das Gemaule von Vater anhören musst.«

»Er meint es doch nicht so. Immerhin hat er dir erlaubt, dass du auf die Fortbildungsschule gehst.«

»Und was ist danach? In ein paar Jahren kriegt der Hermann den Hof, dann bin ich eben sein Knecht. Ich könnte überall eine Lehrstelle kriegen. Aber nein. Ich soll lieber mein Leben lang Kuhscheiße wegschaufeln.«

Marie bereut es, dass sie das Thema angeschnitten hat. Es ist Alois' großer Schmerz. Seit acht Jahren geht er in die Schule und hat nie etwas anderes als Einser und Zweier heimgebracht. In jedem Jahreszeugnis hebt Lehrer Hafner sein lobenswertes Betragen und seinen besonderen Fleiß hervor.

Dabei strengt sich Alois nicht an. Er büffelt nicht und übt nicht. Ihm scheint alles zuzufliegen. Selbst in Sport, Kunst und Singen hat er eine Eins. Eine freudige Neugier treibt ihn an. Er will alles wissen, interessiert sich für alles, liest alles – und vor allem, er behält alles in seinem Kopf. Er ist seinen Mitschülern weit voraus, weil er alle Schulbücher durchliest, sobald sie ausgeteilt werden. Schon bevor der Hafner die Dinge im Unterricht behandelt, kennt Alois die Rechen- und Deutschaufgaben, die Kulturen und Bodenschätze fremder Länder, die Tiere und Pflanzen aus dem Naturkundebuch.

Jeden Morgen schnappt er sich die Zeitung und liest sie von vorn bis hinten. Er kennt die politische Weltlage und die Preise von Scheitholz, die Debatten im Reichstag und die Annoncen für Schönheitsseife. Er weiß die Abfahrtszeiten der Züge in Günzach und die Sonderangebote für Fassweine, die Verbote wegen der Maul- und Klauenseuche und die Meterpreise für Kleiderstoffe. Dazu verschlingt er Liebes- und Abenteuergeschichten, die er sich ausleiht oder auf geheimen Wegen besorgt. Immer wieder erwischt ihn der Vater mit einem Buch im Heustadel. Dann treibt er ihn mit Gebrüll und Schlägen durch den Stall. Aber die Strafen schrecken Alois nicht ab.

Marie liebt die Geschichten, die er für sie aussucht. Wenn sie krank ist, unterhält er sie damit. Wenn sie nachts nicht schlafen kann und zu ihm ins Bett schlüpft, muntert er sie auf. Er beschreibt die jüngsten Luftreisen des Grafen Zeppelin, die Liebschaften in den Königshäusern, erzählt lustige Tiergeschichten oder wilde Abenteuer im afrikanischen Busch. Sie weiß, dass Alois die Geschichten sorgfältig auswählt. Sie soll sich nicht aufregen, sagt Mutter.

Alois schaut verkniffen vor sich hin, er sieht nichts mehr von der Frühlingslandschaft ringsum. Er hat etwas anderes verdient als die Landwirtslehre. Die Kinder der Händler und Handwerker haben es da gut. Sie werden das Geschäft ihrer Väter übernehmen, egal ob sie gut oder schlecht in der Schule sind. Zum Beispiel der Xaver, der in ein paar Jahren die Molkerei Thalmann erben wird. Wenn Xaver keine Hausaufgaben hat, schlägt ihn der Hafner nicht mit dem Rohrstock wie die anderen Kinder. Vielleicht liegt es daran, dass Xaver zweimal pro Woche ein großes Stück Käse im Ranzen hat.

Oder der Max, der, seit er denken kann, bei seinem Vater in der Schmiede steht. Ihm ist der Unterricht egal. Er ist ein Schrader. Und die Schraders sind schon immer Schmiede geworden.

Oder Erich, der Sohn des Amtsdieners Landeck. Für ihn steht schon lange fest, dass er Polizist wird. Er ist der Sportlichste in der Klasse und strengt sich auch sonst in der Schule an.

Sie wissen, wo sie hingehören. Max wird am Amboss stehen, Xaver am Käsekessel und Erich auf Wache. Und wo wird er stehen? Was wird er erben? Nichts. Er wird Knecht bleiben, egal was er lernt.

Immer wieder hat Dorflehrer Hafner dem Vater ins Gewissen geredet. Der Bub hat Talent. Aus ihm kann was werden. Na gut, er hat Flausen im Kopf. Aber die schleifen sich ab. Er soll etwas lernen, wo er seine Fähigkeiten nutzen kann. In einer Kanzlei oder in der Verwaltung, im Handel oder bei einem Handwerker.

Doch der Vater bleibt stur. Landwirt sei ein ehrlicher Beruf. Dafür müsse sich niemand schämen. Und wenn einer fleißig sei, habe er ein gutes Auskommen. Er selbst sei das beste Beispiel.

Wäre Mutter nicht gewesen, er hätte nach der siebten Klasse die Schule beendet. Doch sie hat nicht lockergelassen. Sie ist stolz auf ihren Luis, freut sich über jede gute Note und nennt ihn gerne ihren kleinen Professor. Immer wieder liegt sie Vater mit dem Thema in den Ohren.

»Lass doch den Jungen was Gescheites lernen.«

»Ist Bauer vielleicht nichts Gescheites?«, schimpft er.

»Natürlich, Josef. Aber Luis könnte mit seinen Noten in einem Amt unterkommen oder vielleicht im Magistrat. Dann muss er sich die Hände nicht mehr schmutzig machen.«

Vater haut mit seiner Pranke auf den Tisch. »Es ist doch keine Schande, wenn man sich die Hände schmutzig macht! Ehrliche Arbeit hat noch keinem geschadet.«

Mutter lässt sich nicht einschüchtern. »Das sage ich ja auch nicht. Aber der Junge hätte eine gute Stelle.«

»Woher sollen wir das Geld für die Lehre nehmen?«

»Das werden wir schon zusammenkriegen.«

»Papperlapapp! Du weißt, dass wir jede Hand brauchen. Soll ich vielleicht auch noch einen Knecht anstellen?«

Mutter legt ihre dünne Hand auf seinen Arm. »Dann lass ihn wenigstens weiter in die Schule gehen. Du weißt, wie sehr er sich das wünscht.«

Ihre Hartnäckigkeit zeigt Wirkung. Vater lässt Alois auf die Fortbildungsschule gehen. Im Gegenzug muss Alois bei ihm eine landwirtschaftliche Lehre machen. So beginnt der Tag um fünf mit Melken und Füttern, bevor er Geografie und Geschichte, Aufsatz und Buchführung lernt. Dann wartet die Feldarbeit auf ihn und dann wieder der Stall. Oft ist er so müde, dass er über den Hausaufgaben einschläft.

Marie stupst ihn an der Schulter. »Lass uns losgehen.«

Er nickt und schüttelt die trüben Gedanken ab. »Soll ich dich wieder tragen?«

»Es geht ja bergab«, sagt sie. »Und du musst deine Kraft schließlich für die Mistgabel aufsparen.« Sie lacht hell und bekommt dafür einen Klaps auf den Hintern.

»Und auf dem Weg könntest du mir das Neueste von Franzi erzählen.« Sie kneift dabei ein Auge zu.

»Da gibt es nichts zu erzählen.«

»Du hast sie also immer noch nicht gefragt?«

»Das ist nicht so einfach, wie du dir das vorstellst. So etwas muss gut vorbereitet sein.«

»Was gibt es da vorzubereiten? Du fragst sie einfach, ob du sie heimbegleiten darfst. Fertig.«

»Was, wenn sie Nein sagt?«

»Sie sagt nicht Nein. Sie freut sich, da bin ich sicher.«

»Ich weiß auch gar nicht, was ich mit ihr reden soll.«

»Ach komm, dir fällt doch immer etwas ein.« Marie nimmt seine Hand und langsam gehen sie den Weg hinunter. »Du musst auch gar nicht reden. Du kannst einfach ihre Schultasche tragen. Oder du schreibst ihr ein Gedicht.«

»Jetzt hör schon auf.« Alois wendet den Kopf ab. »Von so was hast du keine Ahnung.«

Sie blinzelt verschmitzt. »Du könntest auch mir mal wieder ein Gedicht schreiben.«

»Ein Gedicht willst du? Pass auf.« Er schließt die Augen und greift sich an die Stirn.

»Die kleine Marie, die fährt so gerne Ski.

Doch kann sie's nicht, au backe, drum fällt sie in die ...«

Sie schubst ihn weg. »Du bist blöd.«

Er lacht schallend.

Martha

KOPFGELD

Der Mann hinter dem Eichentisch faltet die Hände über dem
feisten Bauch und schaut uns über den Rand seiner Brille an.
Sein Blick verrät, dass er nicht begeistert ist. Dabei haben wir
uns extra fein gemacht. Vater trägt den braunen Sonntagsan-
zug mit Krawatte, Erna und ich unser gutes Kleid. Wir haben
die Schuhe geputzt, die Haare hochgesteckt und die Hände
gebürstet, bis sie karottenrot waren.

»Guten Morgen, Herr Gassner«, sagt Vater und macht
einen Diener.

»Habe die Ehre, Herr Krutke«, tönt der Beamte. Er bietet
weder Vater noch uns einen Stuhl an. »Was liegt an?«

»Ich will meine zwei Töchter anmelden. Martha und Erna.«

»Soso. Wo kommen die denn auf einmal her?«

Vater überhört den Spott. »Aus der Ostzone. Radebeul bei
Dresden.«

»Dresden, aha. Haben die Damen denn eine Zuzugsgenehmigung?«

»Nein«, sagt Vater kleinlaut.

»Aber so geht das nicht, Herr Krutke. Da kann nicht einfach jeder kommen und sich hier niederlassen.«

»Aber es geht um die Familie. Sie soll doch wieder zusammen sein.«

»Kommen da noch mehr?« Gassner runzelt die Stirn.

»Meine Frau und die zwei kleinen Jungs sind noch drüben.«

Gassner schüttelt den Kopf. »Wie stellen Sie sich das vor?

»Wir finden schon was.«

»Wissen Sie, wie viele Vertriebene wir hier unterbringen müssen?«

Vater zuckt die Achseln.

»Tausend«, ruft Gassner. »Tausend Leute, bei zweitausend Einwohnern. Wo soll ich den Platz hernehmen?«

»Erna kann bei meiner Schwägerin in der Poststraße wohnen. Wir anderen kommen im Bahnwaggon unter. Das geht schon.«

Der Beamte horcht auf. »Im Bahnwaggon?«

»Wir haben ihn schön hergerichtet. Mein Sohn Karl hat tüchtig geholfen und jetzt ist er richtig…«

»Sie haben sich aber nicht umgemeldet«, unterbricht ihn Gassner.

»Ich bin noch nicht dazu gekommen«, sagt Vater. »Ich dachte, das könnten wir gleich alles zusammen machen.«

Gassner beugt sich nach vorne und fixiert Vater. »Wir nehmen hier unsere Vorschriften sehr genau.«

»Aber ich kann die Mädels doch nicht zurück zu den Russen schicken!«

Gassner knetet seine dicken Hände, dass es knirscht. Dann erhebt er sich schwerfällig und kramt im Aktenschrank. Er kommt mit einem Blatt und Vaters Meldezettel zurück.

»Das hier füllen Sie aus und bringen es mir wieder.«

Vater nickt und Gassner trägt in einer schönen Handschrift unsere Namen auf dem Meldeblatt ein. Als Adresse schreibt er »Behelfsheim Reichholzer Weg«.

Vater räuspert sich. »Da wäre noch was. Für meine Töchter müsste es doch auch das Kopfgeld geben.«

Der Beamte schnaubt. »Die müssten doch an ihrem bisherigen Wohnort was bekommen haben.«

»In der Ostzone wurde die Währung nicht umgestellt«, melde ich mich.

»Ja, das ist Pech. Da müssen Sie sich bei den Russen beschweren.« Er lacht trocken.

Vaters Gesicht rötet sich. »Es hat geheißen, dass jede Person vierzig Mark erhält.«

»Stichtag für die Ausgabe war der 20. Juni. Nur wer an dem Tag hier gemeldet war, hat Anspruch auf das Geld. Da hätten Sie Ihre Töchter halt früher rüberholen müssen.«

»Ich habe sie nicht rübergeholt«, schimpft Vater. »Sie sind aus der sowjetischen Besatzungszone geflohen. Das ist doch kein Grund, dass man so behandelt wird.«

»Jetzt werden Sie mal nicht frech, mein Herr. Ich habe die Gesetze nicht gemacht.«

Vater holt tief Luft. Ich sehe ihm an, wie es in ihm brodelt, wie der Zorn hochsteigt und es nicht mehr lange dauert, bis der Kessel überkocht. Er war ja früher selbst beim Staat und kennt sich aus mit Gesetzen und Formularen. Er war Abteilungsleiter, hatte ein großes Büro und mehrere Untergebene.

Schnell trete ich zu ihm und nehme seine Hand. »Dann können wir jetzt gehen, Vati.«

Er schaut mich erstaunt an und nickt langsam.

»Danke für Ihre Mühe«, sage ich und ziehe Vater zur Tür.

»So ein Sesselfurzer«, mault Vater, als wir draußen sind.

»Vati!«

»Ist doch wahr. Schau ihn dir an, wie fett er ist. Der lässt es sich gut gehen – und die anderen können sehen, wie sie zurechtkommen. Unter dem Führer wäre das nicht passiert. Da waren die Beamten für das Volk da und nicht andersrum.«

Erna und ich schweigen. Unter dem Führer wäre das nicht passiert. Ein Satz, den Vater gerne verwendet, wenn ihm etwas nicht in den Kram passt.

Ich erinnere mich an das große Hitler-Porträt, das zu Hause in der Wohnstube hing. Es war unheimlich, wie der stechende Blick des Führers uns durch den Raum verfolgte. Als wir unsere Koffer für die Flucht packten, blieb Mutter mit dem Ellbogen daran hängen und stieß es von der Wand. Ich glaube, dass sie es mit Absicht getan hat.

Vater scheint noch immer an den Führer zu glauben. Dabei hat der ihn viele Jahre seines Lebens gekostet, zuerst im Krieg, dann in Sibirien. Und jetzt muss er sich von selbstherrlichen Beamten schikanieren lassen.

*

Vater ärgert sich, dass wir erst Anfang Juli angekommen sind. Zwei Wochen vorher ist die Währung umgestellt worden. Jeder Bürger hat vierzig neue D-Mark bekommen. Vater und Karl sind stundenlang für das Kopfgeld angestanden.

Die alte Mark war am nächsten Tag wertlos. Wobei man schon in den Wochen vorher kaum mehr etwas dafür bekam. Karl erzählt, dass manche Leute sich mit dem alten Geld den Hintern abwischten, weil es sowieso nichts zu kaufen gab.

Am Tag nach der Umstellung sei ein Wunder geschehen, meint Karl. Über Nacht waren die Schaufenster und Regale voll mit Sachen, die man sich nicht vorstellen konnte. Vater sagt, das sei alles andere als ein Wunder. Die Geschäftsleute hätten einfach ihre Waren gehortet, bis das neue Geld kam.

Eine Woche später bekommen Erna und ich doch noch einen Teil dieses Segens ab. Es gibt einen Nachschlag von noch mal zwanzig Mark für alle Bürger. Schon am frühen Morgen stellen wir uns zu viert in die Schlange vor der Bank und haben eine Stunde später das neue Geld in der Hand. Doch wir können uns nur kurz an dem Reichtum erfreuen. Sobald wir vor der Tür sind, sammelt Vater die Scheine ein.

Vor dem Eingang lehnen zwei amerikanische Soldaten an der Hausmauer, rauchen Zigaretten und lassen sich die Sonne ins Gesicht scheinen. Grinsend schauen sie Vater zu, wie er das Geld in seine Börse steckt.

»Good money«, sagt der Jüngere von ihnen und reckt den Daumen nach oben.

Vater beachtet ihn nicht und geht rasch weiter.

Als die Soldaten Erna und mich sehen, schieben sie zum Gruß den Helm nach hinten. »Hey, girls«, sagt der junge. Rasch drücken wir uns vorbei und tippeln davon. Er pfeift uns hinterher. Ich kann nicht anders und schaue mich neugierig um. Er winkt mir lächelnd zu, und ich merke, wie ich rot werde.

Erna knufft mich mit dem Ellbogen. »Jetzt komm endlich«, zischt sie.

Ich knuffe zurück. »Ach Zwiebelchen, der war doch süß.«

Da erst sehe ich die Panik in ihren Augen. Auf ihrer Stirn

bilden sich Schweißperlen. Solche Zustände hat sie immer wieder seit damals in Radebeul.

Es war im Mai, als der schreckliche Winter und der schreckliche Krieg endlich zu Ende gingen. Weil in unseren zwei Zimmern bei der Großmutter der Platz zu klein war, kam Erna zwei Straßen weiter bei einer Cousine von Mutter unter. Rosi war noch keine dreißig, eine kluge und sanfte Frau. Ihr Mann war in Frankreich gefallen.

Mitte Mai stürmten russische Soldaten ihre Wohnung. Eine Woche später erhängte sich Rosi in einer Linde vor ihrem Haus. Die Menschen achteten nicht auf den Körper der jungen Frau. Zu viele waren in den letzten Monaten in den Bäumen gehangen. Man schaute nicht hin.

Nur die zehnjährige Erna schaute hin. Sie war von Rosi im Schrank versteckt worden und hatte alles miterlebt, was die Soldaten mit Rosi machten.

Gesprochen hat Erna nie darüber. Doch seither hat sie diese Anfälle, in denen sie zittert und nach Luft ringt. Besonders wenn Soldaten auftauchen, erstarrt sie.

Dabei haben diese jungen GIs eine Unbeschwertheit, um die ich sie beneide. Sie fahren mit ihren Jeeps und Motorrädern herum oder flanieren durch den Ort. Sie machen den Eindruck, als gehöre ihnen die ganze Welt. Sie sprechen und lachen laut und flirten ungeniert mit den Mädchen.

Es wird erzählt, dass es Gaststätten gibt, in denen sich die Amerikaner mit deutschen Frauen treffen. Dort wird flotte Tanzmusik gespielt, es gibt Sekt und Likör und dunkle Ecken, in die sich Paare zurückziehen können. Weil sich die Frauen keine Seidenstrümpfe leisten können, malen sie sich vorher Seidenstrumpfnähte auf die Waden. Das sieht verrufen aus und kostet nichts. Wenn sie nach Hause kommen, besitzen sie echte Seidenstrümpfe. Und eine Schachtel Lucky Strike.

Ich will mir gar nicht ausmalen, was dazwischen passiert. Ich weiß nur, es ist unsittlich.

Ich muss zugeben, diese Jungen gefallen mir mit ihrem sonnengelben Lachen, ihrem kaugummibreiten Englisch und ihrer siegessicheren Lockerheit. Ihre Uniformen haben die Farbe von heller Erde, so ganz anders als das dunkle Feldgrau der Deutschen. Diese Uniform sieht nicht nach Krieg aus, sondern nach Abenteuer. Doch soll man sich nicht täuschen lassen. Auch sie haben gekämpft und getötet.

Ich habe sie erlebt, als wir bei unserer Flucht von Dresden in München gelandet sind. Am Hauptbahnhof gab es eine Razzia. Ein Trupp Amerikaner, der ein paar deutsche Schwarzhändler gefangen nahm. Alle Helligkeit war aus den Gesichtern gewichen. Auch wenn diese Männer attraktiv sind, sind sie doch Soldaten.

Aber in wen sollen sich die Mädchen auch verlieben, wo es hier sonst keine jungen Männer gibt – zumindest keine, die einen hellen Blick haben.

Am nächsten Tag, als alle ausgeflogen sind, betrachte ich mich in Vatis großem Rasierspiegel. Mein schmales Gesicht mit den dichten dunklen Augenbrauen. Meine Stirn ist zu hoch und mein Mund zu groß. Ganz zu schweigen von meinen Haaren, dieses schwer bezwingbare Dickicht um meinen Kopf. Alle meine Geschwister haben Mamas glattes blondes Haar geerbt. Nur ich muss Vaters rotbraune Mähne bekommen. Ständig kräuseln sie sich, eine anständige Frisur ist unmöglich. Ich kann nur einen festen Zopf flechten oder sie nach hinten stecken.

Dazu meine magere Gestalt. Kein Busen, keine Hüften. Alles, was ich sehe, ist eine hoch aufgeschossene Bohnenstange.

Ich versuche, mir einen Strich auf die Wade zu zeichnen. Ich mache einen Bleistift feucht und fahre mir von der Ferse die Achillessehne hoch durch die Kniekehle bis zum Ansatz meiner Unterhose. Danach betrachte ich das Werk im Spiegel. Es ist das Verruchteste, was ich jemals getan habe. Ich bekomme eine Gänsehaut und ein heißes Gefühl, das ich nicht kenne. Ich weiß, es ist verwerflich. Obwohl die Linie zittrig und schief ist, ist es unmoralisch. Eilig schrubbe ich mir den Strich wieder vom Bein. Zurück bleibt ein roter Streifen.

ZÖPFE

Am vorletzten Schultag steht Alois mit Xaver, Erich und Max vor der Schule.

»Und was machst du in den Ferien?«, fragt Max.

»Dasselbe wie immer«, sagt Alois finster.

»Morgen Nachmittag treffen wir uns zum Fußball.« Max reibt sich die Hände.

»Und danach gehen wir baden«, freut sich Erich. »Gehst du mit, Luis?«

»Keine Zeit, ich muss aufs Feld.« Alois kickt ein paar Steine auf die Straße.

»Wir haben ein Loch in die Bretterwand gebohrt«, flüstert Xaver und grinst breit.

Alois weiß, was er meint. Die Wand zur Frauenseite im Bad. Seine Freunde tuscheln und lachen, während sie sich auf den Heimweg machen. Alois seufzt. Die Jungs müssen alle zu Hause helfen. Aber trotzdem haben sie Zeit zum Baden, Toben und Mädchen Ärgern. Auf ihn wartet dagegen zuerst die Heuernte, die nach dem vielen Regen längst überfällig ist. Danach das Getreide und der Kohl und die Kartoffeln, das Gemüse und das Obst. Dann sind die Ferien vorüber.

Vor der Schule steht nur noch der kleine Hartl und starrt vor sich hin. Er hat es nie eilig, nach Hause zu gehen. Sein Vater ist Korbmacher. Doch er sitzt mehr im Wirtshaus als bei seinen Körben. Alois kennt den Alten gut. Er raucht billige Bauernstumpen, trinkt dazu reichlich Bier und beklagt sich über seine zänkische Frau. Die schickt regelmäßig Hartl ins »Lamm«, um den besoffenen Vater abzuholen. Zum Dank dafür bekommt Hartl meistens ein paar Ohrfeigen. Zu Hause schlägt der Korbmacher dann zuerst seine Frau und dann die fünf Kinder.

Hartls Hände sind von den Weidenruten aufgerissen. Und er ist ständig müde, weil er bis spät in die Nacht hinein Körbe flechten muss. Dann sind seine Hausaufgaben verschmiert oder falsch oder fehlen ganz. Und im Unterricht döst er vor sich hin oder schläft ein. So bekommt er zusätzlich zu den Prügeln des Vaters auch noch Stockhiebe des Lehrers.

»Worauf wartest du? Ab mit dir nach Hause«, sagt Alois.

»Kann ich mit dir mitkommen?«, fragt Hartl.

»Heute nicht. Ich hab keine Zeit.«

Oft sitzt Hartl nach der Schule in der hinteren Stube vom »Lamm« auf einer Bank und wartet, bis sein Vater fertig getrunken hat. Und weil Alois sowieso Marie bei den Hausaufgaben helfen muss, nimmt er Hartl gleich mit unter die Fittiche. Vor allem beim Rechnen und in der Grammatik kann der Junge dringend Nachhilfe gebrauchen. Aber heute gibt es sowieso keine Hausaufgaben. Und Alois hat noch etwas anderes vor.

Er schaut dem Kleinen nach, wie er sich trollt. Dann stellt er sich an die Straßenecke und wartet. Wenig später sieht er

Franzi mit zwei Freundinnen den Alten Markt herunterkommen. Ihre goldbraunen Zöpfe scheinen ihm zuzuwinken. Als die Mädchen an ihm vorbeigehen, tuscheln und lachen sie. Jetzt muss es sein. Einfach hingehen und fragen. Es sind nur drei, vier Schritte, aber seine Beine wollen sich nicht bewegen, er ist wie festgewurzelt. Dann ist die Gelegenheit vorbei. Frustriert schließt er die Augen.

»Wartest du auf jemanden?« Franzi ist hinter ihm stehen geblieben und schaut ihn erwartungsvoll an.

Er stammelt: »Nein, wieso. Äh, weiß nicht.«

»Ich dachte, du hast vielleicht Zeit, mir zu helfen. Mein Schulranzen ist heute so dermaßen schwer.«

Er zieht die Stirn in Falten. Will sie ihn auf den Arm nehmen? Aber ihre warmen Augen strahlen ihn offen an.

»Und deine Freundinnen?«

»Die sind schon vorausgegangen.«

Bevor er nachdenken kann, steht er neben ihr und nimmt ihr den Ranzen ab. Er wundert sich, weil Franzis Tasche federleicht ist. Aber er hütet sich, etwas zu sagen.

Er kann überhaupt nichts sagen. Er will auch nicht. Sein Kopf ist auf wunderbare Weise leer. Ihm genügt es, neben Franzi herzugehen, ihr so nahe zu sein.

So gehen sie schweigend die Straße entlang. Sie gehen extra langsam. Alois hat das Gefühl, dass Franzi ihn beobachtet, doch immer wenn er den Kopf zu ihr dreht, schaut sie auf ihre Schuhe.

Vor ihrem Gartentor bleiben sie stehen.

»Vielen Dank, junger Herr«, sagt sie lächelnd und macht einen leichten Knicks.

»Es war mir eine Ehre, junge Dame«, gibt er zurück.

Dann steht er da und weiß nicht, wo er hinschauen soll.

»Also dann«, sagt sie.

»Also dann«, sagt er.

Sie streckt ihre Hand aus und räuspert sich. »Mein Ranzen.«

Den hat er ganz vergessen. Schnell reicht er ihn ihr rüber. Als sie ihn nimmt, berührt sie seine Hand, einen Augenblick länger als nötig. Er bekommt eine Gänsehaut und spürt eine sanfte Wärme aufsteigen. Bevor er etwas sagen kann, verschwindet sie mit hüpfenden Zöpfen durch das Gartentor.

Wie lange er noch vor dem Tor gestanden hat, weiß er nicht. Er weiß nur, dass er viel zu spät dran ist und dass es zu Hause ein Donnerwetter gibt. Aber es ist ihm egal. Wichtig ist ihre Hand, die ihn berührt hat, die leuchtenden Augen, die wehenden Zöpfe. Franzi.

Auf dem Heimweg hüpft Alois über die Straße wie ein Gummiball. Marie wird Augen machen. Er muss ihr ja nicht sagen, dass nicht er, sondern Franzi den Anstoß gegeben hat. Auf alle Fälle hat es geklappt. Er betrachtet seine Hand und hat das Gefühl, sie glänzt in der Sonne.

Da die Schenke geschlossen hat, geht Alois über den Hofeingang zur hinteren Stube. Schon im Flur fällt ihm auf, dass das Haus seltsam still ist. Keine Stimmen, kein Tellergeklapper, kein Essensduft dringen aus der Küche. Am großen Esstisch sitzen seine zwei kleinen Geschwister. Zenzi, die dieses Jahr in die Schule kommt, zeigt dem kleinen Luitpold ein Bilderbuch. Als Alois in die Stube trampelt, fahren die beiden erschrocken zusammen.

»Was ist denn hier los?«, fragt er.

Zenzi legt den Finger auf den Mund. »Leise! Marie geht's nicht gut.«

Alois wirft seinen Ranzen in die Ecke und stürmt die Treppe hoch. Vorsichtig öffnet er die Tür zum Mädchenzimmer. Mutter sitzt an Maries Bett und knetet ihre Hände. Marie ist in den Kissen kaum zu sehen. Ihr Gesicht grau wie Asche und noch schmaler als sonst.

Alois setzt sich aufs Bett und Maries Hand kommt aus den Laken und legt sich auf seine. Sie ist heiß.

»Was ist passiert?«, flüstert er.

»Nur ein bisschen Fieber«, fiepst Marie mit schwacher Stimme.

Mutter schaut traurig. »Vater holt gerade den Doktor.«

*

Schon die dritte Woche hält Alois Wache an Maries Bett. Sie hat eigentlich nur eine einfache Sommergrippe. Das Bedrohliche daran ist das Wort »eigentlich«, das der Arzt mit einem ernsten Seitenblick zu Mutter seltsam betont. Mehr muss der Doktor nicht sagen. Alois weiß, dass eine Sommergrippe für Marie mit ihrem schwachen Herzen gefährlich ist. Sie bekommt Schonkost und strenge Bettruhe verordnet. Alois bringt ihr Kraftbrühe, legt ihr kühlende Umschläge auf Waden und Handgelenke und erzählt ihr Geschichten.

Doch Maries Fieber will nicht vergehen und ihr Husten wird immer schlimmer. Anfang August muss sie ins Krankenhaus. Jeden Tag sitzt Alois bei ihr, gleich am Morgen nach der Stallarbeit und am Abend, sobald er vom Feld zurück ist. Er lässt sich von den strengen Krankenschwestern nicht ab-

wimmeln und geht erst nach Hause, wenn die Sonne untergeht.

Er erzählt von den Ereignissen des Tages. Von dem neuen
Kalb, das geboren wurde, vom Blitz, der in die große Eiche
eingeschlagen hat, vom kleinen Luitpold, der in den Schwei-
netrog gefallen ist, von den Zechkumpanen, die beinahe eine
Rauferei angefangen haben. Am liebsten will Marie jedoch
Geschichten von Franzi hören. Aber da gibt es nichts zu er-
zählen, weil er für Franzi einfach keine Zeit hat. So denkt er
sich einfach was aus, heimliche Treffen und Spaziergänge,
Händchenhalten und innige Gespräche. Marie gibt ihm gute
Ratschläge und freut sich für ihn.

Anfang September geht es Marie besser. Das Fieber geht
zurück, sie bekommt wieder eine normale Farbe im Gesicht.
Sie ist noch sehr schwach, aber Alois darf mit ihr raus in die
Sonne. Er schiebt sie im Rollstuhl auf die Krankenhauster-
rasse.

Sie zieht ihn zu sich, umarmt ihn und lässt ihn lange nicht
los. Alois spürt ihr kleines Herz schlagen. Er muss schlucken.

»Die Schwestern haben gesagt, in ein paar Tagen darfst
du heim.«

Sie strahlt. »Ich will noch mal die Berge sehen. Gehst du
mit mir hoch?«

»Na klar. Du bist ja jetzt noch leichter als vorher.«

Sie hat wieder diesen leeren Blick in die Ferne. »Bald
bleibe ich dann ganz da oben.«

Er stupst sie an. »Hör auf mit dem Gerede. Wir päppeln
dich wieder hoch, bis du dick und rund wirst.«

Sie scheint ihn gar nicht zu hören. »Du weißt ja, ich will
den Platz mit der besten Aussicht.«

»Den bekommst du. Aber erst in achtzig Jahren.«

Sie lächelt und legt den Kopf an seine Schulter. »Und zum Geburtstag eine Kerze in der Mariengrotte.«

Er legt den Arm um sie. »Jetzt lass doch den Quatsch.«

Sie nickt. »Du hast recht. Komm, lass uns reingehen. Mir ist kalt.«

*

Eine Woche später steht Alois an der Mauer der Nikolauskirche. Von hier sieht man das Panorama der Allgäuer Alpen, bei klarem Wetter sogar die Schweizer Berge. »Es ist ein guter Platz, Marie«, sagt er leise.

Die Beerdigungsgesellschaft ist bereits auf dem Weg ins »Lamm«. Ein langer Zug aus Mitschülerinnen, Lehrerinnen, Krankenschwestern und Nachbarn, vorneweg Vater, der Mutter stützen muss, und Hermann mit Zenzi und Luitpold an der Hand. Alois hat sich nicht bewegen lassen mitzugehen. Er ist einfach wortlos stehen geblieben.

Neben ihm schaufelt der Totengräber die kleine Grube zu und setzt auf den Erdhügel das Holzkreuz, auf dem »Maria Anna« steht. Doch Alois sieht ihn nicht. Das Gesicht nach Süden gewandt, spricht er leise mit Marie. »Siehst du den Hochvogel? Er sieht aus wie eine Pyramide. Daneben die Mädelegabel und ganz rechts der Hohe Ifen. Dazwischen ganz schwach der Widderstein.«

Er redet immer weiter, beschreibt auch Berge, die man nicht sehen kann, von denen er aber weiß, dass sie da sind. Es gibt viele Dinge, die da sind, obwohl man sie nicht sieht.

Als die Sonne untergeht und der Bestatter längst fort ist,

schaut Alois ein letztes Mal auf das Panorama. Was hilft es dir, wenn du die Berge kennst, die Flüsse, die Länder, wenn du Bruchrechnen und Aufsatzschreiben lernst, Gesetze und Regeln? Was hilft dir all dein Wissen und Können, wenn du nichts daran ändern kannst, dass jemand einschläft und nicht mehr aufwacht?

Martha

ENTDECKUNG

Den Krämerladen am Unteren Markt hätte ich auch ohne Karls Beschreibung gefunden. Schon vor der Tür empfängt mich der vertraute Geruch aus Lakritze und Wäschestärke, Zwiebeln und Bohnerwachs, Kaffee und Gewürzen. Ich schließe die Augen und sehe mich an der Hand meiner Mutter in Königsberg zum Krämer Berger gehen, der die besten Karamellen der Stadt hatte. Wir waren nach der Bombardierung noch mal dort. Das Haus stand noch, aber das vorher bunt bemalte Schaufenster war nun ein schwarzes Loch.

Ich schüttle die Erinnerung ab und trete ein. Eine Türglocke bimmelt hell und die Hausfrauen verstummen. Sieben wohlfrisierte Köpfe drehen sich zu mir um. Sie taxieren mich, Haare, Gesicht, Kleid, Schuhe. Und sie wissen, bevor ich den Mund aufmache: Flüchtlingskind.

»Guten Tag«, sage ich.

Ohne zu antworten, wenden sich die Frauen ab und setzen ihre Unterhaltung fort. Ich verstehe nur ein paar Brocken. Dass es um das neue Geld geht. Dass seit der Währungsumstellung alles teurer geworden ist und man gar nicht mehr weiß, wie man damit durchkommen soll. Nur eine der Frauen spricht einigermaßen nach der Schrift, alle anderen nuscheln in einem warmen Singsang, in dem viel zu viele Vokale herumtanzen. Sie näseln wie die Franzosen und machen beim Sprechen kaum den Mund auf. Die Worte klingen weich und voller sch-Laute und kleben alle in Bandwurmsätzen zusammen.

Die strenge Frau hinter dem Ladentisch mustert mich mit einer Falte auf der Stirn und lässt mich nicht aus den Augen. Während ich warte, betrachte ich die Auslagen. Likör und Wein von der Mosel, Nudeln, Reis und Graupen, Zigarren und Zigaretten, Sauerkraut, Gewürzgurken und Fisch in der Dose, Kaffee und Suppenbrühe, ein ganzes Regal voller Wasch- und Reinigungsmittel, auf der Theke Glasvitrinen mit Bonbons, Brausepulver, Lakritzschnecken, daneben Körbe mit Kartoffeln, Tomaten und Karotten. Ich nehme eine Kartoffel in die Hand. Ein scharfes »Na!« von der Theke lässt mich zusammenfahren. Hat die Verkäuferin Angst, dass ich stehle? Oder eine ansteckende Krankheit habe?

Ich meine, das Wort »Polacken« herauszuhören, und sehe sie finster an, aber die Frauen tuscheln ungerührt weiter. Die Verkäuferin ruft etwas nach hinten und ein Junge kommt hervor. Er ist ungefähr so alt wie ich. Eine blonde Strähne hängt ihm frech ins Gesicht, darunter ein großes Feld aus Sommersprossen, aus dem mich neugierige blaue Augen anschauen.

»Was magsch du denn?«, fragt er.

Sofort bekommt er von der Chefin einen kräftigen Schlag in den Nacken. »Wie redest du mit der Kundschaft?«

»Ja, Mama«, sagt er leise. Er wird puterrot im Gesicht, fasst sich aber schnell. »Was hätten Sie denn gern, wertes Fräulein?«

Ich muss mir ein Grinsen verkneifen. »Habt ihr Mehl?«

Er nickt.

»Dann hätte ich gerne ein Pfund.«

Etwas umständlich schaufelt er Mehl in eine Tüte und wiegt sie ab. Ich sehe, dass er nach dem Wiegen noch eine Schaufel mehr hineinkippt.

»Sonst noch was?«

»Ein Kilo Kartoffeln und noch dicke Bohnen.«

»Saubohnen?«, fragt der Junge.

Ich starre ihn verständnislos an. Er greift in eine Schütte und zeigt mir eine dicke braune Bohne.

»Habt ihr auch weiße?«

Er schüttelt den Kopf.

»Na gut, dann nehme ich die, auch ein Pfund bitte.«

Wieder müht er sich beim Wiegen der Ware. Ebenso beim Zucker und Salz. Und stets gibt er, unbemerkt von seiner Mutter, noch einen Löffel dazu.

»Sonst noch was, die Dame?«

»Seife und Streichhölzer, Frisiercreme. Und dann noch Scheuerpulver, Ätznatron und einen Stahlschwamm.«

Er lässt sich meine Tasche reichen und packt alles sorgsam ein. Dann greift er an die Kasse, bekommt aber sofort einen Klaps auf die Hand. Bezahlen muss ich bei seiner Mutter. Sie dreht die neuen Geldscheine in der Hand, als glaube sie nicht, dass sie echt sind, und zählt zweimal nach.

Als er sich mit einem munteren »Pfüat di« verabschiedet, erntet er wieder einen strengen Blick und fügt schnell hinzu: »Auf Wiedersehen, Fräulein, beehren Sie uns bald wieder.«

An der Tür drehe ich mich noch mal um. Die Frauen starren mir nach. »Auch Ihnen noch einen schönen Tag«, rufe ich und lasse die Tür ins Schloss fallen.

Zwei Häuser weiter steht der Junge plötzlich neben mir. Ein schlaksiger Kerl, der aus den zu kurzen Hosen herauswächst. Die Milchstraße seiner Sommersprossen reicht vom Gesicht bis zu den braun gebrannten Händen.

»Ich heiße übrigens Georg. Und du?«

»Martha.«

»Ich dachte, ich kann dir tragen helfen?«

»Nein, geht schon.«

Doch er lässt sich nicht abschütteln, nimmt mir die Tasche aus der Hand und geht neben mir her. Dabei redet er ununterbrochen. Ob ich neu bin im Ort, wo ich herkomme, ob ich zur Schule gehe oder in eine Lehre, was mein Vater macht, ob ich das Freibad kenne, ob er mir das Dorf zeigen soll, er kennt sich nämlich überall aus, weiß jeden Weg, kennt jedes Geschäft, jede Gasse, jeden Hinterhof.

Georg strengt sich an, nicht zu sehr in seinen Dialekt zu fallen. Und obwohl er aufdringlich ist, freue ich mich über die Begleitung. Er erzählt, dass er ab und zu seiner Mutter im Laden hilft und eigentlich eine Lehre als Kaufmann machen soll, aber keine Lust darauf hat.

»Deine Mutter ist ganz schön streng«, sage ich.

»Oh ja, das ist sie. Aber sie hat es halt auch nicht leicht.«

»Und dann kommen auch noch die blöden Polacken daher.« Ich schüttle den Kopf.

»Da darfst du dir nichts denken. Sie mault einfach gerne rum. Andauernd schimpft sie über die Flüchtlinge und dass sie uns die Haare vom Kopf fressen. Aber sie meint es nicht so.«

Ich bin da nicht sicher. Ihre Blicke waren mehr als deutlich.

»Keiner von uns ist freiwillig da«, sage ich trotzig.

Er windet sich. Das Thema ist ihm unangenehm. »Ich hab nichts gegen euch. Da ist endlich was los in diesem verschlafenen Nest.«

Wir sind am Dorfende angekommen und er bleibt verwundert stehen. »Wohnst du gar nicht in Obergünzburg?«

»Doch. Aber den restlichen Weg schaffe ich alleine.«

Er zieht die Stirn kraus. »Bist du wohl vom Ostbahnhof?«

Ich schaue ihn schief an.

»Der Waggon«, fügt er hinzu. »Dann ist der Karl dein Bruder?«

Ich nicke.

»Den kenne ich. Der war schon öfter im Laden. Der hat mit deinem Vater das alte Ding umgebaut. Das war ja vorher ziemlich verlottert.«

Für mich ist der Waggon immer noch verlottert, und ich will mir gar nicht vorstellen, wie er vorher aussah. Vor allem, wie er roch. Noch immer steckt ein modriger Gestank in den Wänden.

»Wie ist es denn da draußen so?«, fragt Georg.

Ich zucke die Schultern. Wie soll es schon sein.

Er senkt die Stimme. »Im Dorf wird erzählt, dass es im Ostbahnhof spukt.«

Ich erschrecke. Genau dasselbe hat Erna gesagt. Doch ich lasse mir nichts anmerken. »Glaubst du etwa an Geister?«

Entschieden schüttelt er den Kopf und wechselt schnell das Thema. »Ich kann dir die Tüte auch hochtragen.«

»Besser nicht«, sage ich. »Mein Vater …«

Georg versteht. »Also dann bis zum nächsten Mal.«

Er drückt mir die Tasche in die Hand und geht beschwingt in den Ort zurück. Und als hätte er mich angesteckt, gehe ich fröhlich den Weg hinauf zum »Ostbahnhof«.

*

Das mit Vater war eine Ausrede. Er ist mit Karl unterwegs, sie werden erst gegen Abend zurück sein. Ich wollte nur nicht, dass Georg in den Waggon kommt. Der muffige Geruch, die zusammengebettelten Möbel, das Flohmarkt-Geschirr, die Enge, das alles ist mir peinlich. Bevor hier jemand zu Besuch kommen kann, muss dringend klar Schiff gemacht werden.

Ich packe die Tasche aus und entdecke eine Lakritzschnecke mitten in den Einkäufen. Georg muss sie hineingeschmuggelt haben. Ich rieche lange daran, bevor ich sie genüsslich in den Mund schiebe. Sofort verbreitet sich in mir das Aroma von unbeschwerter Kindheit.

Dann hänge ich Decken, Bettzeug, Kleider und Hosen auf eine Leine, die vom Wagen zu einer der Tannen gespannt ist. Ich ziehe die Möbel zur Seite, hole einen Eimer Wasser aus dem Bach und mische eine starke Lauge an. Zuerst mache ich mich an die holzverschalten Wände, auf denen sich aus Fett, Ruß und Staub ein dünner Film gebildet hat. Im Nu ist die Brühe im Eimer erdbraun.

Nun streue ich Scheuerpulver auf den Boden und schrubbe ihn mit dem Stahlschwamm, bis das Holz glänzt. In den Ecken und Ritzen verteile ich reichlich Natron. Dabei schimpfe ich über die Männerwirtschaft.

Nach zwei Stunden sind meine Hände und Knie krebsrot und mir tun alle Knochen weh, aber die Arbeit hat sich gelohnt. Der Boden ist deutlich heller geworden. Ich gehe barfuß durch den Waggon, inspiziere alle Winkel, ob ich nicht etwas vergessen habe, genieße mit den Fußsohlen das warme, weich gescheuerte Holz.

Da schießt plötzlich ein heftiger Schmerz durch meinen Fuß. Meine Sohle ist über eine scharfe Kante geschrammt. Zeternd hüpfe ich auf einem Bein durch den Raum. Nachdem sich mein Fuß beruhigt hat, untersuche ich den Boden. Eine lose Diele in der Ecke beim Regal ist der Übeltäter. Wütend trete ich drauf, da öffnet sich ein handbreiter Spalt im Boden. In der Lücke sehe ich einen silbernen Schimmer. Ich greife hinein und ziehe eine Blechschachtel heraus. Die Aufschrift »Salem Gold« ist noch zu lesen. Eine alte Zigarettendose.

Sie ist schwer und etwas klappert darin. Neugierig öffne ich den Deckel, die Schachtel ist bis zum Rand gefüllt. Obenauf ein Taschenmesser und eine Mundharmonika, eine Spielzeugkanone mit Zinnsoldat und ein Kartenspiel.

Das muss ein Versteck von Karl sein. In Königsberg hatte er eine ähnliche Sammlung in einer Keksdose, die er streng bewachte. Seine Schatzkiste. Aber sie war bei der Flucht zurückgeblieben, zusammen mit seiner Kindheit. Kann es sein, dass er hier einen neuen Schatz angelegt hat?

Neben der Kanone liegt ein schwarzer Samtbeutel. Er wiegt schwer in meiner Hand. Ich öffne die Schnur und leere den Inhalt auf den Boden. Vor mir liegen goldene Manschettenknöpfe, eine Krawattennadel, eine glänzende Haarklammer, eine Taschenuhr, ein kleiner silberner Ring und eine feine Halskette mit einem Marienanhänger.

Das kann unmöglich Karl gehören. Aber wem sonst? Vielleicht einem früheren Bewohner des Waggons? Oder vielleicht dem Geist, vor dem sich Erna fürchtet? So ein Quatsch. Geister gibt es nur in Ammenmärchen.

Ich stecke mir den Ring an. Er passt nur auf meinen kleinen Finger. Einen ähnlichen Ring habe ich zu meiner Konfirmation bekommen. Er lag zu Hause in der mit Muscheln besetzten Spanschachtel. Zusammen mit dem Amulett meiner Großmutter, den Ohrsteckern und einer Kette mit einem leuchtenden Bernstein.

Den trägt jetzt bestimmt irgendein Bauerntrampel um den Hals. Ich fahre mir über die Nase und wische die schmerzhafte Erinnerung weg.

Die unterste Schicht der Schachtel ist bedeckt mit Kleinkram. Ein geschnitztes Holzpferd, eine große Fischschuppe, eine vertrocknete Rosine, eine Handvoll Murmeln, ein Sturmfeuerzeug, ein Flachmann aus Metall. Darunter ein besticktes Taschentuch mit den Initialen M. R. Ob das der Besitzer des Schatzes ist?

Ich bin auf dem Grund der Blechschachtel angekommen, den nur noch ein Stück Karton bedeckt. Sorgsam habe ich den Inhalt auf dem Boden ausgebreitet. Irgendwie passen die Sachen nicht zusammen. Spielzeug eines kleinen Jungen, dazu Mädchenschmuck, Männersachen und Frauensachen. Wer hat all das zusammengetragen?

Als ich alles wieder einpacken will, rutscht unter dem Karton noch ein kleiner grauer Briefumschlag heraus. Er hat keine Beschriftung und ist nicht zugeklebt. Ich öffne die Lasche, dann zögere ich. Es ist unanständig, die Post anderer Leute zu lesen. Neugier ist Sünde. Sie führt zu Hochmut, und

Hochmut führt zu Ungehorsam. Vatis Stimme hallt durch meinen Kopf.

Aber vielleicht steht darin ein Hinweis, wem dieser Schatz gehört. Vorsichtig ziehe ich eine Postkarte heraus. Darauf ist eine Frau in einem zartrosa Rüschenkleid zu sehen. Sie ist rundum mit Blumen geschmückt, trägt einen Kranz im Haar, einen um die Hüften und einen Strauß in der Hand.

Darunter steht »Blau blüht ein Blümelein, das heißt Vergissnichtmein; dies Blümlein leg ans Herz und denk an mich!«

Ich drehe die Karte um. Sie ist leer. Keine Liebesbotschaft, kein Name, keine Unterschrift.

Der Vers mit dem Blümelein stammt aus einem Volkslied, das ich gut kenne. Leise fange ich an zu singen.

»Ach, wie ist's möglich dann, dass ich dich lassen kann, hab dich von Herzen lieb, das glaube mir! Du hast das Herze mein so ganz genommen ein, dass ich kein andre lieb' als dich allein.«

Ich beginne zu träumen, stelle mir vor, die Karte wäre für mich. Ein junger Mann, der um mich wirbt. Groß und schlank, mit feurigem Blick und wilden Haaren. Er führt mich zum Tanzen, legt seine Arme um mich. Und während er mich durch den Saal wirbelt, schaut er mich unablässig mit seinen geheimnisvollen Augen an. Zum Abschied nimmt er meinen Kopf in seine Hände, ich schließe die Augen und spüre seine Lippen auf meinen. Ein wundervolles Glücksgefühl durchflutet mich. Und am nächsten Tag schickt er mir diese Karte als Zeichen seiner ewigen Liebe.

Trotz der Julihitze bekomme ich eine Gänsehaut. Ich schüttle mich. Dumme Gans. Ich bin in einer Einöde gelandet, am Rande eines Dorfes voller Bauerntölpel. Wo soll hier ein schöner junger Mann herkommen?

Rasch räume ich alles wieder in die Schachtel. Vater und Karl können jeden Moment kommen. Sie brauchen das nicht zu sehen. Auf Vaters Moralpredigten kann ich getrost verzichten. Es ist allein mein Geheimnis. Ich lege die Kiste zurück in den Hohlraum und drücke das Brett fest. Zur Sicherheit stelle ich meine guten Schuhe drauf. Dann durchsuche ich den Waggon von oben bis unten, klopfe Wände, Fenster und Türen ab, spähe in Fugen und Ritzen, aber ich finde nichts mehr.

*

Vater und Karl haben gute Nachrichten. Karl bekommt eine Lehrstelle in einer Schreinerei im Nachbarort. Und er hat dort sogar ein Zimmer. Gleich nächste Woche kann er zur Probe anfangen.

Die beiden staunen nicht schlecht, als sie den Waggon sehen. Er glänzt fast wie neu. Vor allem ist der schale Geruch verschwunden.

»Es ist doch was anderes, wenn eine Frau den Haushalt macht«, sagt Vater und tätschelt mir die Wange.

»Ich will hier aber nicht nur die Putzfrau sein«, sage ich.

Vater lenkt schnell ein. »Natürlich nicht, Marthi. Wir müssen alle zusammenhelfen.«

Beim Abendessen frage ich beiläufig, wer denn eigentlich vor uns im Waggon gewohnt hat.

»Du kannst dir nicht vorstellen, wie das hier vorher ausgesehen hat«, sagt Karl. »Wir haben tagelang gelüftet.«

Vater nickt zustimmend. »Das war nur ein muffiger Abstellraum für den Greisel.«

»Wahrscheinlich hat er hier die Nutriafelle zum Trocknen aufgehängt«, meint Karl.

»Erzähl doch nicht so einen Mumpitz«, sagt Vater empört.

»Na, so wie das hier gestunken hat, würde es mich jedenfalls nicht wundern.« Karl wedelt mit der Hand vor seiner Nase.

»Quatsch«, sagt Vater, »hier standen ein paar Werkzeuge, Körbe und Kisten. Und zwischendurch hat sich der Greisel hier aufgewärmt.«

»Also hat niemand hier gewohnt?«

»Bestimmt nicht«, sagt Vater. »Warum willst du das denn wissen?«

»Ach, nur so aus Neugier.« Ich schiele zu dem Regal, in dem meine Kleider liegen. Und darunter unter meinen Schuhen im Boden verborgen eine goldbraune Schatzkiste.

In der Nacht höre ich wieder die Nutrias weinen. Und ich höre Georg flüstern. Im Ostbahnhof spukt es. Vielleicht hatte Erna ja doch recht mit ihrem komischen Gefühl. Wenn ja, dann ist es offenbar ein Geist, der Schätze sammelte und verliebt war.

AMEISEN

Franzi staunt nicht schlecht, als sie die Tür öffnet. Vor ihr steht Alois im schwarzen Anzug, seine Schiebermütze in der einen Hand, einen Blumenstrauß in der anderen.

»Darf ich Ihnen meine Aufwartung machen, wertes Fräulein?«, sagt er und grinst dabei wie ein Lausbub.

»Spinnst du?«, entfährt es ihr. »Was soll meine Mutter denken?«

»Sie wird denken, dass der beste Mann aus dem ganzen Günztal ihre Tochter zum Sonntagsspaziergang ausführt.«

Das Blut schießt ihr in die Wangen. »Du verrückter Kerl.«

»Was ist daran verrückt? Einen schöneren Maisonntag wirst du nicht mehr kriegen.«

Erst jetzt fallen ihm die Blumen ein und er streckt ihr linkisch den Strauß hin. Nun muss auch sie grinsen. Das Sträußchen sieht ziemlich zerrupft aus.

»Wo hast du die denn geklaut?«

»Was heißt hier geklaut«, sagt er mit gespielter Empörung. »Das war eher so eine Art Vorgartenpflege. Die Leute sind da viel zu nachlässig und ich hab ein bisschen geholfen.«

»Geholfen, ah ja.«

»Einem geschenkten Gaul schaut man nicht ins Maul.«

»Also jedenfalls vielen Dank, mein Herr.« Sie steckt die Nase in den Strauß und macht einen Knicks.

»Also, wie sieht's aus, kommst du mit?«

»Ich frage mal, ob ich Ausgang bekomme. Aber ich muss mich vorher noch fein machen.«

»Du bist immer fein.« Er hebt die Stimme. »Wie heißt es in der Bibel: Und was sorgt ihr für die Kleidung? Achtet auf die Lilien des Feldes, wie sie wachsen; sie arbeiten nicht, sie spinnen nicht.«

»Du würdest einen guten Pfarrer abgeben.« Sie verschwindet im Hausflur.

»Nur mit der Keuschheit hapert es ein bisschen«, schmunzelt er. Aber das hört sie nicht mehr.

Eine halbe Stunde später ist Franzi ausgehfertig. Im blauen Sonntagskleid, mit Hut und Stiefeln schlendert sie sittsam neben ihm her. Sie nehmen einen schmalen Fußweg entlang der Günz nach Norden. Am Ufer blühen Schlüsselblumen und Palmkätzchen. Die Luft ist aufgeladen mit Blütenstaub und Vogelgezwitscher.

Sie plaudern über das verregnete Frühjahr, die Gewitter letzte Woche, die Huber-Bäuerin, die das vierzehnte Kind bekommen hat, den alten Mesner, der beim Gottesdienst mal wieder eingeschlafen ist. Bei einem Bauern in Ronsberg sei ein Kalb mit zwei Köpfen geboren worden, auf dem Dach des Klosters soll ein Storchenpaar ein Nest bauen – ausgerechnet.

Sie sprechen nicht vom Brotmangel und den Kohlrüben, die es als Ersatz für Kartoffeln gibt, nicht von der Beschlagnahme der letzten Pferde und dem Abhängen der Kirchenglocken, nicht von den Spenden und Kriegsanleihen, um die der Staat täglich bettelt, nicht von den vielen Männern, die an der Front sind und in den Höfen und Werkstätten fehlen, nicht von den Gefallenen und Vermissten. Und doch hängt der Krieg, der Mangel, der Tod über ihnen wie eine dunkle Wolke.

Sie kommen an der Schlossmühle Liebenthann vorbei, wo ihnen der Müller seine neue Turbine vorführt. Als sie außer Sichtweite der Mühle sind, setzen sie sich an die Günz, die hier ein schmaler Bach ist und wilde Kurven durch die Wiesen zieht. Alois legt seine Jacke als Decke ins Gras. Sie ziehen die Schuhe aus und hängen die Füße ins Wasser. Aus einem kleinen Beutel holt er einen Kanten Schwarzbrot, ein Stück Wurst und zwei verschrumpelte Äpfel. Dazu eine Flasche Bier.

»Das ist alles, was die Speisekammer hergegeben hat«, sagt er entschuldigend.

»Das ist mehr, als die meisten in diesen Zeiten haben«, sagt Franzi ernst. »Wo du nur immer das Zeug hernimmst.«

Er grinst schelmisch, während er alles in kleine Stücke schneidet. »Organisieren ist alles.«

Plötzlich springt sie auf, hüpft umher und schüttelt wild ihr Kleid.

»Ist das ein Frühlingstanz?«, fragt er.

»Ameisen!«, kreischt sie.

Hastig eilt er ihr zu Hilfe und zusammen klopfen und zupfen sie die Tiere ab. Als sie fertig sind, sehen sie das Schlamassel. Beim Aufspringen hat Alois den größten Teil der Brotzeit in den Bach geworfen.

»So ein Jammer«, schimpft Alois.

Doch Franzi lacht. »Wenigstens das Bier ist noch da.«

So teilen sie sich eine Handvoll Brot- und Wurststückchen und eine Flasche Bier. Als sie fertig sind, nimmt er einen Grashalm, legte ihn zwischen die Finger und bläst hindurch. Ein lauter Pfiff erschallt und aus dem nahen Wald antwortet ein Vogel.

»Ein Eichelhäher.« Alois freut sich wie ein kleiner Junge. »Pass auf, jetzt rede ich mal mit den Kohlmeisen.« Er gibt kurze, hohe Pfiffe von sich. Doch in den Sträuchern bleibt es stumm.

»Wahrscheinlich hast du was Falsches gepfiffen«, sagt Franzi.

Alois versucht es weiter, aber nichts rührt sich.

»Kann es sein, dass du einen Vogel hast?«

»Na und? In diesen Zeiten ist das ganz normal. Die ganze Welt hat einen Vogel.«

Sie legt sich ins Gras, schließt die Augen und genießt den friedlichen Moment. Wie lange hatte sie schon keine so sorglose Stunde mehr. Seit ihr Vater an die Front musste, ist zu Hause das Lachen verschwunden. Ihre Mutter ist vor Sorge grau und krank geworden. Sie arbeitet jetzt als Wäscherin und alle vier Töchter sind in Stellung bei Bauern. Trotzdem reicht es kaum, um zu überleben.

Alois holt eine kleine Mundharmonika aus der Tasche und spielt »Wie schön blüht uns der Maien«. Er trifft nicht alle Töne und das alte Volkslied ist kaum zu erkennen. Unwillkürlich muss sie grinsen.

»Ich übe noch«, sagt Alois. Er fängt nun an zu singen.

»Wie schön blüht uns der Maien / Der Sommer fährt dahin

Mir ist ein schön' Jungfräulein / Gefallen in meinen Sinn.«
Franzi kann sich nicht mehr zurückhalten und gluckst los.

Alois bricht ab. »Ist es wirklich so schlimm? Ich sollte vielleicht tiefer anfangen.«

»Nein, lass gut sein, du vertreibst noch die Tiere.« Sie wischt sich die Tränen aus den Augen.

Er legt sich neben sie ins Gras. Zusammen schauen sie den Wolken hinterher. »Es ist schön, wenn du mal wieder lachst«, sagt er. »Das hat man in letzter Zeit selten gehört.«

»Es gibt ja auch wenig zu lachen.« Sie wird wieder ernst. »Jetzt sind es bald drei Jahre.«

Alois weiß, was sie meint. Als die ersten Männer ins Feld zogen, versprachen sie, an Weihnachten wieder zu Hause zu sein. Das war im August vor drei Jahren. Und noch immer ist nicht absehbar, wann dieser Krieg endlich aufhört.

»Wie geht es eigentlich bei euch daheim?«, fragt sie.

Er zuckt die Schultern. Die Wirtschaft läuft schlecht. Kaum jemand hat noch Geld, um sich einen Frühschoppen oder ein Essen zu leisten. Und jetzt dieses Dünnbier, das man kaum trinken kann. Es vertreibt noch die letzten Gäste. Eine Schande ist das.

»Wir kommen über die Runden«, sagt er. »Vater hat es bös im Kreuz. Aber du kennst ihn ja. Er lässt sich nichts anmerken.«

»Er braucht dich«, sagt Franzi.

Alois nickt. Seit Hermann nicht mehr da ist, ist er der Große. Er muss das Vieh versorgen und die Felder und abends in der Wirtschaft die wenigen Gäste bedienen.

»Und Hermann? Hast du was von ihm gehört?«, fragt Franzi.

»Er liegt seit dem Winter in einer Stellung in Galizien. Treibt angeblich die Russen vor sich her. Vielleicht sind es auch Ungarn oder Rumänen.«

Wer kennt sich in diesem Wahnsinn noch aus? Hat überhaupt jemand eine Ahnung, auf wen er da schießt – und warum? Bedrückt schaut er auf das Wasser, das um seine mageren Knöchel spielt.

Sie stupst ihn mit ihren nassen Füßen an. »Was ist los?«

Er blickt hoch. Eigentlich wollte er es ihr erst sagen, wenn er sie nach Hause bringt. Der schöne Tag sollte möglichst lange anhalten. Aber sie merkt es ja sowieso.

»Ich hab die Einberufung bekommen.«

Sie atmet tief ein. »Wann?«

»Zum ersten Juni.«

»Und wer soll bei euch die Arbeit machen? Das Gasthaus, der Stall, die Felder. Bald fängt die Heuernte an.«

»Vater hat schon eine Eingabe gemacht. Aber bisher haben sie nicht reagiert.« Er macht eine lange Pause. »Mir wird schon was einfallen. Jedenfalls habe ich keine Lust, den Helden zu spielen.«

Auf dem Rückweg gehen sie barfuß über die Wiesen. Alois lässt die sumpfige Erde zwischen seinen Zehen hochquellen.

»Du bist schon ein verrückter Kerl«, sagt Franzi. »Mit Xaver sehen die Spaziergänge immer ganz anders aus.«

Alois weiß, dass Xaver schon lange um Franzi wirbt. Er ist seit einem Jahr eingezogen. Doch um Xaver muss man sich keine Sorgen machen. Er hat das große Los gezogen, arbeitet als Küchenbulle weit weg von der Front und darf die Offiziere verköstigen. Typisch Xaver. Der hat einfach immer Glück. Hoffentlich nicht auch bei Franzi.

»Ich kann mir nicht vorstellen, dass Xaver überhaupt spazieren geht.« Alois bläst die Backen auf, spreizt die Arme und schwankt wie eine Tonne.

»Du bist gemein«, lacht Franzi. »Kann es sein, dass Herr Roth ein bisschen eifersüchtig ist?«

Er zieht sich die Schiebermütze schräg ins Gesicht. »Hab ich das etwa nötig? Wo mir die Frauen reihenweise zu Füßen liegen.«

Sie wiegt den Kopf. »Wer weiß? Auf jeden Fall ist Xaver sehr auf Etikette bedacht. Die Spaziergänge sind stocksteif, mit Einkehren und Brotzeit im Wirtshaus. Ich komme mir dabei immer so alt vor – wie meine eigene Mutter.«

»Da kannst du mit mir schon mehr erleben«, sagte er stolz.

Sie lachte. »Besichtigung einer Stromturbine, Vogelstimmen, Ameisenhaufen, nasse Füße und eine weggeschwemmte Brotzeit.«

»Nicht zu vergessen ein lauwarmes Bier.«

Als sie zurückgehen, nimmt Franzi seine Hand. Wortlos gehen sie durch den sonnigen Nachmittag. Erst kurz vor dem Dorf lassen sie ihre Hände los. Die Leute schwatzen ohnehin zu viel.

Martha

NUTRIAS

Vater ist viel unterwegs, stellt Anträge, füllt Formulare aus und streitet sich mit den Beamten. Oder er sucht Arbeit.

Ab und zu findet er was für ein paar Tage, auf dem Bau oder in einer Werkstatt. Dann kommt er schmutzig und müde nach Hause und wirft mir seine Wäsche hin. Ich bin trotzdem froh, weil er mir nicht mehr die ganze Zeit auf der Pelle sitzt und weil sich seine Laune bessert. Wenn er abends in seinem Haushaltsbuch die Ausgaben und Einnahmen notiert, bleibt tatsächlich manchmal etwas Geld übrig.

Nachdem die Geschwister fort sind, fühle ich mich übrig geblieben. Vater spricht zwar immer vom Zusammenhelfen, aber in Wahrheit sieht er mich als sein Hausmädchen. Ich bin seine Köchin, Putzfrau und Wäscherin. Muss Wasser vom Brunnen holen, Holz und Tannenzapfen für den Ofen sammeln, mich um die Einkäufe kümmern, den Krautgarten versorgen, Obst und Gemüse einmachen.

Erna darf Näherin werden, Karl macht eine Schreiner- lehre und ich bin die Dienstmagd. Ich bin nicht nur neidisch auf die anderen. Vor allem vermisse ich das laute Treiben und Leben, das zu Hause herrschte. Immer war unsere Stube voller Geschwister, mit denen ich singen, quasseln, streiten konnte. Hier ist alles still.

Den einzigen Trost finde ich bei den Nutrias. Immer wenn ich traurig bin, gehe ich zu ihnen. Die Tiere sind schlau und kennen mich bald. Sie hören meine Schritte und warten schon an den Gitterstäben. Sie wissen, dass ich immer etwas für sie dabeihabe. Gemüsereste und Kartoffelschalen. Sie fressen mir aus der Hand.

Die Nutria, die mich schon am ersten Tag neugierig begrüßt hat, ist besonders zutraulich. Ich nenne sie Nutchen. Sie drückt sich so eng ans Gitter, dass ich sie streicheln kann. Dabei scheint sie mit ihren orangen Nagezähnen zu lächeln. Ich würde auch lächeln, wenn ich gestreichelt würde.

Eines morgens, als ich Nutchen gerade füttere, bricht plötzlich ein riesiger Hund durch das Gebüsch und springt bellend auf mich zu. Jemand ruft: »Arco, hierher!«

Ich mache einen Satz rückwärts und will davonlaufen. Doch hinter mir versperrt die Dornenhecke den Fluchtweg. Der Hund springt mich übermütig an und beschnuppert mich, dann schleckt er meine Hand ab.

»Komm her, du Mistvieh«, ruft eine dröhnende Stimme.

Wie aus dem Boden gewachsen steht ein Hüne vor mir, mit einem fleckigen Hut auf dem Kopf, groben Stiefeln und einem Gesicht, das sich hinter einem wilden Bart versteckt. Als er mich sieht, bleibt er erstaunt stehen.

»Du bist das also, die immer die Tiere hier füttert.«

Ich stammele. »Entschuldigung, ich wollte nicht, also …«

»Du scheinst dich ja mit Tieren zu verstehen.« Er deutet auf seinen Hund, der neben mir sitzt wie ein Lamm und immer noch an meiner Hand leckt.

»Arco mag dich jedenfalls«, sagt er.

Ich streichle dem Hund über den Kopf.

»Komm her und lass das Fräulein in Ruhe«, sagt der Mann. Aber Arco rührt sich nicht.

Der Mann verdreht die Augen und wendet sich den Nutrias zu. »Das mit dem Füttern ist schon in Ordnung. Solange du ihnen kein fauliges Obst gibst. Das vertragen sie nämlich nicht.«

»Ich bringe nur, was so übrig bleibt in der Küche. Am liebsten mögen sie Kartoffelschalen.«

Er schaut an mir herunter. »Du bist doch die Tochter von Edi.«

Ich nicke und mache einen Knicks. »Martha Krutke.«

»Soso, Martha. Die Nutrias sind ja richtig zutraulich bei dir. Das will was heißen, denn sie sind Menschen gegenüber sehr kritisch und misstrauisch. Sie sehen zwar schlecht, aber sie können sehr gut hören und riechen. Besonders unsere Chefin hier.«

Er zeigt auf Nutchen, das ich gerade gestreichelt habe. Das Tier steht immer noch am Gitter und wartet, dass die Massage weitergeht.

»Normalerweise führen die Männchen die Gruppe, aber hier hat das Weibchen das Kommando übernommen«, erklärt er. »Sie ist die Mutter von den meisten Jungtieren, die hier leben. Wobei ein paar von denen selbst schon Junge haben.«

»Ich kann die alle nicht auseinanderhalten, außer sie, weil sie so zutraulich ist.«

»Sie sind wirklich schwer zu unterscheiden. Die Männchen sind etwas größer und schwerer. Aber täusch dich nicht in unserer Chefin. Sie wirkt nach außen ganz friedlich, aber in Wahrheit ist sie eine Löwin. Ich hab mal gesehen, wie sie einen Fuchs verjagt hat, der doppelt so groß war wie sie.«

Als würde sie uns verstehen, schaut Nutchen neugierig zu uns hoch. Du bist also die Chefin, denke ich. Mir war doch gleich klar, dass du die Mutigste bist.

Der Mann stopft sich eine Pfeife und ist wenig später in eine dichte, stinkende Rauchwolke gehüllt.

»Was hältst du davon, wenn du mir mit den Tieren zur Hand gehst? Man muss sie zweimal am Tag füttern und regelmäßig den Käfig sauber machen. Vielleicht könntest du sie immer am Abend füttern. Dann muss ich nur morgens hier raus. Ich bringe das Futter für den ganzen Tag mit und du kannst es abends verteilen. Das würde mir eine Menge Zeit sparen.«

»Das kann ich schon machen«, sage ich, »also, wenn Vater es erlaubt.«

»Der wird sicher nichts dagegen haben. Ich rede mit ihm. Ich heiße übrigens Greisel. Die Leute nennen mich den Bienenkönig. Fürchtest du dich eigentlich vor Bienen?«

»Nein.«

»Gut. Dann komm doch mal mit.«

Ich folge ihm durch das Gebüsch auf die andere Seite des Waggons, wo einen Steinwurf weit die kleine Bienenhütte steht. Rundherum summt und brummt es, dass mir dann doch bange wird. Ich bleibe in gebührendem Abstand stehen. Er hingegen geht mitten durch die Bienenwolke, öffnet eine kleine Tür auf der Seite und zieht sich eine Imkerhaube über. Die Pfeife lässt er dabei im Mund, und es sieht aus, als würde unter der Haube ein Feuer brennen.

So geschützt öffnet er einen der Kästen und hantiert

darin herum. Als er fertig ist, darf ich die Gitterhaube anziehen. Er führt mich nahe an die Kästen heran, zeigt mir die Einfluglöcher und die Waben und wo die Königin lebt. Zwischendurch wird er gestochen, stört sich aber kein bisschen daran.

*

Vater hat nichts dagegen, dass ich die Nutrias versorge, sofern ich den Haushalt nicht vernachlässige. Und Greisel verspricht mir dafür auch ein kleines Taschengeld.

Wenige Tage drauf weist er mich ein in die Eigenarten der Nutrias. Wie viel Futter sie brauchen, was sie gerne mögen, was sie nicht vertragen. Wie man die Käfige öffnet und reinigt, ohne dass die Tiere abhauen. Vor allem, wie man den Zufluss vom Bach reguliert. Denn gerade jetzt im Sommer brauchen sie viel Wasser.

Weil ich so gelehrig bin, bringt er ein Glas seines selbst gemachten Honigs mit. »Das ist für dich und deine Schwester.«

»Erna wohnt nicht mehr hier. Sie ist ins Dorf gezogen zur Tante Irene.«

»Warum das denn? War es euch zu eng?«

»Nein, sie hat sich gefürchtet hier draußen.«

Er schüttelt verwundert den Kopf. »Hier muss sich doch keiner fürchten.«

Ich schaue hinüber zum Waggon, der dunkelgrün durch die Büsche schimmert. »Ein Junge aus dem Dorf hat gesagt, dass es hier draußen spukt.«

»Die Leute erzählen viel Mist. Das ist ein abergläubisches Volk.«

Ich schaue ihn fragend an, während er sich seine Pfeife ansteckt.

»Vor ein paar Jahren hat hier draußen ein Mann gewohnt, der ein bisschen seltsam war. Also nicht hier.« Greisel tippt sich mit dem Zeigefinger an die Schläfe. »Im Gegenteil. Er war gescheit, hatte was im Kopf. Aber eigenwillig.« Er schaut dem Rauch seiner Pfeife hinterher und grinst. »Und ein Schlawiner.«

»War er auch ein Flüchtling?«

Greisel lacht und verschluckt sich am Rauch. »Nein, er kam mitten aus dem Dorf.«

»Und wo ist er jetzt hin?«

Er verzieht das Gesicht. »Weg. Keine Ahnung.«

Weg. Das Wort schwingt durch meinen Kopf. Es klingt gut. Nach einem Versprechen, nach Freiheit, Abenteuer, die Welt entdecken.

»Haben Sie den Mann denn gut gekannt?«, frage ich.

Er nickt langsam. »Oh ja, ich hab den Luis gut gekannt.«

»Luis hieß er?«

»Eigentlich Alois, aber man hat nur Luis zu ihm gesagt. War kein schlechter Kerl. Auch wenn die Leute manchmal was anderes sagen. Aber was rede ich da.«

»Was sagen denn die Leute?«

Greisel klopft die Pfeife an seinem Stiefelabsatz aus. »Mädel, du stellst zu viele Fragen. Es gibt Dinge, die sollte man besser ruhen lassen.«

Alois 1918

HELDEN

Hermann kommt als Held nach Hause. Er blinzelt in die Julisonne und hält sich beim Aussteigen am Geländer der Plattform fest. Kaum steht er auf dem Bahnsteig, fällt ihm Katharina um den Hals. Vor einem halben Jahr hat sie ihn geheiratet und zwei Monate später die Nachricht bekommen, dass er schwer verwundet im Lazarett liegt. Seither läuft sie nur noch mit rot geweinten Augen durchs Haus. Sie wusste nicht, ob sie ihren Mann jemals wiedersieht. Und wenn ja, was von ihm noch übrig ist.

Alois betrachtet die Begrüßung vom Kutschbock aus. Er beruhigt den Ochsen, der nervös am Joch reißt, als das dampfende Ungetüm im Günzacher Bahnhof einen langen Klagelaut von sich gibt. Und er beruhigt Dori, die sich eng an ihn presst und mit ihrer kleinen Hand seinen Daumen festhält. In ihrem weißen Kleidchen sieht sie aus wie eine Brautjungfer.

Alois sieht, wie sein Vater stolz die Arme auf die Schultern seines Ältesten legt. Er sieht seine Geschwister Kreszenz und Luitpold, wie sie ehrfürchtig ihrem Bruder die Hand geben. Zenzi macht sogar einen Knicks.

Er sieht die Orden an Hermanns Uniform, die ihn als großen Helden des großen Kriegs ausweisen: Eisernes Kreuz, Militärverdienstkreuz mit Schwertern, Verwundetenabzeichen. Er sieht auch, wie mühsam Hermann versucht, sich gerade zu halten. Das ehemals runde Gesicht, das kantig und spitz geworden ist. Darin seine tiefliegenden Augen, die einen fernen Glanz haben, als wären sie noch nicht zu Hause angekommen, sondern würden immer noch Tod und Schrecken der Schlachtfelder betrachten.

Alois nimmt Dori hoch, die ihren Kopf in seiner Joppe vergraben hat, und steigt mit ihr von der Kutsche. »Komm, Dori, jetzt wollen wir mal deinen Vater begrüßen.«

Genau genommen ist Hermann nicht Doris Vater. Bei der Hochzeit Anfang des Jahres konnte Dori schon laufen. Aber wer nimmt es schon genau in diesen Zeiten. Hermann hat Katharina geheiratet und damit ist ihre Tochter auch seine Tochter. Mehr müssen die Leute nicht wissen.

Sanft löst Alois die Kleine von sich und reicht sie seinem Bruder. Der presst sie an sich wie ein Geschenk.

»Servus, Hermann.«

Zwei schwere Hände schlagen ein, Hermanns Blick wird weich.

»Servus, Luis.«

Wenig später sitzen die beiden Brüder einträchtig auf dem Kutschbock. Alois mit seinem abgetragenen Anzug und dem zerknautschten Bowlerhut auf dem Kopf, Hermann in seiner blauen Uniform mit blinkenden Orden. Vater steht wie ein Gladiator hinter ihnen. Er genießt den Einzug ins Dorf. Alle sollen den Lammwirt sehen und seinen Helden.

Obwohl das Gasthaus wegen der Familienfeier geschlossen ist, drängen den ganzen Tag Gäste in die Stube, schütteln Hermann die Hand, klopfen ihm auf die Schulter, stoßen mit ihm an. Als ein paar alte Freunde ihn hochheben wollen, wehrt er ab. Die Verletzungen.

Vater gibt Bier aus und wird nicht müde, von Hermanns Heldentaten zu berichten. Wie er es allen gezeigt hat, den Belgiern, den Engländern, den Rumänen und Russen. Vor allem aber den Franzosen.

Hermann rollt mit den Augen. »Man könnte meinen, ich hab Frankreich im Alleingang genommen.«

»Ehre, wem Ehre gebührt«, sagt Alois und nimmt einen Schluck Bier.

»Und du? Was macht deine Kompanie? Hast du Ernteurlaub?«

Alois hält Hermann den rechten Ellenbogen hin. »Ich bin kriegsversehrt – und das ganz ohne Krieg.«

Hermann zieht die Brauen hoch.

»Du kennst doch die Geschichte von meinem gebrochenen Arm bei der Reserveübung in Lindau.«

Hermann nickt. »Das war doch schon vorigen Herbst.«

»Genau. Aber der Arm ist nicht richtig geheilt. Der Ellenbogen geschwollen und ständig Schmerzen. Der Stabsarzt wusste nicht, was er mit mir machen soll. In Wahrheit war er ein Metzger. Vor allem aber war er ein Schluckspecht.«

»Du hast ihn doch nicht etwa bestochen?«

»Wo denkst du hin. Ich hab ihm als Dank für seine gute Arbeit ein Fläschchen Schnaps vom alten Bergmann mitgebracht.«

»Schwarzgebrannt«, murmelt Hermann und schüttelt den Kopf.

Alois legt einen Finger auf den Mund. »Es hat ihm jedenfalls geschmeckt. Und er wollte mehr. Also habe ich ihm eine größere Lieferung zukommen lassen.«

»Wie viel?«

»Fünf Liter.«

»Fünf Liter?« Hermann pfeift durch die Zähne.

Alois reibt sich die Nase. »Es war ein ziemlicher Fusel. Aber bevor er sich beschweren konnte, kam er an die Front. Und ich hatte den Freischein, arbeitsverwendungsfähig Heimat.«

Hermann schüttelt lachend den Kopf. »Du bist schon ein Hund, Luis.«

»Und du bist dafür ein Held.«

Sein Lachen erstirbt. »Schöner Held, mit zerschossener Brust und Splittern im Rücken.« Er steckt sich eine Zigarette an, sein Blick verliert sich aus dem Fenster.

»Was ist passiert?« Alois fragt ganz leise.

Hermann macht eine wegwerfende Handbewegung. »Die Franzosen hatten einen guten Werfer. Hat mit der Handgranate genau in unseren Graben getroffen. Ich hatte noch Glück. Fritz, der vor mir stand, hat die volle Ladung abbekommen. Armer Kerl.«

Erich Landeck kommt an den Tisch. Er klopft Alois auf die Schulter und drückt Hermann lange die Hand. »Schön, dass du wieder da bist – vor allem in einem Stück.«

Hermann nickt und grinst schmal. »Und du? Bist auch raus?«

»Heimatverwendung bei der Gendarmerie.« Erich setzt sich und lässt sich ein Bier bringen. »Und was machen die Vogesen?«

Hermann schaut den Freund lange an. »Ich glaube, die Vogesen werden fallen. Es gibt keine Reserven mehr. Die

Männer sind ausgebrannt. Und selbst wenn sie die Stellung halten …«

»Ich wusste gar nicht, dass ihr in derselben Einheit wart«, sagt Alois.

Erich schüttelt den Kopf. »Das war nur Zufall. Unsere Regimenter wurden zusammengelegt. Und plötzlich sitzt da im Graben ein Kerl aus Obergünzburg neben dir.«

Alois hebt das Glas. »Na dann. Auf die Helden.«

»Es gibt keine Helden«, sagt Erich.

Hermann schaut sich nach Vater um, aber der ist an der Theke ins Gespräch vertieft. Dann beugt er sich nach vorn und flüstert. »Das ist kein Krieg, Luis. Es ist ein Fleischwolf. Frag mich nicht, wie viele Männer da draußen jeden Tag verrecken. Und wofür? Für nichts, rein gar nichts. Der Krieg ist verloren. Die da draußen können nicht mehr, sie haben die Schnauze voll. Ich sage dir, es dauert nicht mehr lange, dann ist es vorbei. Und dann gnade uns Gott.«

Hermann winkt kurz mit dem Kopf Richtung Theke. »Kein Wort zu Vater.«

Damit ist das Gespräch beendet. Hermann schließt das Fenster zu Krieg und Grauen und verriegelt es fest. Nach diesem Abend spricht Hermann Roth nie wieder über seine Kriegserlebnisse. Nicht mit seiner Frau, nicht mit seinem Vater, nicht mit Alois.

In der Nacht hört Alois das Stöhnen von Hermann und Katharina. Später dringt ein leises Wimmern aus ihrer Kammer. Alois ist nicht sicher, ob es die kleine Dori ist oder sein Bruder.

*

Am nächsten Morgen kurz nach Sonnenaufgang steht Alois mit Hermann auf der steilen Wiese am Rand des Günztals. Ein Feldhase springt vor ihnen auf und folgt den Schatten und den Tieren der Nacht in den Wald. Alois streichelt das kniehohe Gras, zerreibt Samen und Tautropfen und atmet den würzigen Duft aus den Handflächen. Er lauscht den Stimmen der Vögel und dem Summen der Fliegen, während er das Tal mit seinen verstreuten Höfen und Feldscheunen betrachtet. Rosa gefiederte Wolken ziehen nach Osten. Der Tag wird sonnig und heiß werden.

Hermann nimmt von alledem keine Notiz. Er zückt den Wetzstein und zieht ihn hart über das Sensenblatt. Als es scharf genug ist, krempelt er die Ärmel hoch und spuckt in die Hände. Während Alois in einen gemächlichen Rhythmus fällt, kämpft sich Hermann wie ein Besessener durch das Gras. Es ist ein Angriff. Er holt weit aus, fährt in wütenden Schwüngen unter die Halme. Er beißt die Zähne zusammen gegen die Schmerzen im Rücken und gibt keinen Meter Boden verloren. Ein Schnitter auf dem Schlachtfeld.

Hermann stürzt sich mit einer Wut auf die Arbeit, als müsse er vier Jahre nachholen und zugleich einen Krieg gewinnen, den seine Kameraden in Frankreich gerade verlieren. Doch Alois sieht, dass diese zur Schau gestellte Kraft nur ein Schutzschild ist.

Auch Zenzi sieht die Veränderung. Mit ihren siebzehn Jahren hat sie ein feines Gespür für Menschen. »Ein Teil von ihm ist an der Front geblieben«, sagt sie. Es ist, als habe er seinen Jähzorn und die Grobheiten in den Schützengräben gelassen. Abgelegt wie seine Uniform, die er in einer Kiste ganz hinten im Dachboden vergraben hat.

Zwei Wochen nach Hermanns Rückkehr verkündet Vater, es sei nun an der Zeit, Hof und Gasthaus zu übergeben. Gleich nach der Ernte geht er zum Notar und erklärt Hermann zum neuen Lammwirt und zum Erben des Hofes. Es ist von Anfang an so bestimmt. Der Älteste bekommt alles, seine Geschwister haben die Wahl, als Knecht und Magd für ihn zu arbeiten oder sich anderswo zu verdingen.

Das Uhrwerk der Familie wird neu eingestellt. Hermann gibt nun den Takt an, verteilt die Arbeit, führt die Bücher, bestimmt, wie viel Bierfässer gekauft, welche Tiere gehalten und welche geschlachtet werden. Seine Frau fügt sich als neues Rädchen in der Küche ein, Luitpold und Zenzi pendeln zwischen Haushalt, Stall und Gaststube. Vater zieht sich hinter die Theke zurück.

Für Alois bleibt der Platz, den er vor dem Krieg hatte. Als Melker und Metzger, Mistausbringer und Erntehelfer, Dienstbote und Kellner, Stallbursche, Hausknecht, Mädchen für alles.

Alois beklagt sich nicht und begehrt nicht auf. Er trinkt eine Flasche Bier auf den neuen Hausherrn und schweigt. Vier Jahre lang hat er die Rolle des Großen übernommen, war Vaters Stellvertreter, hat alle Pflichten brav erledigt und dem Vater keinen Grund zur Klage gegeben. Das alles ist mit einem Mal nichts mehr wert.

Er trinkt noch ein Bier. Ist ihm doch egal. Er wollte sowieso nie Bauer werden, und das mit dem Gasthaus ist auch nichts für ihn. Immer hinter der Theke angebunden, andere Leute bedienen, abhängig vom Wohlwollen der Gäste, immer arbeiten, wenn die anderen Feierabend haben. Soll der Hermann doch machen.

Er spürt eine warme Hand auf seinem Arm. Zenzi schaut ihn mit ihren wachen blauen Augen an.

»Willst du nicht woanders dein Glück versuchen?«

Er zuckt mit den Achseln. Seine kleine Schwester konnte schon immer in ihm lesen wie in einem Buch. »Ob ich hier Knecht bin oder woanders, was macht das für einen Unterschied?«

»Du musst ja nicht als Knecht arbeiten.«

»Sondern?«

»In der Stadt gibt es Arbeit genug.«

»Ich in einer Fabrik? Das geht nicht gut.«

»Vielleicht bei einem Amt. Oder bei der Post. Oder in einem Geschäft. Du bist doch ein heller Kopf, Luis.«

»Ach ja, bin ich das?« Er lacht bitter. »Vielleicht bin ich ja nur ein Blender, einer, der nur gescheit daherredet und in Wahrheit keine Ahnung hat.«

»Ich weiß, dass das nicht stimmt.«

»Du bist bloß ein Weib. Das zählt nicht.«

Zenzi boxt ihn auf den Oberarm. »Das zählt mehr als euer blödes Männergeschwätz.«

Er verzieht den Mund zu einem schiefen Lächeln und steht auf. »Ich hol mir noch eins.«

Zenzi nimmt seinen Arm und schüttelt sanft den Kopf. »Das macht es nicht besser.«

Er zögert einen Moment, dann stellt er die leere Flasche wieder ab. »Hast ja recht.« Er tätschelt ihre Hand. Einen Moment später ist er verschwunden.

*

Das Gewitter hat sich nach Süden zurückgezogen. Die Berge zucken durch die Nacht. Schwarzer Regen prasselt schräg in die Gassen. Alois hält sich dicht an den Häusern. Er hat die Jacke hochgeschlagen und das Käppi tief ins Gesicht geschoben. Es muss nicht sein, dass ihn jemand erkennt.

Er huscht um die Kirche und schlägt den Weg ins Entenmoos ein, vorbei an geduckten und armseligen Häusern. Hier leben kleine Handwerker, Tagelöhner, Hilfsarbeiter. Hier spielen tagsüber viele magere Kinder.

Am Dorfrand schaut sich Alois noch mal um, dann schlüpft er durch ein rostiges Gartentor. Nach kurzem Klopfen an die verschlossenen Fensterläden öffnet ein junger Mann die Tür einen Spalt und zieht ihn rasch ins Haus.

»Was ist denn los, Michel?«

Anstatt einer Antwort deutet Michel nur vielsagend auf den Eisenriegel am Boden. Zusammen ziehen sie den schweren Lukendeckel hoch.

Als sie im gemauerten Keller stehen, gibt Alois einen Pfiff von sich. Vor ihm stapeln sich mehrere Säcke mit Getreide und Frühkartoffeln. Daneben ein Trog mit Fett und – das Beste – zwei Fässer mit frischem Fleisch.

»Wo hast du denn das aufgetrieben?«

Michel grinst schief. »Du musst nicht alles wissen, Luis. Sagen wir, es ist vom Wagen gefallen.« Er lehnt sich an die Regale, die das Gewölbe einsäumen. Darauf sind Schachteln mit Eiern, Käselaibe, Zucker, Schinken, Zigaretten. Auf der anderen Seite eine Sammlung verschiedener Weinsorten und Flaschen ohne Etikett, deren Inhalt Alois nur zu gut kennt. Der Keller ist besser ausgestattet als ein Krämerladen.

Michel zeigt auf die Fässer. »Wir müssen das so schnell

wie möglich an den Mann bringen, bevor es verdirbt. Ich hab einen Abnehmer in München, der zahlt eine ordentliche Summe dafür.«

Alois nickt. »Wann?«

»Am besten gleich morgen. Aber du musst aufpassen. Sie kontrollieren auf jedem Bahnhof. Du löst eine Karte bis München, aber du fährst nicht bis zum Hauptbahnhof. Die filzen jetzt jeden Zug, der vom Land reinkommt. Du steigst am besten in Pasing aus und schlägst dich zu Fuß durch. Ich geb dir die Adresse. Die merkst du dir. Nix Schriftliches. Und wenn sie dich erwischen, sind wir uns nie begegnet. Klar?«

»Wie immer halt.«

»Und du musst zweimal fahren. Das sind dreißig Kilo.«

»Das schaff ich schon.«

»Zu auffällig und zu schwer. Ich packe dir den Rucksack, obendrauf alte Kleider, das wird eh grade gesammelt.«

»Dann bin ich aber zwei Tage unterwegs«, protestiert Alois.

»Du bekommst zehn Prozent.«

»Halbe-halbe.«

»Spinnst du?«

»Ich trage das ganze Risiko. Wenn ich erwischt werde, lochen sie mich ein.«

Michel überlegt. »Na gut, zwanzig.«

»Dreißig.« Alois hält ihm die Hand hin.

Michel seufzt. Dann schlägt er ein.

Er nimmt eine Flasche vom Regal, wischt mit seinem dürren Finger zwei Gläser aus und gießt vorsichtig ein. »Aber dass du mir nicht in München verhockst.«

»Mensch Michel, du kennst mich doch.«

»Drum sag ich's ja.«

»Für ein, zwei Maß muss schon Zeit sein.«

»Wenn's dabei bleibt.«

Alois kippt den Schnaps hinunter. »Das ist doch gar nichts. Letztens hab ich beim Hacker einen alten Bräuburschen getroffen. Der war vierundachtzig und kreuzfidel. Der hat erzählt, dass er in seiner guten Zeit fünfundzwanzig Maß Bier am Tag getrunken hat. Und wenn einer weniger vertragen hat, hat ihn der alte Hacker entlassen.«

Michel lacht auf. »Du und deine Geschichten, Luis. Aber im Ernst. Die Zeiten sind gefährlich. Noch ist der Krieg nicht aus. Und wenn er aus ist, da wette ich mit dir, dann drehen die Leute erst recht durch. Der Hunger schaut jetzt schon aus allen Knopflöchern.«

»Ist doch gut fürs Geschäft.«

»Aber nur, wenn du nicht übermütig wirst. Also pass auf. Ich brauche dich jetzt öfter.«

Martha

UNKRAUT

Der Weg in den Krautgarten ist beschwerlich. Jetzt im Sommer muss ich fast jeden Tag hin. Ich ziehe den kleinen Handkarren mit Schaufel, Hacke, Messer und Gießkanne zuerst runter ins Dorf, dann auf der anderen Seite des Flusstals wieder hoch.

Vater hat eine Parzelle zugewiesen bekommen und bepflanzt. Erbsen, Bohnen, Kraut, Kohlrabi, Grünkohl, Karotten und Kartoffeln stehen dicht an dicht. Auf dem Rückweg ist der Karren voll mit Gemüse, das ich verarbeiten und einkochen muss.

Der Garten ist wichtig, weil er uns ernährt. Aber das Unkraut ist ein Fluch. Es hat sich gegen mich verschworen. Es plagt und schikaniert mich, wo es nur kann. Ich darf nicht fluchen, da ist Vater sehr streng. Dennoch wünsche ich es zur Hölle. Meine Hände haben Schwielen und mein Rücken schmerzt. Kaum habe ich eine Reihe zwischen den Karotten oder dem Salat freigeharkt, wuchert es schon wieder unter dem Blumenkohl und den Radieschen hervor.

Voller Wut hacke ich in die Erde und reiße das Grünzeug heraus. Dabei passe ich einen Moment nicht auf und treffe mit der Stahlspitze meinen Daumen. Blut mischt sich mit der schwarzen Erde. Heulend sinke ich zwischen die Krautköpfe. Ich habe es so satt.

Da höre ich eine heisere Stimme. »Hast du dich verletzt?«

Hinter der Buchsbaumhecke, die die Parzellen trennt, steht die Frau aus dem Nachbargarten. Sie ist kleiner als ich, spindeldürr und vom Kopftuch bis zu den Strümpfen schwarz gekleidet. Ich habe sie schon oft gesehen, aber außer einem kurzen Gruß noch kein Wort mit ihr gewechselt. Sie zeigt kein Interesse für ihre Umgebung, sondern arbeitet immer stumm vor sich hin. Wenn sie eine Pause macht, setzt sie sich auf ein Brett, das über ein paar Steine gelegt ist, raucht und starrt über die Felder hinweg ins Tal.

»Es geht schon, nur ein kleiner Schnitt«, fiepse ich.

Sie blickt auf meine Faust, die ich um den verletzten Finger presse und aus der Blut tropft. »Komm mit«, sagt sie.

Ich folge ihr zu der Wasserpumpe am Rand des Krautgartens. Die Schnittwunde ist tief und zieht sich über den ganzen Daumen. »Wir müssen das auswaschen. Du kannst sonst eine Blutvergiftung bekommen.«

Ich beiße die Zähne zusammen, als der Wasserstrahl auf die Verletzung trifft. Nachdem die Wunde sauber ist, zieht sie ein Taschentuch aus ihrer Handtasche und wickelt es herum.

Sie kramt einen Apfel hervor und reicht ihn mir. »Setz dich erst mal hin, du bist ja ganz blass.«

Wir setzen uns auf ihre wackelige Gartenbank. Sie mustert mich rauchend, während ich den Apfel esse.

»Versorgst du jetzt den Garten vom Krutke?«, fragt sie mit ihrer rauen Stimme, die gar nicht zu der kleinen, mageren Frau passt.

»Ich bin die Tochter. Ich heiße Martha.«

»Dann wohnst du auch im Bahnwaggon?«

Ich nicke.

Sie schaut hinüber auf die andere Talseite, wo der Waggon als schwarzer Fleck auf der Wiese auszumachen ist, und verzieht den Mund. »Eine Schande«, sagt sie leise.

»Wie bitte?«

»Das ist doch keine Wohnung. So bringt man Menschen nicht unter.«

»Vater sagt, es gab sonst nirgends einen Platz im Dorf.«

Sie lacht bitter auf. »Wenn man will, findet man einen Platz.«

»Aber in dem Waggon hat vor uns doch auch schon jemand gewohnt.«

»Das macht es nicht besser.« Sie drückt ihre Zigarette aus. »Und Lammwirts Luis wollte es auch nicht anders.«

»Er hieß also Lammwirt mit Nachnamen?«

Sie lächelt und zum ersten Mal weicht der Schatten aus ihrem Gesicht. »Lammwirt ist der Hausname, wo er herstammte. Er hieß Roth, Alois Roth.«

»Und wo wohnt der Herr Roth heute?«

»Mädel, du fragst Sachen.« Der bittere Zug um ihren Mund ist zurück. »Darauf wird dir in diesem Dorf« – sie zeigt mit dem Kinn hinunter zur Kirche – »niemand eine Antwort geben.«

Was ist an dieser Frage so seltsam? Und warum sollte dazu keiner was sagen? Ich erinnere mich an den Bienenkönig. Auch der hat auf meine Frage gesagt: Es gibt Dinge, die sollte man besser ruhen lassen.

Die Frau steht auf und klopft ihre Schürze aus. »So war

das schon immer hier. Wenn du nicht dazugehörst, behandeln sie dich wie den letzten Dreck.«

Die Worte sind wütend aus ihr herausgeplatzt. Sie schaut mich mit wässrig-blauen Augen durchdringend an. Mich fröstelt es bei ihrem Blick. Unwillkürlich muss ich an eine böse Hexe denken. Dumme Gans, tadle ich mich, sie hat dir geholfen.

Ich würde gern fragen, ob sie von sich selbst spricht oder ob sie diesen Alois meint. Aber das Gespräch ist offenbar beendet. Die kleine Frau ist schon wieder in ihre Gedanken versunken. Mit trauriger Miene schaut sie ins Leere. Ich stehe auf, bedanke mich und belade meinen Handkarren.

Als Vater abends nach Hause kommt, kümmert er sich um meinen verletzten Daumen. Es ist wie früher. Wenn wir Kinder hingefallen sind oder uns verletzt haben, hat uns Vati verarztet, weil Mutti kein Blut sehen kann. Allein seine ruhige, warme Hand hat über den schlimmsten Schmerz hinweggeholfen.

Er war im Krieg Sanitäter. Ich erinnere mich an das rote Kreuz am Oberarm seiner Uniform und die große Ledertasche mit den Verbänden und der Medizin.

Die Tasche ist in Sibirien geblieben, ebenso wie seine Wärme. Doch die Ruhe seiner Hände und das Vertrauen sind noch da. Er holt seinen Verbandsbeutel, streicht Jod auf die Wunde und macht eine saubere Bandage. Zufrieden betrachtet er sein Werk, prüft, ob die Binde hält, und lehnt sich zurück. »Das heißt ja wohl, dass ich heute kochen muss.«

»Nicht notwendig, das kann ich schon machen«, sage ich. »Ich hab frische Rote Bete und mach uns eine Suppe.«

Es ist ein altes ostpreußisches Rezept, das noch von der

Großmutter stammt. Bald duftet der Raum nach dem erdigen Gemüse, Zwiebeln und Essig. Währenddessen erzähle ich von meinem Ungeschick und dass die Gartennachbarin mir geholfen hat.

»Das war bestimmt Frau Schelling.« Vater kennt sie und hat schon öfter mit ihr gesprochen.

»Eine komische Frau«, sage ich. »Sie hat böse über das Dorf gelästert.«

»Die Frau ist verbittert. Sie hat eine schlimme Geschichte erlebt. Man hat sie ein halbes Jahr eingesperrt.«

»Warum?«

Er zuckt die Schultern. »Sie sagt, ein paar Leute im Dorf hätten es auf sie abgesehen. Sie hätten unwahre Dinge behauptet und sie beim Landrat angeschwärzt. Der hat sie von der Polizei abholen lassen – angeblich.«

»Dann verstehe ich, dass sie nicht gut auf sie zu sprechen ist.« Ich schaue aus dem Fenster Richtung Dorf. »Sie hat gesagt, dass die Leute hier Fremde nicht wollen und schlecht behandeln.«

»Es gibt überall gute und böse Menschen.« Er macht eine Handbewegung quer durch den Raum. »Schau dich mal um. Alles, was du hier siehst, haben wir aus dem Dorf geschenkt bekommen. Stühle, Betten, den Ofen und den Tisch, Geschirr und Besteck, Bretter für die Wände und Regale, Nägel und Schrauben, sogar Fensterkitt zum Abdichten.«

Er hat recht. Es gibt viele hilfsbereite Menschen hier. Kleider wurden gespendet, Kochtöpfe und Möbel. Dabei haben sie selber oft nur das Nötigste zum Leben. Georg gibt mir auch immer ein bisschen mehr im Laden. Und beim Bäcker Kohler bekomme ich immer eine Semmel zusätzlich und die

Bäckersfrau drückt mir dazu noch eine Pfefferminzkugel in die Hand.

Aber es gibt auch die Unfreundlichen, die nicht zurückgrüßen, die Straßenseite wechseln oder hinter mir ausspucken. Solche wie Georgs Mutter, die uns Polacken nennen. Oder solche wie den Gassner im Rathaus, der es genießt, vor den Flüchtlingen seine Macht auszuspielen.

Vater schließt die Augen und saugt den Geruch der Rote-Bete-Suppe ein. »Das riecht wie daheim.«

Ich drehe den Kopf weg.

Vater fährt mir übers Haar. »Was bedrückt dich?«

»Ich will hier nicht leben in diesem viertklassigen Waggon.«

»Keine Sorge, wir werden wieder zurückgehen. Wir müssen nur Geduld haben.«

»Aber Tante Irene hat gesagt, was die Russen mal haben, geben sie nicht mehr her.«

»Königsberg war schon immer deutsch. Es wird nicht lange dauern, dann werden die Russen das einsehen.«

Doch so, wie er es sagt, scheint er selbst nicht daran zu glauben.

WINTERMOND

Alois hat es nicht eilig mit Schneeschippen. Immer wieder macht er Pause, stützt das Kinn auf den Schaufelstiel und schaut den Passanten nach, die sich über das glatte Pflaster tasten. Die Frau des Schusters hat sich bei ihrem Sohn Anton untergehakt. Sie schwanken wie Kinder, die zum ersten Mal auf Schlittschuhen stehen.

Alois lupft zur Begrüßung den Hut. Die Schusterin bleibt stehen und schimpft über den langen Winter. Dass man schon gar nicht mehr weiß, woher man das Holz zum Heizen und das Mehl zum Backen nehmen soll und dass überhaupt alles so teuer geworden ist. Alois meint, für Mitte Februar sei das Wetter ganz normal. Und was die Kälte angeht, so könnten sie noch froh sein. Hinten im Niederbayerischen sei erst letzte Woche ein Bauer in der Kirche mit seinem Bart am Weihwasserkessel festgefroren. Mit der Spitzhacke habe man ihn befreien müssen.

Die Schusterin schüttelt den Kopf. »Du erzählst immer Sachen.«

Anton scheint von der Unterhaltung nichts mitzubekommen. Er sieht verwundert den Schneeflocken zu. Seit er aus dem Krieg zurück ist, benimmt er sich seltsam. Er ist ein Jahr jünger als Alois und sieht doch aus wie ein alter Mann, mit grauen Haaren und fahler Haut.

»Na, wie steht's, Toni? Kommst du heut Abend mit zum Kehraus?«

Anton zuckt zusammen, als hätte man ihn aus einem fernen Traum geweckt. Aber er antwortet nicht.

»Ein bisschen tanzen und feiern im ›Hirsch‹, was meinst du?«, macht Alois einen neuen Versuch.

Er sieht, wie es in Toni arbeitet, wie er nach Worten gräbt, die dann langsam aus seinem Mund kommen.

»Zum Feiern hab ich schon Lust. Aber Tanzen kann ich nicht.« Tonis Hände fangen an zu zittern.

»Das macht doch nichts. Ich kann auch nicht mehr als Rumhüpfen.« Alois lacht.

Das Zittern setzt sich von Antons Händen auf Arme, Schultern und Kopf fort. Die Schusterin streicht ihrem Sohn über den Rücken und der beruhigt sich ein wenig.

Sie schaut Alois mit traurigem Blick an. »Ich glaube, da wird nichts draus.«

Anton versinkt wieder in seiner eigenen Welt und sie schiebt ihn sanft weiter.

Wenn die Rede auf Schusters Toni kommt, sagt Hermann nur »Verdun«. Ein halbes Jahr lang war Anton in dieser Hölle. Am Ende hatte er Glück. Der Granatsplitter traf zuerst einen Kameraden, der davon zerrissen wurde. Danach hatte das Geschoss zu wenig Kraft, um Tonis Bein ganz abzuschneiden. Doch es reichte für einen Heimatschuss.

Anton sollte die Schuhmacherwerkstatt des Vaters übernehmen. Aber seither trifft er keinen Nagel mehr. Meist sitzt er in seinem dunklen Zimmer, aus dem man ihn manchmal schreien hört.

Dann doch lieber ein Bein verlieren als den Verstand, denkt Alois. Er streut Sand vor dem Haus und klopft sich den Schnee von der Jacke.

In der Stube herrscht gedrückte Stimmung. Hermann legt dem Vater die Zeitung vor die Nase. »Jetzt zahlen sie schon einen Judaslohn für die Spitzel, die einen anderen fürs Schwarzschlachten denunzieren.«

Halblaut liest Vater die Meldung: Für die Anzeige von Schwarzhandel und Geheimschlachtungen wird eine angemessene Belohnung in Aussicht gestellt.

Wütend wischt er die Zeitung weg. »Wo soll das noch hinführen? Wie sollen wir überhaupt noch was auf den Tisch bekommen?«

»Nächste Woche kommt der Rohmer zum Viehzählen«, sagt Hermann.

»Du weißt, was du zu tun hast«, antwortet Vater. »Wir haben drei Säue und basta. Die vierte verschwindet bis dahin.«

Hermann nickt. »Dann hoffen wir mal, dass der Rohmer nichts merkt.«

Vater winkt ab. »Der weiß doch sowieso, was läuft. Mit dem komm ich schon klar.«

Alois reibt sich die Nase. »Ich wüsste jemand, der gut bezahlt.«

»Nix da«, schimpft Vater. »Das Geld ist sowieso nichts wert.«

»Von den Leuten in der Stadt kriegst du für einen Schinken das halbe Familiensilber.«

»Wir bereichern uns nicht an den Hamsterern.«

Alois hebt die Hände wie ein Heiliger. »Was heißt Hamsterer? Es ist ein Tauschgeschäft.«

Vater schaut Alois durchdringend an. »Die Sau kommt hier auf die Speisekarte, sonst nirgends. Und du lässt die Finger von krummen Dingern.«

Alois ist still. Er muss an Michel denken, der zwei Kälber organisiert hat. In wenigen Wochen sind sie so weit und werden schwarzgeschlachtet. Alois hat versprochen, den Transport zu organisieren. Für das Fleisch werden Höchstpreise bezahlt. Und was soll daran krumm sein? Die einen haben Hunger und Geld, die anderen haben Fleisch und brauchen Geld. Zu so einem Geschäft kann man einfach nicht Nein sagen.

*

Er ist spät dran. Auf die Schnelle hat sich Alois von Zenzi einen schwarzen Vollbart aufmalen lassen. Dazu ein alter Umhang und ein verbeulter Schlapphut, fertig ist der Räuberhauptmann.

Als er in den »Hirsch« kommt, herrscht bereits ausgelassene Stimmung. Der Saal dampft vor Schweiß, Bierdunst und Rauch. Alois entdeckt den Tisch, an dem auch Franzi sitzt. Sie hat sich eine Rosine als Warze auf die Nase geklebt und dazu ein braunes Fetzenkleid geschneidert.

Max und Xaver wetteifern darin, die Frauen am besten zu unterhalten. Max ist als Napoleon verkleidet, das passt zu ihm. Er führt das große Wort. Und obwohl er mit Grete, seiner Verlobten, da ist, schäkert er mit den anderen Frauen.

Vor allem hat es ihm Anni Schelling angetan, die im kurzen Rock mit Netzstrümpfen die Männer nervös macht. Anni genießt die Aufmerksamkeit und blinzelt mit großen Augen zurück. Grete schaut finster drein und nippt reichlich am Likör.

Xaver hat seine bullige Gestalt in ein Clownskostüm gezwängt. Er sitzt neben Franzi, schmachtet sie an und prostet ihr zu. Erich, der seit zwei Jahren Dorfgendarm ist, schießt mit seiner Verkleidung den Vogel ab. Er trägt einen gestreiften Sträflingsanzug und eine schwarze Gesichtsmaske. Der Polizist als Gauner wird von den Freunden kräftig auf den Arm genommen. Jetzt hat er endlich mal den Richtigen verhaftet. Ob er heute in der Zelle übernachtet.

Erich nimmt den Spott gelassen. »Dienst ist Dienst und Schnaps ist Schnaps.«

Alois ärgert sich, dass er so spät dran ist. Er überlegt, ob er nicht gleich wieder gehen soll. Aber da haben ihn die Freunde schon entdeckt und winken ihn heran. Er fackelt nicht lange und fordert die hübsche Hexe zum Tanz auf. Allerdings bringt er in dem Gedränge auf der Tanzfläche immer wieder die Füße durcheinander und tritt Franzi auf die Zehen.

Sie quittiert es mit einem Lächeln. »Da müssen wir noch ein bisschen üben.«

»Sie können mir ja Unterricht geben, Werteste«, sagt er.

»Ich weiß nicht, ob meine Füße das aushalten.«

»Könnten Sie es mir nicht einfach hinhexen?«

»Das mit dem Hexen spare ich mir für wichtigere Sachen auf.« Sie kichert.

»Ja dann muss ich wohl doch den Unterricht nehmen.«

»Das wird aber nicht billig, mein Herr.«

»Pah! Kein Problem für einen Räuberhauptmann.«

»Hauptmann?« Franziska zieht die Brauen hoch.

Alois bleibt mitten auf der Tanzfläche stehen und zieht elegant den Schlapphut. »Ich habe mich noch gar nicht vorgestellt. Hauptmann Siegismund vom Drachengrund.«

Franzi versucht, ernst zu bleiben. »Aha, Herr Siegismund vom Drachengrund«, gluckst sie. Dann bricht sie in helles Lachen aus. »Was Blöderes ist dir nicht eingefallen?«

Ein schwungvolles Paar rempelt sie an und Alois kann sie gerade noch festhalten. Dabei löst sich die Rosine von Franzis Nase, macht einen sanften Bogen in der Luft und verschwindet in Alois' offenem Hemd.

Franzi schaut der Rosine erschrocken hinterher. Dann prustet sie los. »Ach du Schreck, meine Warze.«

Alois hält den Hemdkragen auf. »Magst du sie rausholen oder soll ich?«

Franzi hält sich die Hand vor den Mund. Ihr laufen Tränen vor Lachen über die Wangen. »Nein danke. Die schenke ich dir.«

Als die Musik eine Pause macht, verschwindet Franzi auf dem Klo, um sich nachzuschminken. Alois bestellt eine Runde Bier und erzählt von der Begegnung mit Anton. »Ich glaube, der wäre gerne mitgekommen. Aber seine Mutter wollte nicht.«

»Die hatte bestimmt Angst, dass er sich als Zitteraal verkleidet«, tönt Xaver und alle brüllen vor Lachen.

»Darüber macht man keine Witze«, sagt Alois ernst. »Der Toni ist eine arme Sau. Er kann nichts dafür, dass sie ihn so zugerichtet haben.«

»Aber lustig ist es schon, wenn er so rumzappelt.« Übertrieben macht Xaver das Zittern von Anton nach und hat wieder die Lacher auf seiner Seite.

Kaum ist Franziska zurück, schnappt sich Xaver ihre Hand. Obwohl er die Statur eines Bären hat, ist er ein guter Tänzer und wirbelt sie elegant und zielsicher durch den Saal.

Alois betrachtet die beiden eifersüchtig. Wenn er Franzi weiter auf die Füße tritt, wird das nichts mit ihr. Dann macht Xaver das Rennen. Das darf auf keinen Fall passieren. Er nimmt den Wirt zur Seite und drückt ihm ein gutes Trinkgeld in die Hand.

Den weiteren Abend sieht man, wie ein Räuberhauptmann und ein Clown eine hübsche Hexe umwerben und zwischen den Tänzen die Gläser heben. Alois lässt sich nicht lumpen und bestellt reichlich Schnapsrunden. Schon nach einer Stunde lässt Xavers Eleganz deutlich nach. Der Clown wird langsamer und hält beim Tanzen den Takt nicht mehr richtig. Bald ist Franzi es leid.

Als Alois erneut dem Wirt winken will, fällt ihm Erich in den Arm. Verwundert schaut Alois den Freund an. Erich schüttelt leicht den Kopf und zeigt mit dem Kinn auf Xaver. Der sitzt grinsend am Tisch und schielt in den Saal.

»Ich glaube, es reicht«, sagt Erich.

Alois reibt sich die Nase und nickt. »Du hast wohl recht.«

Es ist schon nach Mitternacht, als Alois Franzi heimbringt. Er hat zwischendurch bedauert, dass er nur Wasser im Schnapsglas hatte, während Xaver lustig zechte. Doch jetzt ist er froh darum.

»So kenne ich den Xaver gar nicht«, sagt sie. »Er trinkt doch sonst nicht so viel.«

»Vielleicht wollte er zeigen, was für ein Kerl er ist«, sagt Alois unschuldig.

»Na toll. Er hätte mir beinahe das Kleid zerrissen.«

»Dann hätte er es aber mit Hauptmann Siegismund zu tun bekommen.«

»Du bist so ein alberner Kerl.«

»Ich kann auch solide sein.«

»Da bin ich nicht so sicher.«

»Warte nur ab. Ich werde jetzt Geschäftsmann und mache das große Geld. Dann bringe ich dich nicht mehr zu Fuß heim, sondern mit einem nagelneuen Automobil.«

Sie lacht. »Da bin ich ja mal gespannt. Und was sind das für Geschäfte?«

Er legt den Finger auf den Mund. »Vorerst darf ich nicht darüber sprechen. Du weißt schon, die Konkurrenz. Aber du bist die Erste, die es erfährt.«

Schweigend gehen sie durch die windig-kalte Februarnacht. Franzi friert und er legt seinen Arm um ihre Schulter. »Stell dir vor, keine Sorgen mehr, ein großes Haus, schöne Kleider.«

»Ach Luis, du bist ein Träumer.«

»Keine Träume, Franzi, das sind ganz famose Pläne. Das ist bald Wirklichkeit.« Er bleibt stehen und dreht sie zu sich. »Aber es gibt was, wovon ich wirklich träume.«

Er küsst sie sanft und sie schlingt die Arme um seinen Hals und erwidert seinen Kuss, als hätte sie lange auf diesen Moment gewartet. Über ihnen tanzt ein halb voller Wintermond durch ein aufgewühltes Wolkenmeer. Es gibt keine Kälte mehr, keine Nacht, kein Morgen.

Martha

SÜDSEE

Einmal die Woche ist Flicknachmittag bei Tante Irene. Zusammen mit Erna und Irenes Töchtern sitze ich in ihrer Stube, wir bessern Wäsche aus und stopfen Socken. Die Arbeit ist mir verhasst, aber ich gehe dennoch gerne hin. Es tut gut, mal für einige Stunden nicht alleine zu sein. Wir scherzen, lachen und tratschen. Vor allem ist es eine Gelegenheit, gemeinsam zu singen.

Die alten Lieder aus der Heimat saugen mich fort, ich fliege auf den Schwingen der Musik nach Hause. Ich laufe wieder durch die Königsberger Altstadt zum Fischmarkt und zum Hafen. Ich sitze an einem der tausend masurischen Seen und atme den Duft der Wälder und des weiten Horizonts ein. Ich stehe am Strand der Kurischen Nehrung und der feine Sand quietscht unter meinen Zehen.

Als ich wehmütig und in Gedanken zurück zum Waggon gehe, springt plötzlich Georg aus dem Laden. Er scheint auf mich gewartet zu haben.

»Wo soll's denn hingehen? Kann ich dich ein Stück begleiten?«

Ohne eine Antwort abzuwarten, geht er neben mir her.

»Ich hab dich schon länger nicht gesehen. Warst du krank?«

»Ich hatte viel Arbeit«, sage ich.

»Ich dachte, du wärst immer nur daheim?«

Mein Grinsen erstirbt. »Was soll das heißen? Meinst du, ich liege den ganzen Tag auf der faulen Haut? Ich koche, ich putze, ich räume auf, ich wasche die Wäsche. Ich versorge den Garten vor dem Waggon und dazu den Krautgarten. Du hast ja keine Ahnung.«

Ich habe mich in Rage geredet und Georg wird rot. »So hab ich das nicht gemeint.« Er stottert. »Ich dachte, es wäre doch … vielleicht kann ich dir helfen?«

»Und wie? Willst du vielleicht unsere Wäsche waschen?«, sage ich schnippisch.

Er schaut verlegen auf seine nackten Füße. »Das geht nicht. Ich wasche schon die Wäsche der Amis.«

»Was? Du wäschst die Unterhosen der Amerikaner?«

»Eigentlich meine Mama. Aber ich muss helfen. Sie bringen jede Woche zwei große Säcke vorbei und holen ein paar Tage später die sauberen Sachen wieder ab.«

»Zahlen sie wenigstens gut?«

»Ich denke schon. Wir bekommen extra Waschpulver, Bananen und Schokolade. Mama kriegt auch Zigaretten, die sie verkauft.«

Ich nicke anerkennend.

»Und was ist da passiert?« Er zeigt auf meinen verbundenen Daumen.

»Ich hab mich im Krautgarten verletzt.«

»Wenn du magst, kann ich dir helfen.«

Beim Unkrautstechen könnte ich tatsächlich Hilfe gebrauchen. Allerdings ist Vater bestimmt dagegen, dass ein Junge mit mir allein im Krautgarten ist.

»Es gibt eine Menge Unkraut«, sage ich.

Er wirft sich in Pose. »Ich bin der beste Unkrautvernichter weit und breit. Morgen Nachmittag komme ich vorbei.«

Er überlegt kurz. Dann sagt er: »Hast du noch ein bisschen Zeit? Ich wollte dir doch das Dorf zeigen.«

»Ich kenne das Dorf. Was gibt es da schon zu sehen?«

»Aber nicht die Geheimnisse.«

Ich werde neugierig.

»Ich kann dir ein paar Sachen zeigen, die du sonst nicht so einfach zu sehen kriegst.«

Ich schaue hinauf zur Kirchturmuhr. Vater kommt frühestens in zwei Stunden heim. Er hat Arbeit in einem Sägewerk gefunden. Dabei war er mal Beamter. Aber er nimmt alles, was er kriegen kann. Seit er dort hingeht, ist er vor allem nicht mehr so mürrisch.

»Warst du schon mal auf dem Nikolausberg?«, fragt Georg.

Ich verneine. Obwohl ich den Hügel den ganzen Tag vor der Nase habe, bin ich noch nicht auf die Idee gekommen hochzugehen.

»Gibt es da oben was Besonderes?«

»Die Aussicht«, sagt er und wippt mit den Brauen.

Wir gehen an den Stationen des Kreuzwegs vorbei. Auf halbem Weg macht Georg eine Pause. Er zeigt auf die große leere Wiese mitten im Ort. »Da ist jetzt bald das Freischießen.«

»Das was?«

»Freischießen – das ist ein Schützenfest mit Umzug und

Jahrmarkt und Musik und Tanz – ein großes Volksfest.«
Seine Augen leuchten. »Das ist wie Ostern und Weihnachten
zusammen, das größte Fest im Jahr.«

»Und wann ist das?«

»An zwei Sonntagen Ende August und Anfang September.
Du kommst doch?«

Ich bin nicht sicher, ob Vater das erlaubt. Wir haben kein
Geld für so was. Andererseits ist Vater selbst im Schützenverein.

»Mal sehen«, sage ich.

»Nix mal sehen, da musst du unbedingt hingehen.« Georg
ist süß, wenn er so ins Schwärmen gerät.

Als wir oben sind, genieße ich die warme Brise, die über
die Anhöhe bläst. Sie streichelt mein Gesicht und fährt mir
durch die Haare.

Ich klettere auf die Mauer des Friedhofs und blicke über
den weiten Horizont. »Du kennst bestimmt jeden Berg beim
Namen.«

Georg schüttelt den Kopf. »Nein, keinen einzigen.«

»Als Fremdenführer taugst du ja nicht besonders.«

Er wird rot. »Wenn du willst, kann ich es rausfinden.«

»Lass gut sein. Mir sind die Namen egal. Es ist trotzdem
schön.«

Ich atme tief durch, betrachte den Marktflecken, der friedlich im tiefgrünen Flusstal liegt, mit den breiten Bauernhö-
fen und den kleinen Arbeiterhäusern, der grauen Kirche und
dem großen Kamin der Milchfabrik.

Georg zeigt auf den Schornstein. »Das ist unser Wahrzei-
chen. Milchwerke Riegele, bekannt im ganzen Land.«

»Weißt du, was das Schöne ist? Dass es so heil ist.«

Georg schaut mich verständnislos an. »Was meinst du mit heil?«

»Na ja, hier gab es keinen Krieg. Hier sind keine Bomben gefallen, hier sind keine Häuser in Flammen aufgegangen, hier sind keine Menschen gestorben, keine Panzer durchgefahren.«

»Natürlich sind hier Panzer durchgefahren«, protestiert Georg. »Am Kriegsende kamen die Amerikaner und haben auf das Dorf geschossen.«

»Und dann?«

»Dann haben alle die weißen Fahnen rausgehängt und dann war's vorbei.«

Das war es also, denke ich. Georg hat keine Ahnung. Sie alle haben keine Ahnung.

Eine finstere Welle überspült meine Gedanken. Sirenengeheul, Dröhnen von Granaten, Schreie, Flammen, schwarzer Rauch, Stille, Leichengestank. Trotz der warmen Nachmittagssonne friere ich. Ich stehe rasch auf und klopfe mir den Staub vom Kleid. Er soll nicht denken, ich sei plemplem.

Wir gehen um den Friedhof herum und schauen in alle Himmelsrichtungen. Wiesen, Wälder, ein paar Bauernhöfe und Weiler. Auf der Ostseite sehe ich den Waggon. Von hier oben kann man den Bachlauf tatsächlich mit einem Bahndamm verwechseln. Der Wagen sieht aus, als wäre er dort nur kurz abgestellt und warte auf die Abfahrt. Wie schön wäre es, wenn er einfach losfahren würde, weg von hier, hinaus in die Ferne.

»Ich darf nicht mehr lange trödeln, wenn Vater heimkommt, muss das Essen fertig sein.«

»Ich hab dir noch ein Geheimnis versprochen«, sagt Georg. »Es dauert auch nicht lange.«

Wir gehen hinunter zur Mädchenschule, die jetzt am Nachmittag leer ist. Georg nimmt einen Seiteneingang. Im Treppenhaus bleibt er stehen, legt den Finger an den Mund und lauscht. Leise geht er die Treppen hoch und winkt mir, ihm zu folgen.

Ganz oben stehen wir vor einer schweren Holztür, die offenbar zum Dachboden führt. Sie ist verschlossen. Georg schiebt seine Hand unter das Fensterbrett und zaubert einen Schlüssel hervor.

»Woher weißt du, wo der liegt?«, flüstere ich.

»Meine Mama putzt hier einmal die Woche.«

»Was macht deine Mutter eigentlich sonst noch alles?«

»Eine ganze Menge«, sagt Georg. Er seufzt und sieht bekümmert aus. Aber bevor ich fragen kann, fängt er sich wieder und schließt die Tür auf. Sie knarrt fürchterlich beim Öffnen. Wir halten die Luft an, aber im Haus regt sich nichts.

Schnell schlüpfe ich hinter ihm hinein und werde von der Dunkelheit des Dachbodens verschluckt.

In dem finsteren Raum riecht es ranzig wie nach altem Leder. Ich taste mich vor, stoße an einen Tisch und bleibe stehen. Georg findet den Lichtschalter und eine kahle Glühbirne erhellt den Raum. Ich schreie auf. Vor mir liegt das Skelett eines gewaltigen Krokodilschädels. Der aufgesperrte Rachen ist so groß, dass ich meinen Kopf hineinlegen könnte. Ich ziehe die Hände weg, die direkt vor den Zähnen des Monsters liegen, und weiche zwei Schritte zurück. Meine Haare verfangen sich, meine Hand ertastet hinter mir einen spitzen Knochen. Als ich mich umdrehe, starre ich in den offenen Brustkorb eines riesigen Vogelskeletts. Ich schreie erneut und will rausrennen. Doch Georg hält mich fest.

»Mach doch nicht so einen Krach«, flüstert er. »Du schreist ja die ganze Nachbarschaft zusammen.«

»Was ist das hier für ein Monsterkabinett?«, frage ich außer Atem.

»Das ist die Südsee-Sammlung von Kapitän Nauer.«

Ich verstehe gar nichts. Wieso Südsee? Wieso Sammlung? Was für ein Kapitän? Und wie kommt das Zeug ausgerechnet hierher in dieses bayerische Dorf?

Nachdem ich mich beruhigt habe, klärt Georg mich auf. Kapitän Nauer ist ein Obergünzburger, der die Welt bereist und der überall Objekte gesammelt und in seine Heimat geschickt hat. Über die Jahre ist dieser Fundus entstanden. Allerdings dürfen wir das eigentlich gar nicht sehen. »Die Sammlung ist nämlich nicht jugendfrei«, sagt Georg.

»Warum das denn?«

»Komm mal mit.«

Er führt mich durch den Dachboden, der vollgestopft ist mit seltsamen Ausstellungsstücken. Der Kapitän scheint eine Vorliebe für Waffen zu haben. Bündelweise stehen Speere an der Wand, mit schmalen und breiten Spitzen, gefiedert, bemalt, geschnitzt. Dazu Unmengen von Pfeilen und Bögen, primitive Messer und Holzäxte.

Die schwache Lampe leuchtet nur den vorderen Teil des Raumes aus. Je weiter wir nach hinten kommen, desto düsterer wird es. Plötzlich bleibe ich erschrocken stehen. Aus dem Dunkel schaut mir ein schwarzes Gesicht mit funkelnden Augen entgegen.

»Dahinten ist jemand«, flüstere ich.

Georg kichert. »Das dachte ich beim ersten Mal auch.«

Er geht weiter und klopft an das Gesicht des schwarzen Mannes. Es ist eine lebensgroße Gipsfigur. »Darf ich vorstellen: Die Negergruppe*.«

Erst jetzt sehe ich, dass der schwarze Mann nicht allein ist. Neben ihm kniet eine Frau und knetet etwas auf dem Boden, davor liegt ein Kind. Alle drei haben rabenschwarze Haut und Haare. Und sie sind nur mit einem Lendenschurz bekleidet und sonst nackt.

»Und? Hab ich dir zu viel versprochen?« Unzüchtig glotzt Georg der Frau auf die Brüste.

Ich senke verschämt die Augen. »Wir sollten jetzt besser gehen. Nicht dass wir noch erwischt werden.«

Als wir wieder auf der Straße sind, atme ich erleichtert aus.

Georgs Sommersprossengesicht leuchtet. »Du darfst das niemand erzählen.«

»Schon klar«, sage ich verschwörerisch. »Obwohl – deine Mutter würde sich bestimmt freuen, dass du mir das hier gezeigt hast.«

Sein Grinsen erstirbt. »Wenn du das machst…«

»War nur ein Spaß.«

»Die würde mich umbringen. Und dann würde sie es deinem Vater erzählen.«

»Und dann würde der mich umbringen.«

Wir lachen beide.

*

---

* Die Wortwahl gibt die Sicht der Figuren und der damaligen Zeit wieder.

Am nächsten Nachmittag sind die Bohnen dran. Auch der Kohlrabi ist überfällig. Ich stöhne bei dem Gedanken, dass ich das alles so schnell wie möglich einkochen muss. Vater macht sich Sorgen, dass der Wintervorrat nicht reichen könnte. Und während ich am Herd stehe, breitet sich schon wieder das vermaledeite Unkraut aus.

»Wie geht es deinem Finger?« Frau Schelling schaut über die Hecke.

Ich recke ihr den verbundenen Daumen hin. »Schon wieder besser. Mein Vater hat ihn gut verarztet.«

Sie nickt zufrieden. Dann schaut sie über meine Schulter und ihr Blick verfinstert sich.

»Was will denn der hier?«

Georg kommt den Weg durch die Parzellen. Auch er scheint sich nicht zu freuen, als er Frau Schelling sieht.

»Das ist Georg. Er kommt, um mir ein wenig zu helfen«, sage ich.

»Ich weiß, wer das ist. Einer aus der Strobl-Mischpoke.« Ihre Stimme ist noch tiefer als sonst.

Ohne ein weiteres Wort dreht sie sich um und verschwindet.

»Was hat sie denn?«, frage ich Georg.

Er tippt sich mit dem Zeigefinger an die Schläfe. »Die hat nicht alle Tassen im Schrank.«

»Ich finde sie ganz nett.«

»Ganz nett? Ha!« Georg späht über die Hecke, aber Frau Schelling ist weg. Trotzdem flüstert er. »Das ist eine der schlimmsten Kratzbürsten im Dorf. Sie beschuldigt alle Leute, dass sie etwas gegen sie hätten. Dabei ist sie diejenige, die überall Unfrieden sät.«

»Mein Vater hat gesagt, dass man sie ein halbes Jahr eingesperrt hat.«

»Ja, sie war im Gefängnis. Keine Ahnung, warum. Aber sie hat es bestimmt verdient, so bösartig, wie die ist. Hinterher hat sie bei den Amerikanern ausgesagt, mein Großvater war schuld. Er habe sie an die Gestapo verraten.«

»Und? Was sagt dein Großvater dazu?«

Georg schaut finster. »Er hat behauptet, dass er damit nichts zu tun hat. Aber die Amis haben ihn trotzdem eingesperrt.«

Ich schaue hinunter ins Dorf, das so verträumt daliegt mit seinen Plätzen und Gassen. Welche Gräben und Risse laufen durch diese Idylle?

Georg lässt seine Wut am Unkraut aus. Er hackt wie ein Wilder und ist nach einer Stunde fertig. Ich habe genug Zeit für die Bohnen, säubere den Kohlrabi und ernte sogar noch eine Schüssel Erbsen.

Hinterher legen wir uns ins Gras, essen Erbsen und schauen den Wolken nach. Georg erzählt, dass seine Mutter ihn unbedingt als Kaufmann sehen will. Er aber findet die Vorstellung furchtbar, sein Leben hinter einem Ladentisch zu verbringen. Sein Traum ist, Automechaniker zu werden.

»Überall fahren die Autos jetzt rum. Es werden immer mehr, das ist bestimmt ein gutes Geschäft. Und vor allem kann ich mir dann selber einen tollen Schlitten leisten.«

Seine Hände drehen ein unsichtbares Lenkrad.

»Und du? Was willst du mal werden?«, fragt er nach einer Weile.

»Ich wollte immer Ärztin werden. Aber das ging nicht wegen dem Krieg. Wir sind geflüchtet und das war's mit der

Schule.« Ich schließe die Augen. »Aber sobald Mutter da ist, kümmere ich mich um eine Lehrstelle als Krankenschwester.«

»Du kannst dich ja hier im Krankenhaus bewerben.«

»Dann müsste ich ja hierbleiben. Ich will aber weg.«

Er richtet sich auf. »Warum denn? Hier ist es doch schön.«

»Ja, schon«, sage ich.

»Ist es wegen dem Ostbahnhof? Also wegen dem Waggon? Ich kann verstehen, dass es da draußen nicht so toll ist. Aber das ist doch bloß ein Übergang. Nicht mehr lange und ihr findet was im Dorf.«

Wie soll ich ihm das erklären? Es ist mir zu eng, es ist nicht mein Leben. Ich habe mir das nicht ausgesucht. Ich bin gestrandet wie Robinson auf seiner Insel. Ich brauche Luft und Weite, will was von der Welt sehen.

Ich wechsle das Thema. »Sag mal, du hast doch gesagt, dass es am Ostbahnhof spukt.«

Er winkt ab. »Das ist nur so ein Gerede. Oder hast du einen Geist gesehen?«

»Blödmann. Ich habe mit dem Greisel geredet. Er hat erzählt, dass vor ein paar Jahren ein Mann im Waggon gewohnt hat, der irgendwie seltsam war.«

»Ich weiß, wen er meint«, sagt Georg. »Es war ein komischer Kerl. Lief immer in seinem Hut und Anzug durch die Gegend, als wäre er was Besseres. Dabei war er ein armer Schlucker. Mit Arbeit hatte er es nicht so. Aber eine große Klappe, hat immer Geschichten erzählt. Er hat sich durchgeschnorrt. Und gerne diesen da.« Georg führt die Hand wie ein Glas zum Mund. »Ab und zu kam er in den Laden, hat immer nur ein paar Kleinigkeiten gekauft. Mama hat immer gesagt, der Luis stiehlt wie ein Rabe. Einmal hab ich's auch gesehen. Da hat er eine große Blechschachtel mit Zigaretten in seinem Rucksack verschwinden lassen.«

Ich wette, es waren Salem Gold. Aber Georg braucht nichts von meinem Fund zu wissen. Am Ende verplappert er sich noch bei seiner Mutter. Und der traue ich zu, dass sie im Dorf herumerzählt, wir würden uns an Diebesgut bereichern.

Ich versuche, mir nichts anmerken zu lassen. »Und dann?«, frage ich.

»Nichts dann. Ich habe ihn nicht verraten.«

»Warum nicht? Es war doch Diebstahl.«

»Ich mochte ihn. Der Luis war ein lustiger Kerl.«

»Und wo ist dieser Luis jetzt?«

»Keine Ahnung. Irgendwann war er einfach weg.«

Alois 1920

KALBFLEISCH

Der Leiterwagen holpert über den schmalen Feldweg. Unter den Rädern knirschen die Eisplatten, mit denen die Pfützen überfroren sind. Alois lässt sich Zeit. Er beobachtet eine Schar Bergfinken, die über die Schneereste ins Tal fliegt. Ein Hauch von Frühling liegt in der Luft. Der Himmel, der den ganzen Tag wie ein grauer Stein auf dem Land lag, öffnet sich kurz. Auf der Anhöhe über dem Günztal leuchtet der Baldaufhof im Sonnenuntergang.

Wie Michel gesagt hat, ist die Aufgabe leicht. Alles schnell und unkompliziert. Der Hof liegt abgelegen. Keine Nachbarn, keine Landstraßen, keine Kontrolle.

Der alte Baldauf erwartet ihn schon. Wie ein struppiger grauer Hund steht er vor dem Tor und schaut prüfend über den Weg und die Hügel ringsum. Mit einer Kopfbewegung winkt er Alois in die Scheune und legt den Riegel vor. Er schlägt eine dicke Plane zurück. Unter seiner Petroleumlampe schimmert zartrosa Fleisch aus dem Öltuch. Zwei Kälber, frisch geschlachtet, ausgenommen und zerlegt. Mehr als drei Zentner Fleisch.

Baldauf ist einsilbig. Alois nimmt das nicht persönlich.

Der Bauer spricht nie viel. Er kommt einmal die Woche nach dem Gottesdienst in die Gastwirtschaft, trinkt seine zwei Bier und geht wieder. Dazwischen hört er den Gesprächen zu, gibt selten einen Kommentar ab, nickt manchmal, schüttelt den Kopf, das ist alles.

Unter der Ölfunzel zählt Baldauf das Geld nach. Er ist eine ehrliche Haut, auch wenn er schwarzschlachtet. Aber was hat das eine schon mit dem anderen zu tun?

Zusammen schnüren sie die Pakete zu und wuchten sie auf den Leiterwagen. Oben drauf legen sie eine Fuhre Holzpfähle.

Aus dem Tal steigt Nebel hoch. Alois will noch ein wenig warten, die Suppe wird bestimmt noch dichter werden.

»Hast du vielleicht ein Bier im Haus?«

Baldauf schüttelt stumm den Kopf und öffnet das Tor. Alois seufzt und macht sich mit dem Karren auf den Weg. Das Bier muss warten. Er wird nachher bei Michel eins bekommen, oder zwei. Kalbfleisch ist wie eine Fuhre Gold. Die Leute zahlen jeden Preis.

Trotz der schweren Ladung kommt Alois gut voran. Es geht die meiste Zeit bergab und er muss den Leiterwagen mehr bremsen als ziehen. Eigentlich wollte er am Ortseingang nach Westen abdrehen und einen Schleichweg zu Michels Haus nehmen. Doch nun überlegt er, ob er sich den Umweg sparen soll. Der Nebel, mit dem sich die Günz gegen die Kälte wehrt, ist dichter geworden. Auf der Straße sieht man kaum noch bis zur nächsten Laterne. Und um diese Uhrzeit sitzen die braven Obergünzburger alle vor dem Ofen.

Kurzentschlossen zieht er den Karren durch den Unteren Markt ins Dorf hinein. Alles ist still und menschenleer.

Neben der Viehwaage, gerade als Alois zum Fluss hinunter abbiegen will, steht eine dunkle Gestalt. Alois sieht einen Schatten, der sich langsam von der Hausmauer löst. Als er den Mann erkennt, ist es zu spät.

»Grüß dich, Luis. Bist noch fleißig um die Uhrzeit?«

Erich Landeck. In Alois' Kopf überschlagen sich die Gedanken. Warum steht der Gendarm ausgerechnet hier? Hat er auf ihn gewartet? Hat er einen Tipp bekommen? Oder dreht er nur zufällig eine Runde?

»Mein Gott, hast du mich erschreckt, Erich.« Alois klingt heiser.

»Das ist doch ein braves Dorf. Hier muss sich keiner Sorgen machen.«

Hört er da einen Unterton in Erichs Stimme? Alois ist nicht sicher. Erich hat oft eine spöttische Art, bei der man nicht weiß, wie man dran ist.

Dabei lässt er im Dienst nicht mit sich spaßen. Gleich bei seinem ersten Einsatz nach Kriegsende hat er zwei alte Kumpel in die Zelle gesteckt, die besoffen eine Rauferei angezettelt hatten.

Er tritt näher und schaut neugierig auf den Karren.

»Was fährst du denn noch spazieren?«

»Nur eine Fuhre Zaunpfähle.«

»Zaunpfähle, jaja. Es geht wieder los auf den Feldern.«

Langsam umrundet er den Wagen. »Die willst du aber nicht mehr heute setzen.«

Alois gibt sich betont gelassen. »Ganz in Ruhe die nächsten Tage.«

»Na, da hast du aber Glück, dass du mich getroffen hast. Sonst wärst du hier glatt falsch abgebogen.«

Alois saugt die Luft ein. »Ach, ich war so in Gedanken.«

»Bei dem Nebel kann das schon passieren.« Während er spricht, kniet sich Erich neben die Sprossen. »Oder hast du was getrunken?«

»Keinen Tropfen, Ehrenwort.«

»Und was hast du da drunter?«

»Nur ein bisschen Heu und Viehfutter.«

»Mhm«, macht Erich. Dann öffnet er die Ölplane.

Eine halbe Stunde später sitzt Alois am anderen Ende des Dorfes im Dienstzimmer der Polizei. Seine Beute ist neben ihm ausgebreitet, der Raum ist erfüllt von frischem Schlachtgeruch. Erich Landeck hackt auf seine Schreibmaschine ein. Als er mit den Regularien fertig ist, lehnt er sich zurück und legt die Stirn in Falten.

»Na dann, erzähl mal.«

Alois starrt vor sich hin. Erich stand nicht zufällig auf der Straße. Er hat ihn abgepasst. Er muss etwas erfahren haben. Aber von wem? Außer Michel und Baldauf weiß niemand von dem Geschäft. Und die beiden haben bestimmt nichts verraten.

Alois beschließt, dass es am besten ist, zu schweigen.

Erich seufzt. Seine Hand fährt automatisch in die Brusttasche. Er hat sich vor einem Jahr das Rauchen abgewöhnt. Besonders wenn er warten muss, greift er immer wieder suchend in die Taschen. Und er muss oft warten.

Er kennt die Situation zu gut. Alle, die vor diesem Schreibtisch sitzen, wollen nichts anderes als schnell aus dem Schlamassel rauskommen. Entweder fangen sie dann an zu plappern oder sie schweigen. Er kennt Alois, seit er denken kann, und weiß, er gehört zur zweiten Sorte.

»Du fragst dich jetzt bestimmt, wer dich verpfiffen hat.«

Alois blickt neugierig hoch.

Erich schüttelt sanft den Kopf. »Weißt du was, Luis? Dich muss man nicht verpfeifen. Das pfeifen doch die Spatzen von den Dächern, dass du krumme Dinger drehst.«

»Das stimmt überhaupt nicht«, sagt Alois empört.

»Und das da?« Erich deutet mit dem Kinn auf den Fleischhaufen. »Das hast du zufällig unterwegs gefunden.«

Alois folgt Erichs Blick. So ein Jammer. Drei Zentner bestes Kalbfleisch. Wie konnte er nur so dämlich sein und diesen Fang dem Polizisten vor die Nase stellen.

»Ich mach dir einen Vorschlag, Luis.« Erich trommelt mit den Fingern auf den Tisch. »Du sagst mir, woher du das Fleisch hast und wo du es hinbringen wolltest. Und ich lege beim Richter ein gutes Wort für dich ein. Dann bist du in ein paar Tagen wieder draußen.«

»Das hab ich bei einem Bauern im Oberen Markt gekauft.«

Erich stutzt. »Du bist doch genau aus der anderen Richtung gekommen.«

Alois hebt die Hände.

»Na gut.« Erich macht sich Notizen.« Und wie heißt der Bauer?«

»Hab ich vergessen.«

»Und wer ist der Empfänger der Ware?«

»Hab ich auch vergessen.«

Erich legt den Bleistift weg und kramt einen Schlüsselbund hervor. »Du kannst es dir bis morgen überlegen.«

»Jetzt drück doch mal ein Auge zu, Erich. Die Zeiten sind nicht einfach.«

»Ich drücke schon lange beide Augen zu, Alois. Du hast doch den ganzen Krieg über irgendwelche Sachen verschoben.«

»Das ist nicht wahr.«

»Lüg mich nicht an. Wie oft bist du mit einem vollen Rucksack zum Zug und abends mit einem leeren zurück.«

»Ich hab ein paar Geschäfte gemacht. Na und, das war alles legal.«

Erich seufzt. »Wie auch immer. Ich habe dich nie kontrolliert. Obwohl es genug Gründe und Hinweise gab. Also erzähl mir nichts von wegen Augen zudrücken.«

»Ich dachte, einfach so, aus alter Freundschaft.«

»Pass mal auf, Alois. Wenn ich auf alte Freunde Rücksicht nehmen würde, dann könnte ich einpacken.«

»Ach komm, wegen dem bisschen Kalbfleisch. Ich schenk es dir. Du kannst es an arme Leute verteilen. Sag einfach, du hast es gefunden.«

Erich grinst. »Ja, du hast recht, ich hab es gefunden. Und es geht gleich morgen an die Freibank.« Er klingelt mit dem Schlüsselbund. »Und bis dahin überlegst du dir, was du dem Richter erzählst.«

In seiner ersten Nacht in der Gefängniszelle macht Alois kein Auge zu. Tausend Gedanken und Fragen drehen sich in seinem Kopf. Es gibt in diesem Ort viele Neider und Schwätzer. Leute, die sich diebisch freuen, wenn sie anderen etwas anhängen können. Irgendwer hat Landeck einen Tipp gegeben. Vielleicht eine der neugierigen Alten, die ständig ihren Kopf an die Fensterscheiben pressen. Oder hat Hermann oder sein Vater eine Bemerkung gemacht? Er kann es sich nicht vorstellen. Die schlachten doch selber schwarz.

Als das neblige Morgenlicht durch das Gitterfenster dringt, steht sein Entschluss fest. Verpfeifen kommt nicht infrage. Niemand würde ihm mehr vertrauen. Also: Maul halten!

Am Vormittag steht Zenzi auf der Polizeiwache. Wortlos legt sie Brot, Schinken und Käse auf den Tisch, dazu ein kleines Paket Wäsche. Erich flachst, bei der Versorgung überlege er, ob er sich auch mal in die Zelle stecken lässt. Doch Zenzi ist nicht nach Scherzen zumute. Sie sitzt da mit verheulten Augen und verschränkten Armen.

»Das ganze Dorf zerreißt sich schon das Maul.«

Alois nickt. »Das kann ich mir denken.«

»Dann kannst du dir ja auch denken, was Vater gesagt hat. Ich dachte, er kriegt einen Herzanfall.«

»Ich will es gar nicht hören. Auch nicht die Kommentare von Hermann.«

Zenzi legt ihre Hand auf seine. Sie flüstert. »Was machst du nur für einen Scheiß? Das hast du doch nicht nötig.«

»Das verstehst du nicht. Ihr alle nicht.« Er reibt sich müde die Augen. »Hast du Zigaretten dabei?«

»Nein, aber ich kann dir morgen welche bringen.« Sie schaut fragend zu Landeck, der zustimmend nickt.

»Morgen bin ich schon wieder draußen«, sagt Alois.

Landeck verzieht das Gesicht. »Das hängt davon ab, was du heute Nachmittag dem Richter erzählst.«

Zenzi schaut ihrem Bruder in die Augen. »Ehrlich währt am längsten, Luis. Du sagst alles, was du weißt. Und dann ist endlich Schluss mit den Gaunereien.«

Alois betrachtet schweigend seine Hände.

Am Nachmittag sitzt er vor dem ehrenwerten Amtsgerichtsrat Theo Rauch und zuckt auf alle Fragen nur mit den Schultern oder schüttelt den Kopf. Zenzi hat sich unter die Zuschauer im Saal gesetzt. Hermann und Vater sind nicht gekommen.

Rauch versucht es mit Drohungen. Es sei amtsbekannt, dass der hiesige Gastwirtssohn Alois Roth schon während des Krieges Schleichhandel betrieben hat. Deshalb erwarte ihn nun eine empfindliche Haftstrafe. Doch man könne davon absehen, wenn Alois mit dem Gericht zusammenarbeitet.

Alois schweigt.

Als das nicht zieht, probiert es Rauch auf die sanfte Tour. »Alois, du bist doch nicht dumm. Ich kenne deinen Vater gut, deine ganze Familie. Sag, woher das Fleisch kommt und an wen es geliefert werden sollte, und ich lasse noch mal Milde walten.«

Alois schweigt.

Nach einer halben Stunde gibt Rauch auf und verdonnert Alois zu vier Wochen Haft wegen Schleichhandel und Hehlerei.

*

Im Gefängnis denkt Alois lange nach über die Ungerechtigkeit dieser Welt. Die wahren Verbrecher sind die da oben, die das Volk ausbeuten und hungern lassen. Zuerst verheizen sie die Männer in einem sinnlosen Krieg. Und hinterher müssen die armen Schlucker die Kriegsschulden bezahlen. Und die kleinen Leute, die sich wehren, die einfach versuchen, durch die Tage zu kommen, die werden bestraft.

Durch das Zellenfenster sieht er, wie der Frühling kommt, wie die Amseln streiten und die Bäume Blätter und Knospen bekommen. Bald ist Ostern, danach ist er wieder draußen.

Jeden zweiten Tag kommt Zenzi, bringt ihm was zu essen, frische Wäsche, ab und zu die Zeitung oder ein Buch. Sie erzählt ihm den neuesten Dorfklatsch und dass die Stimmung zu Hause immer noch miserabel ist.

Kurz vor Ostern druckst sie bei ihrem Besuch merkwürdig herum. Er sieht ihr an, dass sie etwas auf dem Herzen hat.

»Na sag schon, was los ist. Hat Vater mich enterbt?« Alois lacht schallend.

Sie schaut ihn traurig an und seufzt. »Ich dachte, es ist besser, wenn ich es dir sage, bevor du es von einem anderen erfährst.«

Er runzelt die Stirn. »Was?«

»Xaver hat Franzi einen Antrag gemacht.«

Alois schlägt auf den Tisch. »Der Sauhund. Aber warte nur, wenn ich rauskomme. Den schlag ich grün und blau.«

»Das bringt doch nichts, Alois. Dann sitzt du gleich wieder hier. Ich hab gehört, dass Franzi ihn erst mal hinhält. Sie wartet wahrscheinlich ab, bis du wieder frei bist. Dann kümmerst du dich aber besser um sie als um Xaver.«

Er nickt finster.

»Und darum, dass du ein ordentliches Leben führst. Wer will denn schon einen Sauf- und Knastbruder heiraten?«

»Sag doch nicht so was.«

»Ich sag es, wie es ist. Sonst traut sich ja keiner. Du hast Fähigkeiten, du hast was im Kopf. Schenk es nicht her.«

Martha

SCHÜTZENFEST

Wenn du arm bist und fremd bist, ist es schlimm genug. Aber wenn du obendrein evangelisch bist, ist es noch viel schlimmer. Besonders am Sonntag fühle ich mich wie eine Aussätzige.

Dummerweise ist unser Gottesdienst später als der katholische. Wenn wir zu unserer Kapelle gehen, sind die Katholiken schon fertig und stehen vor der Kirche und auf dem Marktplatz herum.

Sie mustern uns, wenn wir vorbeigehen. Ich sehe an ihren verstohlenen Blicken, was sie denken. Nicht genug, dass die Polacken den falschen Glauben haben, sie sind auch noch faul, gehen erst jetzt in die Kirche, wenn die normalen Dorfbewohner sich bereits auf das Mittagessen vorbereiten. Schau dir die Klamotten an. Nicht mal für ein ordentliches Sonntagskleid reicht es. Umgenähte Jackenkragen, abgeschabte Ärmel, abgetragene Schuhe.

Ich schäme mich. Für das Kleid, das Tante Irene schon zwei Mal verlängert hat, für die gestopften Strümpfe und für mein fremdes Gesicht.

Vater scheint von alldem nichts zu merken. Er grüßt die

Leute freundlich, hebt den Hut, lächelt. Er tut alles, um dazuzugehören. Er ist den Schützen beigetreten und den Kleintierzüchtern, dem Krautgartenverein und dem Heimkehrerverband. Es ist, als wollte er das Flüchtlingsein ablegen wie einen schäbigen Mantel.

Deshalb geht er mit uns auch zum Freischießen. Gleich nach dem Gottesdienst nimmt er Karl, Erna und mich mit zum Festzug. Wir schieben uns durch die Menge, und bestaunen die Pferde und Kutschen, Blaskapellen und Fahnenschwinger, Trachten- und Schützenvereine und die Reiter und Fußgruppen in den historischen Kostümen.

Nach dem Umzug drängen alle zum Festplatz, wo man sich kaum umdrehen kann vor Menschen. Vater gibt jedem eine Mark und nimmt uns das Versprechen ab, mit dem Geld sorgsam umzugehen. Karl zieht mit seinen Kumpeln los und Erna schließt sich ein paar Schulfreundinnen an.

Vater will, dass ich mitkomme zum Wettschießen, aber ich habe keine Lust. Ich frage mich, warum sie alle so wild auf Schießen sind, auf Marschmusik und Gleichschritt. Warum haben sie nicht endlich genug davon? Genau das hat uns doch alles eingebrockt.

So gehe ich alleine durch den Markt, betrachte die Stände mit Haarcreme, Handcreme, Schuhcreme, Kochgeschirr und Scheuerbürsten, Kleidern und Strümpfen und jeder Menge Tand. Dazwischen gibt es einen Glückshafen, Karussell, Schiffschaukel, Schießbude. Ein Händler hat Eis, ein anderer gebrannte Mandeln und Zuckerwatte. Sehnsüchtig betrachte ich das Angebot und kann mich nicht entscheiden.

Da tippt mir jemand auf die Schulter. »Darf ich die junge Dame zu etwas Süßem einladen?«

»Georg, hast du mich erschreckt.«

Er zeigt sein bestes Sommersprossengrinsen. »Wie sieht's aus – Mandeln, Zuckerwatte oder lieber ein Eis?«

»Ich kann mich nicht entscheiden.«

»Dann entscheide ich für dich« Er geht zum Süßigkeitenstand und kommt kurz darauf mit zwei dicken Bäuschen Zuckerwatte zurück.

Gemeinsam schlendern wir durch den Markt und genießen still das süße Vergnügen.

»Und jetzt Schiffschaukel«, ruft Georg. »Was meinst du?«

»Ich würde ja liebend gerne. Aber das erlaubt mein Vater nicht.«

Er zieht seine Stirn in Falten. Aber ich zucke nur mit den Schultern. Wenn Vater mich mit einem Jungen auf der Schiffschaukel sieht, kann ich mir eine saftige Gardinenpredigt anhören.

»Schade«, sagt Georg. »Dann gehen wir zum Marktplatz. Da spielt noch eine Kapelle. Oder darfst du das auch nicht?«

»Natürlich nicht. Musik ist absolut verboten«, sage ich.

Georgs Mund klappt auf. Erst als ich lache, merkt er, dass ich ihn veräppelt habe. »Na komm«, sage ich, und wir drängen uns durch die Leute.

Am Marktplatz gibt es ein Standkonzert. An Biertischen sitzen viele Zuhörer in der Nachmittagssonne und lassen sich von den Musikern in Lederhosen und Trachtenjacken unterhalten.

»Das ist übrigens das ›Gasthaus zum Lamm‹«, sagt Georg und zeigt auf das Haus gegenüber.

»Ja, ich kann lesen«, grinse ich.

»Ich meine nur, weil du nach dem Roth Luis gefragt hast.

Das ist sein Elternhaus. Sein Bruder Hermann führt die Wirtschaft. Aber eigentlich ist Dori die Chefin. Sie ist die Tochter von Hermann, eine resolute Person.«

Jetzt schaue ich mir das Haus doch genauer an. Ein wuchtiges Bauernhaus mit dunkelgrünen Läden und roten Geranien an den Fenstern.

»Und warum hat dieser Luis nicht dort gewohnt?«

Georg zuckt die Schultern. »Das musst du seinen Bruder fragen. Aber warum interessiert dich das überhaupt?«

Bevor ich antworten kann, sehe ich meinen Vater durch die Menge kommen. Er ist offenbar auf der Suche nach mir. Schnell verabschiede ich mich.

»Ich muss los. Und danke für die Zuckerwatte.«

Vater ist gut gelaunt. Er hat ein paar saubere Schüsse abgegeben und ist mit einem Preis belohnt worden. »Gelernt ist gelernt«, sagt er und präsentiert mir die Urkunde. »Zur Feier des Tages spendiere ich eine Limonade.«

Ich hake mich bei ihm unter und er führt mich ins »Gasthaus zum Lamm«. In der verrauchten Stube ist die Luft zum Schneiden. Alle Tische sind besetzt. Ein lautes Gewirr aus Lachen, Stimmengewirr, Rufen nach der Bedienung und Gläserklirren schlägt mir entgegen.

Vater kennt einige Gäste und sie rutschen zusammen, sodass wir Platz haben. Am Tisch geht es gerade um das Wetterglück, das sie dieses Jahr hatten. Und um die Frage, warum der Umzug erst mit großer Verspätung begonnen hat. Ein junger Mann führt das Wort. Er ist einer der Landsknechte aus der historischen Gruppe und kann die Verzögerung erklären. Beim Aufstellen des Zugs habe ein Pferd gescheut, erzählte er. Das Tier war nicht zu beruhigen und musste ausgetauscht werden.

»Aber ob verspätet oder nicht, es war doch schön«, schwärmt er, und alle stimmen zu und heben die Gläser.

Der Landsknecht wendet sich mir zu. »Und, hat's dir gefallen?«

»Ei, ja, das war schön«, sage ich.

Er schaut mich erstaunt an. »Wo kommst du denn her?«

Ich werde rot. Mich hat mal wieder meine Sprache verraten.

Vater mischt sich ein. »Wir sind aus Königsberg«, sagt er, und es klingt wie eine Entschuldigung.

»Königsberg, eine schöne Stadt«, sagt der Mann. »Ich war dort mal für ein paar Monate in meiner Lehrzeit. Das Milchwerk Riegele hatte einen Zweigbetrieb in Ostpreußen.« Er macht eine Pause und seufzt. »Na ja, das ist ja jetzt alles weg.«

Vater atmet tief durch. »Warte nur ab. Das kommt schon wieder.«

Sofort sind die Männer in einer Diskussion über die Russen und die Ostgebiete. Vor allem die Berlin-Blockade erhitzt die Gemüter. Ich höre nicht mehr zu, in mir klingen noch die Worte *Königsberg, eine schöne Stadt.* Das war einmal. Das Letzte, was ich von Königsberg gesehen habe, war eine verkohlte Innenstadt, ein zerbombtes Trümmerfeld, verzweifelte Menschen am Bahnhof, die nur eines wollten: so schnell wie möglich weg.

Die Erinnerung schmerzt und Vater sieht mich kurz besorgt an.

Eine kleine Frau mit Schürze kommt vorbei und wird freudig begrüßt. »Na endlich, Dori, wir verdursten schon« rufen die Männer. Vater bestellt ein Bier und eine Limonade.

Während sie die Bestellung aufnimmt, betrachte ich sie neugierig. Das also ist Dori. Die Nichte von diesem geheimnisvollen Luis, über den niemand reden will. Sie ist keine Schönheit, klein und gedrungen mit einem breiten Gesicht. Aber sie ist eine patente Frau, die Kraft und Wärme ausstrahlt. Ich mag sie sofort. Sie scherzt und lacht mit den Gästen und verliert dabei nie den Überblick über ihre Arbeit.

Dann ist der bullige Mann mit der Hornbrille hinter der Theke bestimmt ihr Vater, der Wirt. Ob dieser Alois ihm ähnlich sieht?

Vater ist dabei, sich zu verquatschen. Er ist leutselig, kriegt schnell Kontakte, schließt Freundschaften. Man merkt ihm an, wie gut es ihm tut. Mir wird der Trubel aber zu viel, die Erwähnung von Königsberg hat einen Schatten in mir geweckt, der sich nicht verscheuchen lässt. Ich trinke meine Limonade aus und gehe nach Hause.

Vor dem Waggon bleibe ich stehen. Ich will jetzt nicht rein. Also gehe ich weiter zu den Nutrias, werfe Futter in die Käfige und spüle mit ein paar Eimern Wasser den Unrat weg. Wie üblich kommt Nutchen ans Gitter und lässt sich kraulen. Sie versteht alles, hört einfach zu, gibt mir keine Ratschläge, macht mir keine Vorschriften. Ich erzähle ihr von Königsberg, von der Schule, von meiner besten Freundin, von der ich seit unserer Flucht nichts mehr gesehen und gehört habe, vom Fischmarkt und vom Hafen, wo die großen Frachtschiffe anlegten und ständig riesige Mengen an Getreide und Salz, Tee und Kaffee, Holz und Eisen ein- und ausgeladen wurden. Ich erzähle von unseren Ausflügen ins Samland und an die weiten Strände der Ostsee und dass ich dort einmal einen Bernstein gefunden habe, der so groß war wie eine Weintraube. Er hing lange an einer Kette um meinen Hals. Mutter hat ihn auf der Flucht mitgenommen und in Radebeul bei einem Bauern gegen eine Schüssel Kartoffeln eingetauscht.

An der Südwand des Waggons stehen die Tomaten und gedeihen prächtig. Die reifen müssen gepflückt und verarbeitet werden. Ich hole eine Schüssel und setze mich auf die Bank in die Abendsonne. Das Blech ist aufgeheizt und wärmt meinen Rücken. Über mir streiten die Amseln in den Tannen. Aus dem Dorf klingen Fetzen der Blasmusik. Ich schließe die Augen und träume von zu Hause.

Dabei muss ich wohl eingedöst sein. Ich schrecke auf, als ich Schritte höre. Das wird Vater sein. Sofort meldet sich mein schlechtes Gewissen. Ich habe keine Tomaten geerntet und ich habe nichts gekocht.

Dann eine Stimme. »Hallo?« Das ist nicht Vater, sondern der Bienenkönig. Schon taucht sein Kopf mit dem Schlapphut neben dem Waggon auf. »Grüß dich, Martha. Hab gesehen, dass du die Käfige schon sauber gemacht hast. Bist ein fleißiges Mädchen.«

Ich lächle.

Greisel hat von Vaters Schießkunst gehört und ist gekommen, um zu gratulieren. Sein eigenes Schützenglück war nicht so gut.

»Lauter Nieten«, grinst er. »Aber ich war noch nie ein guter Schütze.«

Er setzt sich zu mir auf die Bank, nimmt den Hut ab und lehnt sich an die warme Wand.

»Weißt du, wie lange der Karren hier schon steht?« Er gibt gleich selbst die Antwort. »Neunzehn Jahre.«

Er fährt sich mit der Hand über die Augen. »Zuerst wollte ihn der Bürgermeister mitten im Dorf aufstellen. Das war vielleicht ein Drama. Die Leute haben sich aufgeregt und dann haben wir das Ding hier rausgeschleppt.«

»Sie waren dabei?«, frage ich.

»Und ob. Sauschwer war der Waggon. Die Pferde haben das nicht geschafft. Jeder hat mit angepackt. Ich war gerade mit dem Luis unterwegs und wir haben gleich mitgeschoben.«

Er schüttelt den Kopf. »Wer hätte gedacht, dass er da später mal selber einzieht.«

Ich schweige und warte, dass er weitererzählt.

»Der Luis war in der Schule ein paar Klassen über mir. Ein heller Kopf. Rechnen, Lesen, Schönschreiben, Aufsatz, Erdkunde, Geschichte – egal welches Fach, der Luis hatte überall nur Einser. Der hätte es weit bringen können. Wenn er nicht so ...« Er bricht ab.

Ich schaue ihn an. »Wenn er nicht so was?«

»Ach, was rede ich da?«, seufzt er.

»Hatte er eigentlich eine Freundin?«

Er grinst mich an. »Was du wieder wissen willst. Typisch Mädchen.«

Ich merke, wie mir das Blut in die Wangen schießt.

»Ja, er hatte eine Freundin. Die Franzi, sie war eine tolle Frau, ist sie heute noch. Die sind lange miteinander gegangen. Ich war sicher, dass die beiden mal heiraten.«

Er hebt die Hände und lässt sie wieder fallen. »Aber dann hat sie doch den Xaver genommen. Na ja, wer will es ihr verdenken. Mit so einer Käserei bist du halt versorgt.«

»Und mit dem Alois wäre sie nicht versorgt gewesen?«

Der Bienenkönig schaut mich an wie ein Mondkalb. Dann fängt er an, schallend zu lachen, und kann sich kaum beruhigen, bis ihm die Tränen kommen. Er wischt sich die Augen aus.

»Du bist lustig, Martha. Du bist wirklich lustig.«

Dann nimmt er seinen Hut und geht kichernd davon.

WAGGON

Michel legt das Besteck weg und streicht sich zufrieden über den Bauch. »Endlich mal wieder ein ordentliches Fleisch.«

Er schaut hinüber zum Engel-Wirt, der im Unterhemd am Tresen steht, kahlköpfig und verschwitzt wie ein Preisboxer. »Der Bertl ist schon ein Hund. Wo er das Zeug nur immer herbringt.«

Alois stopft sich das letzte Stück Braten in den Mund. »Gar nicht so einfach in diesen Zeiten.« Er grinst den Freund verschwörerisch an.

Michel blickt sich vorsichtig in der verrauchten Gaststube um. Der Laden ist gut gefüllt. Die Arbeiter der Milchwerke haben ihre Lohntüte bekommen und setzen das Geld in Bier um. Am Tisch nebenan sitzen die Rotmoos-Brüder beim Bier und unterhalten sich still mit den Händen. Sie sind beide fast taub und bleiben meistens unter sich.

Einen Tisch weiter klopft eine muntere Runde einen Schafkopf. Mit Lachen und derben Kommentaren hauen sie die Karten auf den Tisch. Auch Hartl ist dabei mit seinen groben Korbmacherhänden.

Am Tresen stehen drei Altgediente und tauschen ihre

Heldentaten aus. Sieben Tage Trommelfeuer an der Somme überstanden und danach den Tommies und Franzosen eingeheizt. Einer tippt an sein Glasauge. Das echte hat er am Hartmannsweilerkopf verloren. Mehr bekommen die Franzmänner nicht von ihm. Und wenn sie nicht bald Ruhe geben, ist er der Erste, der wieder ins Feld zieht.

Die Herren am Stammtisch haben ihre Pfeifen angezündet. Süßliche Rauchschwaden ziehen durch den Raum. Sie schimpfen über Berlin. Dass die Regierung wegmuss, dass alles den Bach runtergeht, dass das Geld nichts mehr wert ist. Das Übliche.

Max Schrader führt das Wort. Seit er seinen Vater als Schmiedemeister beerbt hat, gehört er zu den besseren Leuten im Dorf und setzt sich zu den Doktoren, Beamten und Geschäftsleuten. Max ist jetzt bei den Braunen und macht sich Hoffnungen, in den Gemeinderat zu kommen.

»Magst du den nicht mehr?«, fragt Alois kauend und schaut auf den übrig gebliebenen Knödel.

Michel schiebt den Teller in die Mitte. »Iss ruhig, wer weiß, wann du wieder was Gescheites kriegst.«

»Depp!«, grunzt Alois und spießt rasch den Knödel auf.

Michel winkt der Bedienung, deutet auf die leeren Gläser und zeigt zwei Finger.

»Was meinst du, wie viel werden sie dir geben?«

»Gar nichts. Sie werden mich laufen lassen.«

»Das glaubst du doch selber nicht. Bei der Latte.«

Alois wischt sich den Mund ab. »Ach was, die haben nichts in der Hand. Das mit der Zeche war ein Versehen. Ich war besoffen und habe nicht dran gedacht. Das hätte ich schon noch bezahlt.«

»Und was ist mit den Schindeln, die dir gar nicht gehört haben?«

»Das mit den Schindeln war schon letztes Jahr. Blöde Sache. Aber dafür bin ich gesessen, wie du weißt.«

»Da hast du auch gesagt, dass sie nichts in der Hand haben. Und was ist es diesmal? Ach ja, Zaunpfähle.«

»Die sollen sich nicht so haben wegen der paar Holzpfosten.«

Michel seufzt. »Aber mit dem Fahrrad werden sie dich drankriegen.«

»Ach hör mir auf mit dem Fahrrad. Das war nur ausgeliehen.«

»Ausgeliehen und dann verkauft«, lacht Michel. »Bin gespannt, was der Richter dazu sagt.«

Alois braust auf. »Was heißt hier verkauft? Das war ein Pfand, das wollte ich wieder auslösen.«

Er senkt die Stimme, als die Bedienung das Bier bringt.

»Bitte schön, die Herren.«

»Danke Cilly, du bist die Beste«, sagt Michel und schaut ihr dabei frech in den Ausschnitt.

»Jaja, ich weiß schon.« Cilly lacht und tänzelt mit den leeren Gläsern davon.

»Gefällt dir, was?« Alois zwinkert.

»Dir vielleicht nicht?« Dann winkt er ab. »Du und die Weiber, das wird nie was.« Er steht auf und schlendert zum Tresen, wo er mit Cilly schäkert.

Alois schaut in sein Bierglas. Michel hat recht. Mit den Frauen hat er kein Glück. Im Dorf sowieso nicht. Da will keine was mit ihm anfangen. Sein Ruf hier ist nicht der beste. Dabei ist er auch mit Mitte dreißig noch ein ansehnlicher

Kerl, legt Wert auf ordentliche Kleidung und gutes Auftreten. Und wenn er unterwegs ist, machen ihm manche Damen schon mal schöne Augen. Aber er lässt sich auf nichts ein. Denn am Ende kann es ihm keine recht machen.

Im Grunde hängt er immer noch an Franzi. Auch wenn das lange vorbei ist. Damals, als er das erste Mal in Bernau war. In diesen dreckigen trostlosen Baracken mitten im Chiemseemoor. Dagegen ist das Obergünzburger Gefängnis ein Luxushotel. Von früh bis spät im Matsch stehen und Sümpfe trockenlegen. Währenddessen hatte Xaver alles klargemacht.

Jetzt ist sie schon sieben Jahre verheiratet, hat drei Kinder und steht als geachtete Geschäftsfrau hinter der Theke von Xavers Milch- und Käseladen. Und er hat immer noch nichts auf die Reihe gebracht.

Michel kommt mit zwei Kognak zurück. Mit einem Gruß von Bertl. Sie prosten dem Wirt zu. Michel sagt, er hat da noch ein Geschäft. Zucker. Alle sind gierig nach Zucker. Er kenne einen, der in der Zuckerfabrik bei Augsburg arbeitet. Der schafft jeden Tag ein paar Pfund zur Seite. Feinste Ware, kein Ausschuss. Man muss das Zeug vorsichtig unter die Leute bringen. In kleinen Mengen, damit es nicht auffällt.

»Was meinst du? Bist du dabei? Das ist besser als deine Zaunpfähle.«

Michel leert das Glas. Er muss los, ein paar Dinge organisieren. Alois will gar nicht wissen, was es ist. Manchmal ist es gut, Sachen nicht zu wissen.

»Überleg's dir«, sagt Michel. »Die Zeche hab ich übrigens bezahlt. Du bist mein Gast.«

Alois stützt das Kinn in die Hände. Das mit den Zaunpfählen ist blöd gelaufen. Aber diesmal kriegen sie ihn nicht dran. Er hat für alles eine Erklärung. Das Ganze ist ein völlig normaler Strohhandel. Ganz einfach. Mit dem Fuhrwerk ins Unterland, den Bauern das Stroh billig abgekauft und dann hier verhökert. Das mit den Holzlatten und Pfählen unter dem Stroh war natürlich nicht in Ordnung. Aber was kann er dafür, wenn das Zeug herrenlos herumliegt. Die hätten es gar nicht gemerkt. Blöd nur, dass die Pfähle markiert waren. Er hat die Dinger einfach versehentlich aufgeladen. Ein Irrtum. Das wird auch der Richter einsehen.

Hartl kommt an seinen Tisch und reißt ihn aus den Gedanken. »Du siehst aus, als hätte dir jemand ins Bier gespuckt.«

Alois hält dem Freund das leere Glas hin. »Ich hab nur gerade nachgedacht, wer mir noch eins ausgibt.«

Hartl lacht und bestellt zwei Halbe. Er erzählt, dass er vier neue Bienenvölker angeschafft hat. Schon Hartls Großvater hat Bienen gehalten. Es fing damit an, dass der Korbflechter für den Imkerverband einen großen Schwung Bienenkörbe herstellen sollte. Am Ende blieben ein paar davon übrig und der Großvater beschloss, sie selbst aufzustellen.

Hartl hat die Korbflechterei nach dem Tod des Vaters übernommen. Seither setzt er verstärkt auf die Bienen. In der ganzen Umgebung stehen seine Völker.

»Bald hab ich so viel Honig, dass ich ihn nicht mehr alleine verkaufen kann. Ich könnte gut einen Partner gebrauchen. Wär das nicht was für dich?«

Alois verzieht den Mund. »Ich weiß nicht, ob ich da der Richtige bin.«

»Wieso denn? Du kannst rechnen, du kannst reden, verstehst es mit den Leuten.« Er macht eine Pause. »Ich weiß, dass du gerade schwere Zeiten hast.«

»Hat es sich schon rumgesprochen?«

Hartl nickt.

Unwillkürlich muss Alois grinsen. Gleich zwei Angebote an einem Abend, einmal Zucker, einmal Honig, wenn das kein Glückstag ist. Jetzt muss er nur noch die Verhandlung nächste Woche überstehen.

»Wenn ich dir irgendwie helfen kann, du weißt ja.« Hartl hebt das Glas.

Bevor Alois antworten kann, dringt ein lautes Rumpeln durch die Gaststube. Die Gläser hinter der Theke fangen an zu singen. Alois schiebt die Vorhänge zur Seite und traut seinen Augen nicht. Direkt vor dem Fenster zieht langsam ein Bahnwaggon vorbei, begleitet von Knarzen, Quietschen und lauten Rufen.

Auch die anderen Gäste sind von dem Lärm aufgeschreckt. Die Rotmoos-Brüder, die nichts gehört haben, wundern sich, weil alles aufsteht und nach draußen drängt. Vor der Tür spielt sich in der schwach erleuchteten Straße ein wunderliches Schauspiel ab. Ein Bahnwaggon fährt mitten durch den Ort. Nein, er fährt nicht, er wird gezogen von vier Kaltblütern.

Ein dunkelgrünes Ungetüm, mehr als zehn Meter lang, mit einem runden Blechdach und sechs großen Fenstern an jeder Längsseite. Vorne und hinten eine Plattform mit Geländer, von denen die Türen ins Abteil gehen. Das Unterteil fehlt. Der Waggon hat keine Räder, keine Federn, keine Puffer. Nur das Oberteil, in dem normalerweise die Fahrgäste sitzen, ist übrig. Es ist mit dicken Seilen auf dem Fuhrwerk vertäut.

Begleitet wird der Wagen von acht Männern. Sie achten

darauf, dass die tonnenschwere Fracht nicht verrutscht oder irgendwo hängen bleibt. Und sie halten die Leute fern.

Trotz der späten Stunde sind zahlreiche Neugierige aus den Häusern gekommen und folgen dem Gespann. Sie bedrängen die Begleitmannschaft mit Fragen. Wem gehört der Waggon? Wo kommt er her? Wo soll er hin? Was wird damit? Warum hat er keine Räder? Doch die Arbeiter zucken nur die Schultern. Bald spricht sich jedoch herum, dass der Waggon aus Günzach kommt, dass man ihn dort von den Rädern gehoben und auf den Anhänger geladen hat.

Auf den Stufen vor dem »Engel« verfolgt Alois die Prozession. Neben ihm stehen die Honoratioren vom Stammtisch, sie sehen aus wie ein Begrüßungskomitee.

»Was ist denn das?«, fragt Max Schrader.

»Was fragst du mich?«, sagt Alois. »Du weißt doch immer alles, was im Dorf passiert.«

Max stellt sich dem Fuhrwerk in den Weg. »Was soll das werden?«

»Aus dem Weg!«, schreit der Kutscher, ein grobschlächtiger Kerl.

Doch Max bleibt stehen. »Erst will ich wissen, was ihr hier macht.«

»Wir bringen den Waggon, so wie es bestellt wurde.«

»Von wem bestellt?«

»Frag deinen Bürgermeister«, ruft der Kutscher. Er schnalzt mit den Zügeln und Max springt schnell zur Seite.

Dieser Satz genügt, um die Gerüchteküche anzuheizen. Wenn der Bürgermeister das angeordnet hat, muss es ein Auftrag der Gemeinde sein. Bestimmt bekommt Obergünzburg jetzt endlich seinen Bahnanschluss. Das ist beschlossene Sache. Der Waggon ist nur die Vorhut. Bald werden die Arbeiten für die Gleise beginnen – und natürlich für einen Bahnhof.

Gleich nach dem nächsten Haus muss das Fuhrwerk scharf links abbiegen. Fluchend scheucht der Kutscher die Leute zur Seite, die überall im Weg herumstehen und kluge Ratschläge geben. Erst nach zweimal Rangieren geht das Fahrzeug um die enge Kurve. Die Menschen hinterher. Auch Alois und Hartl schließen sich an.

Nach wenigen Metern geht es über die Günz, gleich danach öffnet sich die Straße zu einem kleinen Platz mit einem Brunnen. Hier hält das Gespann und die Männer fangen an abzuladen. Mit Flaschenzügen heben sie den Waggon herunter und stellen ihn auf Holzbohlen auf.

Die Umstehenden diskutieren, ob das wohl der Platz für den neuen Bahnhof wird. Der beste Platz sei natürlich in der Ortsmitte, sagt Max. Das werde den Ort aufblühen lassen. Die anderen sind eher für den Dorfrand. Die Schienen mitten durchs Dorf, wie soll das gehen? Und hier, wo der Waggon steht, ist ja überhaupt kein Platz.

Alois hält sich raus aus der Diskussion. Er betrachtet den Waggon, der ramponiert und mitgenommen aussieht. Die grüne Farbe blättert an einigen Stellen ab. Und dann steht da vorne und hinten an der Seitenwand eine Vier. Selbst da hat die Gemeinde gespart. Ein Waggon vierter Klasse. Wie soll so ein Wagen als Aushängeschild für die neue Bahnlinie dienen oder gar als Platzhalter für einen Bahnhof?

»Wenn du mich fragst, ist das eine Wohnbaracke«, sagt er zu Hartl. »So was stellen sie jetzt überall auf und quartieren die Leute ein, die sie sonst nirgends unterbringen können.«

»Das könnte gut sein«, meint Hartl. »Dann pass mal auf, dass du nicht irgendwann da drin landest.«

Alois lacht auf. Er packt den Freund am Arm und sie gehen zurück ins Gasthaus.

*

Trotz des kalten Novemberwetters pilgern die Leute am nächsten Tag zu dem kleinen Platz, um die neue Attraktion zu besichtigen. Das halbe Dorf umringt den Waggon, klopft an das Blech, steigt auf die Plattform. Kinder werden hochgehoben, damit sie einen Blick durch die schmutzigen Scheiben werfen können. Das also soll der neue Bahnhof werden?

Zweifel kommen auf. Warum ist der Waggon so heruntergekommen? Warum steht er hier an einem kleinen Platz an der Günz?

Max Schrader kommt mit neuen Nachrichten aus dem Rathaus. Von wegen Bahnhof und Gleisanschluss, die Gemeinde hat den Waggon aus ganz anderen Gründen besorgt. Er soll als Behelfswohnheim dienen für Leute, die ihre Miete nicht zahlen können.

Die Stimmung kippt endgültig. Eine Notbaracke mitten im Ort? Das kann ja wohl nicht wahr sein. Da weiß man doch schon, was sich da für ein Gesocks ansiedelt. Doch Max beruhigt die Umstehenden. Das hier sei nur ein Parkplatz, der Waggon werde am Ortsrand aufgestellt.

Am Sonntag nach der Kirche stehen die Menschen auf dem Marktplatz und diskutieren über den Skandal. Wohin soll der Waggon kommen? Und wer soll darin wohnen? Alois hört, wie sich die Kirchgänger entrüsten, und lächelt in seinen Bart. Gerade eben haben sie inbrünstig für die Armen, Schwachen und Notleidenden gebetet, aber wenn eine Baracke für die Habenichtse aufgestellt wird, drehen sie alle durch.

Hermann steht bei den Veteranen. Seit Alois voriges Jahr zu Hause ausgezogen ist, sieht er seinen Bruder nur noch selten. Es ist gut so. Es gab nur noch Streit. Jetzt kann Alois im »Lamm« vorbeigehen, wann er Lust hat. Ab und zu hilft er bei der Arbeit mit oder er trinkt einfach ein Bier, liest die Zeitung und gibt Dori Nachhilfe für die Schule.

Hermann kommt auf ihn zu und hakt ihn unter. »Auf ein Wort, Bruder. Gehen wir ein Stück spazieren.« Er führt Alois aus der Menge der Kirchgänger. »Ich hab gehört, dass du wieder vor Gericht musst.«

»Ist nur eine Lappalie«, sagt Alois. »Ein Missverständnis, das sich schnell klären wird.«

»Da erzählen die Leute aber was anderes«, sagt Hermann.

Alois gibt sich erstaunt. »Was denn?«

»Betrug, Diebstahl, Zechprellerei. Das ist gar nicht gut.«

»Die Leute sagen viel, wenn der Tag lang ist.«

Hermann packt ihn am Arm. »Mensch, Luis, wo soll das noch hinführen? Was stellst du bloß immer wieder an? Mach doch endlich mal was Anständiges, was Solides.«

Alois windet sich aus dem harten Griff. »So wie du?«

»Ja genau, so wie ich.«

Sie bleiben stehen, direkt gegenüber dem Eingang zum »Lamm«. Alois funkelt Hermann zornig an. »Wenn ich mich ins gemachte Nest hätte setzen können, würde ich auch was Solides machen.«

Hermann stockt. »Du hast ja keine Ahnung«, zischt er. »Meinst du, ich wollte das so?«

Er macht eine lange Pause, bevor er fortfährt.

»Mein ganzes Leben lang musste ich für Vater schuften. Du warst ja immer der Kleine, den man nichts machen lassen konnte, der Schlaue, den man in die Schule schickt. Also musste immer ich ran. Seit ich denken kann, arbeite ich von früh bis in die Nacht. Und jetzt hab ich den ganzen Plunder am Hals und darf noch die Geschwister durchfüttern. Meinst du, das macht mir Spaß?«

Alois starrt Hermann mit offenem Mund an. So hat er seinen Bruder noch nie erlebt. Hermann schnauft tief durch. Er spricht wie zu sich selbst.

»Dabei wollte ich immer weg von hier, ein bisschen was von der Welt sehen. Mir was Eigenes aufbauen, eine kleine Metzgerei, vielleicht in Amerika oder Australien.«

»Und warum hast du's nicht gemacht?«, fragt Alois.

Hermann schnaubt. »Wenn du als halber Krüppel aus dem Krieg kommst und Frau und Kind hast, vergehen dir die Flausen.«

Schweigend stehen die beiden unter dem bleiernen Novemberhimmel, die Hände in den Taschen, die Köpfe gesenkt. Alois weiß nicht, was er sagen soll.

Hermann zeigt auf seine Brust. »Wenn mich die Granate nur zwei Zentimeter tiefer getroffen hätte, dann würdest du jetzt im ›Lamm‹ hinter dem Tresen stehen.«

»So was darfst du gar nicht denken«, sagt Alois.

Hermann seufzt. »Das denke ich jede Nacht.«

*

Die zwei Gemeindearbeiter Paul und Jakob sind es gewöhnt, dass sie bei der Arbeit beobachtet werden. Egal ob sie Straßen flicken, Brunnen säubern oder Hecken schneiden, immer steht jemand rum und hat entweder kluge Ratschläge oder dumme Sprüche. Aber einen solchen Auflauf haben sie noch nie erlebt. Am nördlichen Ortsende, gleich hinter dem »Gasthaus zum Schwanen«, haben sie ein langes Rechteck abgesteckt. Gerade als sie anfangen, dort die Erde auszuschaufeln, sehen sie eine große Gruppe Neugieriger aus dem Dorf kommen. Männer, Frauen und Kinder, angeführt von Max Schrader, strömen herbei und wollen den künftigen Standplatz des Waggons inspizieren.

Der Schwanen-Wirt, der in der Küche steht und von der Baustelle nichts mitgekriegt hat, wird durch den Tumult aufgeschreckt. In der Kochschürze kommt er aus dem Haus, und als er hört, was hier gebaut werden soll, gerät er außer sich.

»Spinnt ihr denn völlig?«, schreit er die Arbeiter an. »Was fällt euch ein, hier eure Baracke hinzustellen?«

»Das ist nicht unsere Baracke. Wir machen nur, was uns angeschafft wird«, mault Jakob zurück.

»Ihr hört damit sofort auf!«

»Du hast uns gar nichts zu sagen.«

»Dir werd ich's gleich zeigen.« Der Schwanen-Wirt baut sich bedrohlich vor den Arbeitern auf und angesichts seiner massigen Gestalt und der wütenden Menge lassen sie die Schaufeln liegen und suchen das Weite.

Eine halbe Stunde später kommt Bürgermeister Kugler zur Baustelle, wo inzwischen noch mehr Leute stehen. Sofort wird er bestürmt mit Vorwürfen. Eine Wohnbaracke für Asoziale in der Nachbarschaft, das sei ja wohl der Gipfel. Und wo eine ist, wird bald die nächste kommen. Nicht lange, dann gibt es hier ein Nest, eine Brutstätte für finstere Elemente, Wilderer, Diebe, Räuber, Mörder. Der Anfang vom Ende.

Kugler versucht es mit Vernunft. Das sei nur eine Bleibe für Leute, die sonst keine Wohnung bekommen, weil sie zu arm sind. Alles nur vorübergehend. Alles natürlich amtlich überwacht. Aber er dringt nicht durch. Schließlich gibt er nach und verspricht, dass der Wagen aus dem Dorf rauskommt. Er hat auch gleich einen Vorschlag: Oben am Bach, einen halben Kilometer außerhalb Richtung Burg, wäre ein guter Platz.

Alois, der dem Treiben zuschaut, versteht die Aufregung nicht. Die Leute sollen sich nicht so haben wegen einer Notwohnung. Es gibt so viele arme Menschen in diesen Zeiten. Warum soll man ihnen nicht ein Dach über dem Kopf bieten. Aber er mischt sich nicht ein.

Eine Woche später ist es so weit. Die Bauarbeiter haben neben dem Bach eine Plattform betoniert. Ein großer Wagen wird besorgt, vier Rösser angespannt, dann wird das Ungetüm, das immer noch an seinem Parkplatz in der Ortsmitte steht, mit Stangen, Hebeln und Seilen aufgeladen. Weil die vier Haflinger zu schwach sind, postiert sich ein Dutzend Männer hinten und an den Seiten. Sie schieben und stemmen und bringen den Waggon endlich in Bewegung.

Langsam macht sich der seltsame Tross auf den Weg durch den Ort, begleitet von bellenden Hunden und jubelnden Kindern und einer Menschenmenge, die ihn anfeuert und schlaue Ratschläge gibt. Vorneweg marschieren Bürgermeister Kugler und zwei Gemeindediener, die das Volk von der Straße scheuchen.

Auf der ebenen Strecke durch den Unteren Markt kommt der Zug gut voran. Er biegt am Ortsende nach Osten ab, nimmt ein kurzes Stück die Straße Richtung Burg hinauf und fährt dann in die angrenzende Wiese. Noch mehr Männer werden zum Schieben gebraucht. Auch Alois und Hartl reihen sich ein.

Dann endlich, nach zweihundert Metern und über einer Stunde Schufterei, ist das Ziel erreicht. Mit Seilen und Rutschen heben die Männer den Waggon herunter und hieven ihn neben den Bach auf den planierten Sockel. Die Menge klatscht, als das Werk vollbracht ist.

Alois grinst. »Darf ich vorstellen: der neue Obergünzburger Bahnhof. Genauer gesagt, der Ostbahnhof.«

Das erhöhte Bachufer sieht tatsächlich aus wie ein Bahndamm. Ein unsichtbares Gleis, auf dem ein alter Waggon wie von Zauberhand angekommen ist. Vielleicht ist er die Höhe vom Wald heruntergerollt oder hat beim Anstieg aus dem Tal seine Lokomotive verloren.

»Sieht mir eher aus wie ein Abstellgleis«, sagt Hartl.

*

Drei Tage später steht Alois vor dem Amtsrichter. Die Verhandlung dauert nicht länger als eine halbe Stunde. Dann führt ihn Erich Landeck aus dem Saal. Er spart sich die Handschellen, legt nur seine schwere Hand auf Alois' Schulter.

»Ist nicht gerade gut für dich gelaufen«, sagt Erich. Aus seiner Stimme klingt Mitleid.

Alois schweigt und lässt den Kopf hängen. »Betrug im Rückfall, das war doch kein Betrug«, mosert er.

Erich schiebt ihn vor die Tür. »Du hast es ja gehört. Im Grunde bist du mit den vier Monaten noch gut bedient.«

Wenigstens muss er nicht nach Bernau. Ein Winter in diesem Scheiß-Moor hätte ihm gerade noch gefehlt. Die Frage ist, ob es im Knast von Laufen besser ist.

Auf dem Marktplatz liegt der erste Schnee. Die ganze Nacht hat es geschneit und es will nicht aufhören. Alois blinzelt in den weißen Novembervormittag. Gegenüber fegt Zenzi die Stufen vor der Tür zum »Lamm«. Sie schaut auf und lehnt sich an den Besenstiel, als er und Landeck vorbeigehen. Sie sagt nichts, seufzt nur und presst die Lippen zusammen. Alois hat einen Kloß im Hals.

Martha

GLUMSE

Die Ladenglocke ist so laut, dass ich zusammenfahre. Es ist eine große Kuhglocke, die direkt über meinem Kopf an der Tür hängt. Wie passend. Was machst du hier, du blöde Kuh? Nur ein Stück Käse kaufen. Oder ein bisschen Glumse. Doch wer kauft Glumse? Die kann jeder selber machen, der Milch im Haus hat.

Am liebsten würde ich auf dem Absatz umdrehen und wieder gehen. Der Laden ist leer, bisher hat mich also niemand gesehen. Von irgendwoher aus dem Haus höre ich Stimmen. Trotz des lauten Gebimmels haben sie mich noch nicht bemerkt.

Ich schnaufe einmal durch, nehme das Kopftuch ab und schüttle den Regen von meiner Jacke. Wie oft bin ich schon an der Käserei Thalmann vorbeigelaufen und habe mich nicht getraut reinzugehen. Jetzt bin ich endlich mal hier, also kann ich mich auch umschauen.

Der Laden verströmt einen strengen Käsegeruch. In der gläsernen Auslage reihen sich dicke gelbe Laibe, daneben Weich- und Schnittkäse, Butter und Schmalztöpfe, Sahne und Joghurt. Auf einem Regal liegen Eier in Bastkörben, auf dem nächsten steht Kondensmilch. Ich nehme eine der Dosen heraus, fahre mit dem Finger über das Etikett. Wann habe ich zum letzten Mal diese Delikatesse gekostet?

»Ich dachte mir doch, dass ich was gehört habe. Guten Morgen.«

Ich fahre herum wie eine ertappte Diebin. Hinter der Auslage steht eine schlanke, große Frau und schaut mich erwartungsvoll an.

Obwohl ich sie noch nie vorher gesehen habe, weiß ich sofort, wer sie ist. Ich habe vorsichtig nachgeforscht. Es gibt drei Läden für Milchprodukte im Dorf. Aber nur einen, dessen Besitzer Xaver heißt. Xaver Thalmann. Er führt den Laden zusammen mit seiner Frau Franziska. Franzi!

Jetzt weiß ich auch, warum der Bienenkönig von ihr geschwärmt hat. Sie ist bestimmt über fünfzig, aber noch immer eine attraktive Frau. In ihrem schmalen Gesicht haben sich viele Lachfalten eingenistet. Ihre Haare hat sie zu einem dunklen Kranz um ihren Kopf gewickelt. Doch es sind vor allem die sanften braunen Augen, die mich in ihren Bann ziehen.

Sie wischt sich die Hände an der Schürze ab. »Was kann ich für dich tun?«

Meine Stimme ist verschwunden. Ich muss sie erst suchen. Ich räuspere mich.

»Ich äh, also ich brauche, ich suche, ich hätte gern … vielleicht ein Stück Käse«, stottere ich.

»Da bist du hier richtig«, sagt sie und lächelt. Sie beugt sich über die Auslage. »Hart- oder Weichkäse?«

»Hart.«

»Emmentaler, Appenzeller, Allgäuer Bergkäse?« Sie fährt

mit dem Finger über die Laibe. »Oder lieber etwas aus Österreich oder Südtirol?«

Ich betrachte die Preisschilder. Das ist alles zu teuer für mich. »Haben Sie zufällig was im Angebot?«, frage ich kleinlaut.

»Ja, den Emmentaler. Der ist würzig, kommt von einer kleinen Käserei ganz hier in der Nähe.« Sie zeigt auf den Käse mit den großen Löchern.

»Dann nehme ich ein kleines Stück.«

Sie wuchtet den Laib heraus und schneidet eine schmale Scheibe ab.

»Und die Kondensmilch auch dazu?«

Erst jetzt merke ich, dass ich die Dose noch immer in der Hand halte. Eilig stelle ich sie aufs Regal zurück. »Nein, danke.«

»Darf es sonst noch was sein?«

»Haben Sie auch Glumse?«

Sie schüttelt den Kopf. »Was soll das sein?«

Da fällt mir ein, dass man hier anders sagt. Wie war noch gleich das Wort? »Quark.«

»Ach so.« Sie lacht. »Glumse, das ist aber ein lustiges Wort. Wo kommt das denn her?«

»Aus Ostpreußen.«

»Aha. Wo seid ihr denn untergekommen?«

»Im alten Bahnwaggon. Ich lebe da mit meinem Vater.«

Sie schaut hoch und ihr Lächeln verschwindet. Täusche ich mich oder sehe ich da einen Schatten in ihrem Gesicht?

»Das ist sicher nicht einfach.« Ihr Blick geht durch mich hindurch, als würde sie etwas betrachten, das in weiter Ferne liegt.

Ich wiege den Kopf. »Wir beklagen uns nicht. Nur meine kleine Schwester fürchtet sich dort immer. Sie sagt, dass da ein Geist lebt.«

Sie presst die Lippen zusammen und wendet sich wieder ihrer Arbeit zu. »Man soll es nicht verschreien.«

»Aber es sind nur die Nutrias, die nachts weinen.«

»Die Nutrias«, sagt sie leise. »Gibt's die Viecher immer noch? Ich bin da schon länger nicht mehr rausgekommen. Früher kannte ich mal jemand, der in dem Waggon wohnte.«

»Ich habe schon öfter von ihm gehört. Alois Roth«, sage ich.

»Soso. Was hast du denn gehört?«

Ich knete mein Kopftuch in den Händen. »Dass er ein bisschen komisch war.«

»Ja, das war er.« Sie wischt sich mit der Hand über die Augen. »Aber du darfst nicht alles glauben. Er war kein böser Mensch.«

Sie schaut wieder durch die Ladentür, als würde Alois Roth da jeden Moment hereinkommen. Ob sie die Frau ist, für die die Postkarte gedacht war? »Blau blüht ein Blümelein, das heißt Vergissnichtmein.« Wer weiß, vielleicht ist das eine oder andere aus der Schatzkiste auch von ihr – oder für sie.

Ich bezahle und packe die Sachen in meine Tasche. Als ich schon an der Tür bin, hält sie mich auf. »Warte. Das hast du vergessen.«

Sie hält mir eine Dose Kondensmilch hin.

»Nein, ich … ich kann mir das nicht leisten.«

»Geht aufs Haus«, sagt sie und steckt die Dose in meine Einkaufstasche.

*

Zurück im Waggon ziehe ich sofort die Schatzkiste aus der Bodenluke und hole die Karte raus. Vielleicht steht ja doch etwas drauf, mit Bleistift geschrieben und wegradiert, oder mit Geheimtinte. Ich drehe und wende sie, halte sie ins Licht. Aber die Karte ist und bleibt leer.

Ich nehme die Haarklammer. Sie ist aus Schildpatt und schimmert in Braun- und Goldtönen. Das würde genau zu Franziska Thalmann passen. Zu Franzi.

Die Hühner melden sich. Sie gackern und scharren in ihrem Verschlag neben dem Ofen. Ein Zeichen, dass sie Hunger haben – und dass ich mich sputen muss. Ich habe herumgetrödelt heute und bald wird Vater da sein. Seinem kritischen Blick entgeht nichts.

Ich versorge die beiden Hennen, finde dabei ein Ei. Dann schäle ich Kartoffeln, Zwiebeln, Karotten, Sellerie, mache Feuer im Herd, stelle die Gemüsesuppe auf. Während sie köchelt, fege ich die Stube aus, räume auf und schüttle die Betten auf.

Schnell renne ich im Regen zu den Nutrias und bringe ihnen die Küchenreste. Es ist nur wenig Zeit, um Nutchen zu streicheln. Sie wirkt enttäuscht, als ich viel zu schnell wieder gehe.

Nach dem Abendessen sitzt Vater beim Licht der Petroleumlampe am Tisch und notiert alle Ausgaben und Einnahmen in sein Büchlein. Ich lege Wäsche zusammen und putze unsere Schuhe. Der Regen trommelt auf das Blechdach und der Ofen zischt und knistert. Ich mag die heimelige Stimmung. Doch Vater ist schlecht gelaunt.

Er schimpft, dass er im Sägewerk nur als einfacher Handlanger eingesetzt wird. Vor allem bekommt er nur einen

Hungerlohn dafür. Als er hört, dass ich heute im Käseladen war, fängt er an zu mosern. »Du darfst nicht so viel ausgeben. Es reicht hinten und vorne nicht. Und dann auch noch Kondensmilch – so ein Luxus.«

Ich stemme die Arme in die Hüften. »Die hab ich geschenkt bekommen. Du weißt, dass ich das Geld gut zusammenhalte. Und ab und zu braucht man auch mal was Schönes, zum Beispiel einen Glumsekuchen am Sonntag.«

»Und woher willst du das Mehl nehmen?«

»Ich gehe morgen Ähren lesen. Da kriege ich bestimmt genug zusammen.«

»Das will ich hoffen«, brummt er.

Die angenehme Atmosphäre ist verflogen. Ich schaue missmutig aus dem Fenster, die Äste der Bäume winken drohend. Der Wind rüttelt am Wagen und pfeift durch den Kamin. Mit den Regenschwaden wehen Schatten über den Weg neben dem Waggon. Kurz glaube ich, einen Mann zu sehen, der mit hochgeschlagenem Kragen hinunter ins Dorf geht. Im nächsten Moment ist nichts mehr zu sehen.

In der Nacht kann ich lange nicht einschlafen. Ich höre die Nutrias weinen, und als ich endlich einschlafe, träume ich von Alois Roth. Er wandert als Geist um den Waggon, klopft und rüttelt daran.

Alois 1932

HANDSCHLAG

»Himmelherrgottsakrament!«

Alois' Fluchen ist so laut, dass Dori in der Küche alles liegen lässt und nach draußen rennt. Hinter dem Stall sieht sie, wie Alois sich aus dem Misthaufen kämpft. Er reibt sich die Schulter und rappelt sich hoch. Dabei bleibt ein Gummistiefel stecken. Schimpfend versucht er, ihn rauszuziehen.

Dori geht zu ihm und klopft ihm Stroh und Mist aus den Klamotten. »Ist dir was passiert, Onkel Alois?«

»Geht schon wieder«, brummt er.

Inzwischen sind auch Hermann und Katharina herbeigeeilt. Sie können sich ein Grinsen nicht verkneifen.

»Da gibt's gar nichts zu lachen«, ruft er und tritt gegen die Holzbohle, die als Rampe für die Schubkarre dient. »Das blöde Ding ist weggerutscht und die Karre mit dem ganzen Scheiß ist umgekippt.«

Alois hat noch versucht, das Malheur aufzuhalten, aber die Karre war zu schwer und hat ihn mitgerissen.

Hermann sieht die Schubkarre, die umgedreht auf dem Misthaufen liegt. Ein Handgriff ist gebrochen und steht schief ab.

»Dich kann man auch nichts machen lassen«, schimpft er.

»Das war doch keine Absicht«, mault Alois zurück.

»Und wie wollen wir das wieder hinkriegen?«

»Ich kümmer mich schon drum.«

»Das will ich hoffen«, sagt Hermann barsch. Dann herrscht er seine Tochter an. »Und du, was stehst du da und glotzt? Ab in die Küche mit dir. Und wasch dir die Hände vorher.«

»Die Dori wollte nur helfen«, verteidigt Alois sie. »Du behandelst sie wie eine Dienstmagd.«

»Das geht dich gar nichts an. Kümmer dich lieber um den Schaden.«

Ohne zu antworten, packt Alois die Schubkarre und zieht ab. Wenig später steht er damit vor Schraders Schmiede.

Max schaut sich die Schubkarre an. »Kein Problem. Ich schweiß dir bis morgen einen neuen Handgriff ran.«

»Wäre besser, wenn's gleich geht. Sonst dreht mir der Hermann den Kragen um.«

Max runzelt die Stirn und verkneift sich einen Kommentar. Er kramt in seinem Restelager, findet ein passendes Rohr und fängt an zu werkeln.

Währenddessen schaut sich Alois in der Werkstatt um. Der alte Schrader hat sein Geld vor allem als Kunstschlosser verdient, mit Geländern, verzierten Toren, Ladenschildern oder Lampenschirmen. Aber dafür haben die Leute kaum mehr Geld. Max lebt vor allem von Reparaturen. Überall stehen kaputte Feldgeräte, Werkzeuge, Haushaltsgegenstände herum. Über dem Werktisch hängt eine Hakenkreuzfahne, daneben ein Porträt von Adolf Hitler. Alois betrachtet eingehend das ernste Gesicht mit den stechenden Augen.

»Schaut ganz schön finster, dein Führer.«

Max blickt auf. »Unser Führer! Das ist Entschlossenheit, Mut und Tatkraft. Die braucht er auch bei den schweren Aufgaben. Er muss den ganzen Schweinestall ausmisten.«

Max legt das Werkzeug weg. »Du siehst doch, was in unserem Land los ist. Es ist am Boden. Und wer ist daran schuld? Es waren nicht die Franzosen oder die Engländer. Es waren die Feiglinge, die sich unsere Regierung nennen. Es sind die Sozialisten und Kommunisten in Berlin, die uns jeden Tag verraten.«

»Und du meinst, dieser Hitler wird daran was ändern?«

»Und ob er das wird. Wir arbeiten an einem neuen Deutschland. Keine Arbeitslosigkeit mehr, keine Ungerechtigkeit, das Volk wird wieder gehört. Und dieses Volk hat ein starkes Deutschland verdient. Wir vertreiben die Sozialisten, wir verjagen die Hofschranzen, wir kriechen nicht mehr bei den Ausländern zu Kreuze.«

Max hat sich in Rage geredet. Jetzt atmet er tief durch. »Schließ dich uns an, Luis. Wir brauchen kluge und starke Kerle wie dich.«

Alois kratzt sich am Hinterkopf. »Weißt du, aus der Politik halte ich mich lieber raus.«

»Das ist keine Politik. Das ist Dienst am Vaterland. Komm doch mal mit zu einer Versammlung. Am Samstag redet ein Funktionär aus Augsburg beim Koneberg in Ronsberg.«

Alois überlegt kurz, dann nickt er. »Na gut, anschauen kostet nichts.«

*

168

Der Saal im Gasthaus Koneberg dampft. Viele Gäste sind in das Gewitter geraten, das am Abend durchs Günztal gezogen ist. Doch trotz des Platzregens haben sie sich nicht abhalten lassen zu kommen. Alle Stühle sind besetzt, Wände und Bühne mit Hakenkreuzfahnen geschmückt. Hinter dem Rednerpult ein riesiges Bild, von dem Hitler auf seine Getreuen blickt.

Alois ist schon eine Stunde vor Beginn gekommen. Max hat ihn überredet, mit dem SA-Trupp aus Obergünzburg mitzugehen. Die acht Mann in brauner SA-Uniform waren zackig voranmarschiert und sangen »Die Fahne hoch«. Mit Schaudern dachte Alois an seine Militärzeit zurück. Für ihn gibt es nichts Unnötigeres als Exerzieren und Marschieren, da hilft auch der kehlige Gesang von Soldatenliedern nichts. Er ließ sich schnell zurückfallen und latschte dem Trupp hinterher.

Als Alois durch den Saal geht, ruft jemand von der Theke. Es ist Hartl, der am Tresen lehnt und dem Treiben zuschaut.

»Mensch, Luis, was machst du denn hier? Wusste gar nicht, dass du bei den Braunen bist.«

Alois winkt nur ab.

Hartl deutet auf den SA-Tisch. »Hat dich etwa auch der Max beschwatzt?«

»Ich bereue es jetzt schon«, sagt Alois. »Und du?«

»Ich war neugierig. Die machen ganz schön viel Wind. Wollte mal sehen, was dran ist.«

Sie bestellen Bier und stoßen an.

»Hab gehört, dass du wieder bei deinem Bruder arbeitest«, sagt Hartl.

Alois verzieht das Gesicht »Das geht nicht gut mit uns beiden. Ich muss mir was anderes suchen.«

»Ich habe jetzt eine Pelzzucht«, sagt Hartl. »Nutrias, das ist ein gutes Geschäft.«

Er erzählt, dass er hinter dem Bahnwaggon am Bach Käfige gebaut hat. Da stehen ohnehin schon seine Bienen. Dann könne er gleich alles in einem versorgen.

Alois würde gern mehr erfahren, doch da brandet Beifall auf. Der Redner betritt die Bühne und reißt den rechten Arm hoch. Der Mann heißt Brem, er ist Stadtrat der NSDAP aus Augsburg und spricht mit einer Stimme, die sich immer wieder überschlägt. Lautes Brüllen scheint gerade schwer in Mode zu sein, denkt Alois. Aber auch noch so viel Brüllen macht die Reden nicht besser.

Der braune Stadtrat fängt mit dem Weltkrieg an. Das ruhmreiche deutsche Heer, im Felde unbesiegt, wurde 1918 nicht vom Feind geschlagen, sondern von vaterlandslosen Zivilisten aus der Heimat durch einen Dolchstoß von hinten. An der Niederlage seien die Sozis und Kommunisten schuld und vor allem die Juden.

Da erzählen Hermann und andere Frontsoldaten aber ganz andere Geschichten, wer sie in den Dreck geritten hat, denkt sich Alois. Aber er kommt nicht zum Nachdenken, denn Brem brüllt weiter. Vom Schanddiktat von Versailles, von den ungerechten Reparationszahlungen, von der Inflation, der niederträchtigen Besetzung des Saarlands und des Ruhrgebiets, von der Unterdrückung Deutschlands durch das Ausland, durch das Kapital, durch das Judentum.

Dann kommt er zu den Minderwertigen, die man viel zu lange durchpäppelt. Die Krüppel und Behinderten, die Asozialen und Berufsverbrecher, sie alle sind für ihn Volksschädlinge, die man bekämpfen und ausmerzen muss. Na, Mahlzeit, denkt Alois, bloß gut, dass der mein Strafregister nicht kennt.

Immer wieder wird Brem durch wilden Beifall unterbrochen. Als er am Ende schreit, man werde den vaterlandslosen Parteien bei der Wahl nun die Quittung zeigen, hält es die Leute nicht mehr auf ihren Sitzen. Sie brüllen »Sieg Heil!« und singen das Deutschlandlied.

Alois schaut Hartl an, der nur mit den Augen rollt und sich verabschiedet. Alois bestellt ein Bier auf Rechnung des SA-Führers Schrader.

Der hat mittlerweile den Augsburger Redner an den Tisch der Obergünzburger Truppe geholt. Sie schütteln seine Hände, klopfen ihm auf die Schulter. Ortsgruppenleiter Heinrich Strobl tut sich besonders hervor, knallt die Hacken zusammen und salutiert. Strobl ist derselbe Schreihals. Einer, der seit Jahren über alles schimpft, über Ausländer und Kommunisten, Asoziale und Juden, über die Politik in Berlin und München, über den Bürgermeister und die Gemeinderäte. Er und der Brem passen wunderbar zusammen. Sie prosten sich zu, machen große Sprüche, erzählen Judenwitze, es wird laut gelacht. Dann verabschiedet sich der Gast und lässt sich zurück nach Augsburg bringen.

Auch die SA-Mannschaft macht sich auf den Heimweg. Alois wundert sich, dass Max nicht mit seiner Truppe mitgeht. Doch der meint, er habe noch was zu erledigen. Bestimmt wieder eine seiner Weibergeschichten, denkt Alois.

»Was sagt eigentlich deine Frau dazu?«, fragt er.

»Wozu?«

»Komm schon. Das ganze Dorf zerreißt sich schon das Maul.«

Max winkt ab. »Dummer Weiberklatsch.«

»Die Anni hat erst vor Kurzem böse über dich gelästert.«

»Die Anni hab ich gefressen. Die ist ja bloß neidisch, weil sie keinen abkriegt. Die soll bloß aufpassen.«

»Hattest du eigentlich mal was mit ihr?«, fragt Alois.

»Mit der Schelling?« Max verzieht den Mund. Er trinkt sein Bier aus, klopft auf den Tisch und geht.

*

Am nächsten Tag erfährt Alois, dass die SA-Truppe von Max Schrader auf dem Heimweg noch Radau gemacht hat. Als sie singend am Haus des Schriftsetzers Klimm vorbeistiefelten, öffnete der ein Fenster und rief »Freiheit« hinaus in die Nacht. Das war genug für die SA-Leute. Sie warfen ihm die Fensterscheiben ein. Dann rüttelten sie an seiner Tür und forderten, der feige Hund solle rauskommen. Klimm versteckte sich im Haus und dachte nicht daran, hinauszugehen und sich von den wild gewordenen Braunhemden verprügeln zu lassen. Und so zog die Truppe schließlich ab.

Die Geschichte macht schnell die Runde. Wobei es mehrere Versionen gibt. Je nach politischer Ausrichtung hat einmal Klimm die SA beschimpft und provoziert, mal hat die SA dem SPD-Mann ein völkisches Ständchen gesungen.

Während die Dorfpost gut funktioniert, ist im Obergünzburger Tagblatt nichts zu lesen. Dort wird von Saalschlachten in Memmingen berichtet, Prügeleien bei einer Wahlversammlung in Freising, Straßenkämpfen in Hamburg-Altona. Dabei sind die SA-Leute immer die Opfer. Aber der Übergriff, der direkt nebenan passiert ist, scheint das Tagblatt nicht zu interessieren. Alois wundert sich nicht. Der Verleger Fink ist bekannt für seine Ausrichtung.

Erstaunlich findet Alois allerdings, dass die SA ausgerechnet einen Mann verprügeln wollte, der das Wort »Freiheit« ausrief. Dabei schreien die Braunen doch selber nach Freiheit, ein freies deutsches Volk, Befreiung von der Knechtschaft. Auf ihren Wahlplakaten steht »Arbeit, Freiheit, Brot«. Aber »Freiheit« steht auch in dicken Lettern auf den Plakaten der Sozialdemokraten.

Meinen die Rechten eine andere Freiheit als die Linken? Und wenn ja, welche? Gibt es überhaupt unterschiedliche Freiheiten? Freiheit für etwas, Freiheit von etwas. Alois kennt die Sehnsucht nach Freiheit. Aber es ist eine Freiheit, die auf keinem der Wahlplakate gemeint ist.

*

Eine Woche später ist großer Markt. Es ist ein strahlender Sommertag. Auf der Rösslewiese drängen sich Pferde und Fohlen, Kühe und Kälber zum Verkauf. Im Dorf stehen die Stände der Krämer. Die Geschäfte haben geöffnet und die Marktschreier überbieten sich mit Sonderangeboten.

Auf dem Weg zum Markt geht Alois beim Käser Thalmann vorbei. Milch, Käse, Eier, Molkereiprodukte. Er ist dort gerne zu Gast. Nicht um einzukaufen, sondern um mit Franzi ein Schwätzchen zu halten. Sie ist noch immer so hübsch wie früher, auch wenn sie jetzt keine Zöpfe mehr trägt, sondern die Haare zu einem Dutt hochgesteckt hat.

Er nimmt seine Schiebermütze ab und lehnt sich an den Ladentisch. »Ganz schön viel Volk unterwegs heute.«

Franzi weiß, dass er nicht gekommen ist, um was zu kaufen. Sie reicht ihm ein Stückchen Käse. »Probier mal, haben wir frisch reingekriegt.«

Er kaut genüsslich und nickt anerkennend. »Davon nehme ich fünf Kilo.«

»Am Stück oder geschnitten?«

»Mach dir keine Arbeit. Gib mir einfach den Laib mit.«

Sie lachen beide. Dann reden sie über das Wetter und die Zeiten und über die Hitlerpartei. Franzi erzählt, dass Xaver daran denke, bei denen einzutreten.

»Das würde ich mir gut überlegen«, sagt Alois. »Ich war letzte Woche bei einer Wahlversammlung. Mein Geschmack sind die nicht.«

»Und was machst du sonst so?«, fragt sie.

Er zuckt mit den Schultern. »Dies und das.«

Sie schaut ihn lange an und seufzt tief. »Alois, was hätte aus dir alles werden können. Du bist so ein gescheiter Kerl.«

»Was heißt schon gescheit?«

»Du hast in allen Fächern nur die besten Noten gehabt. Und du hast dich nicht mal anstrengen müssen.«

»Das will gar nichts heißen«, sagt er. Und er starrt vor sich hin in eine Vergangenheit, die gar nicht seine zu sein scheint.

»Und was hast du damit gemacht? Lebst in den Tag, arbeitest nicht, ärgerst die Leute.«

»Ich ärgere die Leute nicht«, sagt er.

»Doch, du ärgerst die Leute. Du ärgerst sie allein dadurch, dass sie dich sehen. Dass sie sehen, wie du rumsitzt und nichts tust. Und ab und zu auch noch anfängst zu stehlen.«

Alois schweigt.

»Warum willst du eigentlich nicht arbeiten?«

»Es bringt doch nichts«, sagt er. »Du machst den ganzen Tag den Rücken krumm und bist abends so arm, wie du morgens aufgewacht bist. Schau dich doch mal um im Dorf. Wie sie alle herumlaufen, unzufrieden und resigniert.«

»Nicht alle.« Franzi schaut ihn mit ihren warmen Augen an. »Ich bin zufrieden. Ich habe einen Mann gefunden, der fleißig und ehrlich ist, der mich nicht betrügt, der mich nicht schlägt. Ich stehe jeden Morgen auf und freue mich auf den Tag. Ich freue mich auch an der Arbeit. Sie ist schwer, sie bringt nicht viel ein. Aber ich mache es gern. Ich mache es für mich, für meinen Mann, für meine Kinder.«

Alois winkt ab. »Ach du. Du warst schon immer eine Ausnahme, Franzi.«

»Ich bin keine Ausnahme. Ich bin, wie ich bin, und du bist, wie du bist. Aber ich gebe dir einen guten Rat. Mach nicht so weiter. Die Leute lästern über dich hinter vorgehaltener Hand. Mach was, worauf du stolz sein kannst.«

»Ich denk drüber nach«, sagt er, schnallt sich den Rucksack um und geht zur Tür.

Als er die Klinke schon in der Hand hat, sagt Franzi: »Übrigens, Luis, die Eier, die du in deinem Rucksack hast, die hätte ich dir auch geschenkt.«

Er schaut verschämt zu Boden. Ihr sanfter Blick ruht auf ihm und tut ihm weh.

»Du musst bei mir nichts stehlen. Wenn du etwas brauchst, kannst du es mir sagen. Das weißt du hoffentlich.«

Er nickt. »Das weiß ich, Franzi. Tut mir leid.«

»Jetzt raus mit dir«, sagt sie.

Er schließt die Tür. In seinem Kopf hallt ein Satz von ihr nach. »Was hätte aus dir alles werden können.«

Er schlendert über den Krämermarkt, durch die Gasse der Buden und Stände, vorbei an Pfannen und Geschirr, Mitteln gegen Haarausfall und Ungeziefer, Kleider- und Vorhangstoffen, Scheren und Messern, Heilsalben und Schönheitscremes. Und doch sieht er von all dem nichts. Vielleicht ist es noch nicht zu spät. Er muss sich eine Arbeit suchen. Eine, bei der er seinen Kopf verwenden kann. Aber wer braucht das schon? Die Bauern und Handwerker wollen kräftige Burschen, die brav das machen, was man ihnen anschafft. Die das Maul halten und nichts infrage stellen. Wer will schon einen Knecht, der schlauer ist als der Herr.

Er wird von einem schmächtigen Händler aus den Gedanken gerissen.

»Günstige Hosenträger, erste Qualität, nur drei fünfzig«, ruft der Verkäufer.

Alois reibt sich die Nase. »Die gab's letzte Woche in Kempten für zwei Mark.«

»Aber nicht in dieser Qualität, mein Herr. Das ist beste deutsche Markenware, nicht so ein Schund aus dem Ausland.«

Alois dreht einen Hosenträger in den Händen, zieht an dem Gummi, machte den Metallclip auf und zu. Er nimmt einen zweiten, prüft ihn und reichte ihn zurück. »Der schließt aber nicht richtig. Ist da vielleicht was verbogen?«

»Das kann nicht sein.«

Der Händler klemmt sich ein Monokel ins Auge und untersucht die Clips und Verschlüsse. Währenddessen redet Alois auf den kleinen Mann ein. Das dürfe bei einer deutschen Wertarbeit aber nicht passieren. Da müsse man sich schon drauf verlassen können. Die Hosenträger seines Großvaters hätten ein Leben lang gehalten.

Der Händler zeigt ihm den Verschluss, er funktioniert einwandfrei. Alois probiert es, tatsächlich, dann hat er sich wohl getäuscht.

Er taxiert den Stand, ein Tisch, eine Plane als Schutz gegen Sonne und Regen, ein Koffer mit Ware, sonst nichts. »Wie viel verdient man denn mit so einem Marktstand?«, will er wissen.

Der schmächtige Mann schaut ihn misstrauisch an. »Sind Sie von der Steuer?«

Alois legt eine Hand auf die Brust. »Sehe ich so aus? Ich überlege nur gerade, ob ich mich auch selbstständig machen soll.«

Der Händler ist plötzlich zugeknöpft. »Das hängt immer von der Kundschaft ab. Mit Leuten, die die Preise runterhandeln, verdiene ich jedenfalls nichts.«

Alois versteht. »Nichts für ungut«, sagt er, legt den Finger an den Hut und bummelt weiter.

Auf der anderen Seite des Platzes sieht er Max Schrader, der ihn zu sich winkt. Hat Max was gesehen? Zur Sicherheit schiebt Alois die erbeuteten Hosenträger tiefer in die Tasche.

Max nimmt ihn zur Seite. »Na, wie hat dir unser Abend gefallen? War doch interessant, oder?«

»Ja, schon«, sagt Alois.

»Übrigens, am Samstag kommt Hitler nach Kempten. Wir fahren geschlossen hin. Wie sieht's aus, fährst du mit?«

»Ich glaube, das ist nichts für mich.« Er hat den Hitler schon im Radio gehört. Das reicht ihm.

»Schade, da versäumst du was.«

Alois will weiter, doch Max hält ihn zurück. »Da ist noch

was wegen letzter Woche. Wir sind ja ganz schön lange gesessen beim Koneberg.«

Alois überlegt, worauf er hinauswill. Ist es wegen der Zeche? Er hat alle Getränke auf den Zettel von Max schreiben lassen. Will er nun etwa das Geld zurück?

»Na ja, so lange war es auch wieder nicht«, sagt Alois. »Du hattest ja noch einen anderen Termin.« Er zwinkert Max zu.

Schrader senkt die Stimme. »Nein, hatte ich nicht.«

»Nein?«

»Nein. Weißt du das gar nicht mehr? Wir haben doch noch zusammen ein paar Halbe gezischt.«

Alois kratzt sich am Kopf. »Daran kann ich mich gar nicht erinnern.«

»Siehst du, deshalb spreche ich mit dir. Damit du dich erinnerst.«

Alois schaut den Freund verwirrt an.

»Der Wirt weiß nicht mehr so genau, wer wie lange da war. Aber er weiß, dass du sehr lange da warst. Und mit dir war ich da. Ist dir das klar?«

»Keine Ahnung.«

»Das musst du doch noch wissen.« Max schaut ihn eindringlich an.

»Na wenn du meinst, dann war es halt so.«

»Siehst du, gut so. Würdest du das auch unterschreiben für eine Aussage vor Gericht?«

Alois erschrickt. »Vor Gericht? Warum vor Gericht?«

»Du hast doch bestimmt von dieser dummen Sache mit dem Klimm gehört. Ein alter Sozi, unbelehrbar. Unsere Jungs sind manchmal ein bisschen forsch. Die haben sich provozieren lassen. Wäre ich als Anführer dabei gewesen, wäre es gar nicht so weit gekommen. Ich hätte die Sache schnell beruhigt. Aber ich war ja leider nicht dabei.«

»Jaja, du hattest ja noch was anderes zu erledigen.«

»Eben nicht. Ich bin mit dir sitzen geblieben.«

Jetzt dämmert es Alois. »Ach so, die anderen sind alleine los. Und wir haben noch was getrunken.«

»Genau.«

Alois zieht eine Grimasse. »Aber eine Aussage vor Gericht? Und wenn sie verlangen, dass ich schwöre? Du weißt, ich hab schon genug Ärger. Und so ein Meineid …«

Max legt Alois die Hand auf die Schulter. »Aber wer redet denn von Meineid? Es wird sowieso keine Zeugenvorladung geben. Keine Sorge. Du musst nur unterschreiben, dass du mit mir noch länger im Wirtshaus gesessen bist, nachdem die Truppe schon weg war. Wann bist du denn heim?«

»Es muss weit nach Mitternacht gewesen sein.«

»Gut«, sagt Max. »Weit nach Mitternacht.«

Er hält Alois die Hand hin und der schlägt ein.

Martha

ZINNSOLDAT

Obwohl ich bereits im Morgengrauen aufs Stoppelfeld gehe, sind schon mehrere Familien vor mir da. Wie ein Schwarm Saatkrähen fallen sie über das Feld her, ducken sich unter dem schweren Himmel und suchen nach Körnern. Sie stammen alle aus Böhmen. Man hört es an ihrem knödligen Dialekt, bei dem sie die Hälfte der Worte verschlucken. Die Erwachsenen sind nicht erfreut über meine Konkurrenz und treiben die Kinder noch mehr an, ihre Körbe zu füllen.

Ich mische mich unter die anderen Saatkrähen und lese die Ähren auf, die den Knechten und Mägden bei der Ernte entgangen sind und von den Vögeln und Feldtieren übrig gelassen wurden. Es ist ein mühsames Geschäft, mit krummem Rücken und klammen Händen über den Acker zu stolpern. Die Stiefel kleben vor Matsch und werden immer schwerer. Der feuchte Nebel kriecht unter die Kleider und ich friere trotz der Arbeit.

Nach vier Stunden tut mir alles weh und ich gebe auf. Die Weizenkörner in meinem Korb könnten gerade reichen, für einen Glumsekuchen braucht man nicht viel Mehl.

Zu Hause wärme ich mich auf, ziehe trockene Sachen an

und lege die Körner zum Trocknen neben den Ofen. Den ganzen Tag ist mir Alois Roth nicht aus dem Kopf gegangen. Was ist mit dem seltsamen Mann geschehen? Warum ist er im Waggon gelandet? Warum ist es mit Franzi und ihm nichts geworden? Wo ist er hingegangen? Warum spricht niemand über ihn? Was für ein Geheimnis steckt hinter diesem Geist?

Kurz entschlossen nehme ich die Blechschachtel aus dem Versteck und stecke sie in meinen Rucksack. Wenig später stehe ich vor dem »Lamm«.

Tausend Fragen drehen sich in meinem Kopf. Wie wird Hermann Roth reagieren, wenn ich ihm die Schatzkiste zeige? Wird er mich für eine Diebin halten? Was wird er sagen, wenn ich ihn nach seinem Bruder frage?

Vielleicht ist es besser, ihm nicht die ganze Kiste vor die Nase zu halten. Ich grabe in meinem Rucksack. Das Erste, was mir in die Finger fällt, ist die Spielzeugkanone mit dem Zinnsoldaten. Schnell stecke ich sie in meine Manteltasche, nehme allen Mut zusammen und trete in die Gaststube.

Eine Handvoll Männer sitzt am Stammtisch und diskutiert über der aufgeschlagenen Zeitung. Von den Wirtsleuten ist niemand zu sehen. Ich stelle mich an den Tresen und trete nervös von einem Bein auf das andere.

Am Stammtisch gibt es Aufregung. »Hör dir das an«, sagt einer der Männer und liest laut vor. »Die Spruchkammer hat den Fabrikanten Fritz Riegele in die Gruppe der Mitläufer eingereiht.«

Die anderen beugen sich neugierig über das Blatt und reden durcheinander.

»Da lachen ja die Hühner.«

»Kann doch nicht wahr sein.«

»Die Kleinen hängt man, die Großen lässt man laufen.«

»Red doch keinen Scheiß«, sagt ein hagerer Mann mit Halbglatze. »Der Riegele ist ein Ehrenmann. Für den leg ich meine Hand ins Feuer.«

»Pass auf, dass du dich nicht verbrennst, Hans«, sagt ein anderer und klopft auf die Zeitung. »Der Riegele war nicht nur bei der SA, sondern noch in einigen anderen Organisationen.«

Der Mann, der offenbar Hans heißt, schüttelt energisch den Kopf. »Na und, was heißt das schon? Ihr wart doch auch alle bei der Partei. Und wenn er nicht mitgemacht hätte, hätte er seinen Laden gleich zusperren können. Auf jeden Fall hat er immer zu seinen Arbeitern gehalten. Der hat keinen denunziert.«

Die anderen wiegen die Köpfe. Hans nimmt einen tiefen Schluck Bier. »Ich sag euch noch was. Der Riegele war der Einzige, der dem alten Strobl die Meinung gesagt hat. Das hat sich nicht mal unser Bürgermeister getraut.«

Nun geht es weiter um den alten Strobl und den Bürgermeister. Ich überlege, woher mir der Name Strobl bekannt vorkommt. Dann fällt es mir ein. Frau Schelling hat Georg so genannt. Einer aus der Strobl-Mischpoke.

Die Diskussion endet abrupt, als Hermann Roth mit mehreren Tellern voll dampfendem Essen aus der Küche kommt. Er geht schief, als hätte er Schmerzen im Rücken. Im Vorbeigehen nickt er kurz zur Begrüßung und verschwindet wieder in der Küche, um weitere Portionen zu holen. Durch die Tür sehe ich Dori, die an einem mächtigen Herd hantiert.

Als der Tisch versorgt ist, stellt er sich hinter den Tresen und betrachtet mich durch seine dicke Hornbrille. »Was darf's sein?«

Ich hole tief Luft und versuche, mein hämmerndes Herz zu beruhigen. Doch es gelingt mir nicht.

»Sie sind doch Hermann Roth?«

Er grinst schief. »Der bin ich. Und wer will das wissen?«

»Ich heiße Martha Krutke.«

»Aha.«

»Ich wohne mit meinem Vater im alten Bahnwaggon.«

Das Grinsen verschwindet, stattdessen bildet sich über seiner breiten Nase eine tiefe Falte.

Es ist immer dasselbe. Wenn ich den Waggon erwähne, reagieren die Leute merkwürdig. Sie erstarren, erschrecken, weichen zurück. Dabei hat dieses Dorf tausend Flüchtlinge aufgenommen. Alles Habenichtse, untergebracht in Abstellkammern, Heuschobern, Schuppen. Das stört offenbar niemand. Nur der Bahnwaggon scheint ihnen nicht geheuer. Als würde ich in einem Spukschloss wohnen.

»Und?«, fragt Hermann Roth. Er wartet, dass ich was sage – und er ist auf der Hut.

»Ich habe gehört, dass dort früher mal Ihr Bruder gewohnt hat. Alois Roth.«

»Was geht dich das an?«, fragt er tonlos.

»Ich wollte … ich habe …« Ich greife in meine Tasche und hole den Zinnsoldaten mit der Kanone heraus. »Das habe ich im Waggon gefunden.«

Behutsam stelle ich die Sachen auf den Tresen. »Vielleicht gehört es Ihrem Bruder.«

Er starrt das Spielzeug an und seine Augen hinter der Brille werden groß. Er nimmt zuerst den Soldaten, dann die

Kanone vorsichtig in seine groben Hände, hält beide hoch und betrachtet sie von allen Seiten.

»Es war in einem Spalt versteckt«, sage ich, aber er scheint mich nicht zu hören.

Sein Gesicht verwandelt sich und wird zu dem eines kleinen Jungen. »Der Kanonier«, flüstert er.

Er stellt die Kanone auf die Theke und den Soldaten direkt dahinter. Erst jetzt sehe ich, dass der Kanonier eine kleine Flamme in der rechten Hand hält. Sie passt genau auf die Kanone. Der bullige Wirt nimmt seine Brille ab und wischt sich über die Augen. Er scheint auf einmal ganz weit fort, wie in einem Traum.

Das war bestimmt mal sein Spielzeug, denke ich. Und dann hat er es seinem Bruder geschenkt.

Plötzlich nimmt er die Sachen und räumt sie in eine Schublade. Er schaut mich finster an. Seine Stimmung kippt von einem Moment auf den anderen.

»Wer schickt dich?«

»Niemand. Wie gesagt, ich habe das gefunden, beim Putzen.«

»Du gehst jetzt besser.«

»Aber ich wollte Sie noch was fragen.«

»Ich habe gesagt, du sollst gehen«, sagt er lauter.

»Was habe ich Ihnen denn getan, ich will doch nur –«, wende ich ein.

»Raus jetzt!«

Dori kommt aus der Küche und sieht zuerst mich, dann ihren Vater an. Die Männer am Stammtisch schauen neugierig zu uns rüber. Ich merke, wie ich puterrot anlaufe. Dann ergreife ich die Flucht.

Erst als ich die nächste Straßenecke erreiche, halte ich an. Tränen laufen über mein Gesicht. Ein Mann schaut mich erschrocken an und geht weiter. Rasch suche ich in meinem Rucksack ein Taschentuch.

Da höre ich eine Stimme hinter mir. »Du da, warte mal.«

Dori kommt auf mich zu. Im Gehen bindet sie sich die Schürze ab. Als sie mein verheultes Gesicht sieht, nimmt sie mich am Arm und führt mich um das Haus in einen Hinterhof. Dort setzt sie mich auf eine Bank.

»Was war das gerade?«, fragt sie. »So hab ich meinen Vater schon lange nicht mehr erlebt.«

»Ich habe keine Ahnung. Ich habe überhaupt nichts gemacht. Sie müssen mir glauben.«

Sie legt mir ihre schwere Hand auf die Schulter. »Jetzt beruhig dich erst mal. Und sag bitte Du zu mir. Ich bin die Dori. So nennen mich alle hier.«

Ich nicke und putze mir die Nase.

»Was hast du meinem Vater vorhin gegeben?«

Ich erzähle ihr von dem Zinnsoldaten und der Kanone, die ich im Waggon gefunden habe. Von dem restlichen Schatz, der in meinem Rucksack steckt, sage ich aber nichts.

»Ich hab gehört, dass Ihr Onkel, also dein Onkel früher in dem Waggon gewohnt hat. Und ich dachte, ich bringe die Sachen vorbei. Ich weiß ja nicht, wo der Mann jetzt ist.«

Dori schaut in den grauen Himmel und schweigt lange. »Ich kenn den Zinnsoldaten. Als Kind wollte ich immer damit spielen, aber ich durfte nicht. Das sind Männersachen, hieß es. Also hab ich es eben heimlich gemacht. Es gab auf dem Dachboden eine Kiste mit Papas alten Spielsachen. Da hab ich mich manchmal raufgeschlichen.«

»Aber wie kommt das Spielzeug dann in den Waggon?«

Dori hebt eine Braue. »Onkel Alois war speziell. Wenn ihm etwas gefallen hat, hat er nicht lang gefragt.« Sie macht eine Handbewegung des Klauens. »Aber versteh mich nicht falsch. Onkel Alois war nicht verkehrt.«

»Das klingt, als wäre er gestorben.«

Sie reibt sich die Nase. »Ehrlich gesagt, ich weiß es nicht. Eines Tages hat ihn die Polizei abgeholt und weggebracht.«

»Ins Gefängnis?«, flüstere ich erschrocken.

Sie zuckt mit den Schultern. »Möglich. Darüber redet keiner. Man hat ihn zum Bahnhof in Günzach gebracht. Der Bahnhofswirt hat ihn als Letzter gesehen. Danach haben wir nichts mehr von ihm gehört.«

Sie steht auf und bindet sich die Schürze wieder um. »Ich muss wieder rein. Und du, mach dir keine Gedanken wegen meinem Vater. Der ist gern mal brummig, aber im Grunde ist er ein guter Kerl.«

Als ich gehen will, hält sie mich an der Schulter und schaut mir tief in die Augen. »Hast du denn sonst noch was im Waggon gefunden?«

In meinem Kopf überstürzen sich die Fragen. Hat nicht die Familie ein Anrecht auf die Kiste? Aber was, wenn Alois zurückkommt und seine Sachen sucht? Ich muss mehr wissen, bevor ich das entscheiden kann. »Nein, das war das Einzige«, sage ich und versuche, mit fester Stimme zu sprechen.

Dori nickt. »Gut. Wenn dir noch was in die Hände fällt, bringst du es mir. Versprochen?«

PULVERFASS

Gerti Strobl steht hinter der Ladentheke und kommt mit Ab-
wiegen, Einpacken, Geldwechseln und Anschreiben kaum
hinterher. Jeder will noch Konserven und Mehl haben, Zucker und Reis, Grieß und Schmierseife. Am Tag davor wurde
bekannt, dass bald Lebensmittelkarten eingeführt werden.
Seither rennen die Leute ihr die Bude ein. Es herrscht be-
klommene Stimmung, besonders die Älteren sind verunsi-
chert und ängstlich. Ihnen steckt noch der große Krieg in
den Knochen. Die Entbehrung, die Not, der Hunger.

Alois steht im Gedränge und hört sich die Diskussionen
an. Hast du gelesen, was die Polen mit den Volksdeutschen
machen? Wir dürfen uns die Schandtaten nicht mehr länger gefallen lassen. So kann es nicht weitergehen. Was macht
London, was Paris? Die Franzosen haben mobilgemacht. Die
Engländer rüsten auf. Aber die werden sich bestimmt nicht
auf einen Krieg einlassen nur wegen Danzig.

»Man muss den Polen zeigen, wer der Herr im Haus ist«,
sagt Gerti. »Das geht ganz schnell, dann geben die klein bei.«

Keiner widerspricht ihr. Sie ist die Schwiegertochter vom
alten Strobl, dem Goldfasan. Seit Hitler an der Macht ist, ist

Heinrich Strobl der NSDAP-Ortsgruppenleiter und damit der wichtigste Mann im Dorf. Ein Hundertfünfzigprozentiger. Wenn er will, muss auch der Bürgermeister vor ihm strammstehen.

Es ist seit Wochen dasselbe. Gibt es Krieg oder nicht? Wenn ja, wann, mit wem und wie lange? Alois macht sich keine Illusionen. In der Zeitung, im Rundfunk und in den Wochenschauen gibt es ein regelrechtes Trommelfeuer. Männer werden zur Wehrmacht eingezogen. Ganz Europa ist ein Pulverfass. Und an allen Ecken wird gezündelt.

Während vor der Ladentheke eifrig diskutiert wird, betrachtet Alois die Regale. Direkt neben ihm sind Blechdosen mit Zigaretten und Zigarren gestapelt. Keiner der Umstehenden achtet auf ihn. Nur der kleine Georg, der seiner Mutter im Laden hilft, schaut unter dem Tisch hervor. Alois hält seinen Rucksack vor das Regal, auf dem eine schöne Dose Salem Gold steht. Er gibt der Dose einen Schubs und schon ist sie verschwunden. Als er drankommt, kauft er Mehl, Zucker und eine Dose Heringe. Georg will die Sachen für ihn einpacken, aber das macht er lieber selber.

»Bar oder Anschreiben?«, fragt Gerti und hat schon den Bleistift und ihren Block in der Hand.

»Natürlich bar«, sagt Alois gönnerhaft und reicht ihr eine Handvoll Münzen.

Sie blickt erstaunt hoch, zählt nach und will ihm fünf Pfennige rausgeben.

»Das passt schon,«, wehrt Alois ab, »steck es dem Georg in die Sparbüchse.«

Der Junge unter der Theke grinst.

Eigentlich wollte Alois auf dem Heimweg einkehren, aber

er beschließt, erst mal nach Hause zu gehen. Es ist besser, die Beute in Sicherheit zu bringen, bevor die misstrauische Gerti noch etwas bemerkt.

Pfeifend marschiert er aus dem Dorf hinaus, nimmt nach rechts die Straße nach Burg hinauf und geht ein Stück den Bach entlang. Nach wenigen Minuten taucht der dunkel-grüne Waggon hinter den hohen Tannen am Wiesenrand auf. Friedlich liegt er in der Nachmittagssonne und lauscht dem Gluckern des Bachs. Ein Holzsteg führt über den Gra-ben direkt auf die vordere Plattform zum Eingang. Rund-herum hat die Gemeinde Sträucher gepflanzt und über die Jahre ist der Wagen halb eingewachsen.

Alois hat die Behausung in den letzten Jahren lieb ge-wonnen. Er bekommt selten Besuch, nur ab und zu ein alter Kumpel, der auf ein Bier hereinschaut. Oder Dori, die gute Seele, die etwas zu essen vorbeibringt.

Ansonsten ist er für sich. Niemand, der ihn stört, der ihn antreibt oder maßregelt. Er kann seine Mundharmonika herausholen und ein paar Stückchen spielen, ohne dass die Vermieter oder Nachbarn an die Tür pochen. Er kann sin-gen oder schreien, wenn ihm danach zumute ist. Oder sich einfach die Sonne auf den Pelz scheinen lassen und in die Welt und den Himmel hinausträumen.

Genau das wird er jetzt auch tun. Und er wird sich dabei eine von den feinen Zigaretten schmecken lassen.

Doch zuvor muss er noch die Nutrias versorgen. Er hat Hartl versprochen, dass er sich um sie kümmert. Sie machen nicht viel Arbeit, und im Gegenzug bringt Hartl öfter mal ein Stück Fleisch oder ein Glas Honig vorbei.

Die Tiere sind sehr schnell zutraulich geworden. Sie kennen seine Schritte, und sobald er zu den Käfigbecken kommt, wartet das Leittier des Rudels schon an den Gitterstäben und macht Männchen.

Alois hält seine Hand ans Gitter. »Na, was meinst du, wird es Krieg geben oder nicht?«

Das Tier schnuppert und schaut ihn mit seinen Kulleraugen an. Er hat das Gefühl, es nickt.

»Dir ist das doch egal. Und weißt du was? Mir auch.« Er wirft Futter in die Käfige und geht zum Waggon.

Als er den Wagen betritt, bleibt er wie angewurzelt stehen. Im hinteren Teil des Raumes sitzt ein Mann im Halbdunkel. Er hat seine Schiebermütze ins Gesicht geschoben, die Füße auf dem Tisch und scheint gedöst zu haben. Jetzt rappelt er sich mühsam auf.

Alois braucht eine Weile, bis er ihn erkennt. »Mensch, Michel, was machst du denn hier?«

»Ich dachte, ich komm dich mal besuchen in deiner schönen Villa.«

»Sehr witzig. Wo warst du bloß die ganze Zeit? Bist einfach verschwunden, ohne was zu sagen.«

Michel streckt sich. »Hast du ein Bier?«

»Na logisch.« Alois kramt unter dem Bett und zieht eine Holzkiste mit ein paar Flaschen hervor. »Im Dorf gehen die wildesten Gerüchte um. Die einen sagen, du wärst nach München gegangen, die anderen, man hätte dich verhaftet. Der Engel-Wirt ist sicher, du bist nach Amerika ausgewandert.«

Michel zieht sein schiefes Lächeln. »Amerika, soso.« Er macht sein Bier auf, nimmt einen tiefen Schluck und starrt aus dem Fenster, als gäbe es auf der Wiese ein spannendes Fußballspiel zu sehen.

»Und? Wo warst du?«

Michel nimmt noch einen Schluck. Ohne den Blick von der leeren Wiese abzuwenden, sagt er leise: »Dachau.«

Wenig später sitzen sie vor dem Waggon in der Sonne und rauchen Salem Gold. Michel bekommt einen Hustenanfall, raucht aber trotzdem weiter. An Michel war noch nie viel dran. Ein Kerl, dünn wie ein Hering, dabei aber stark und gewandt. Doch nun sieht er aus wie der Tod in Latschen. Ein kahlköpfiges Gerippe, über dem die Haut spannt. Die Wangen sind eingefallen, die Augen liegen tief in den Höhlen, die Nase sticht spitz hervor. Seine Bewegungen wirken unsicher, die Beine zittrig.

Vor allem ist er schweigsam geworden. Von dem Michel, der laut lachen und große Töne spucken konnte, ist nichts übrig.

»Was ist passiert?«, will Alois wissen.

Michel zuckt die Schultern. Er weiß es selbst nicht. Eines Abends standen zwei Männer der Gestapo vor seiner Tür. Sie hielten sich nicht mit Erklärungen auf, sagten nur »Schutzhaft« und »mitkommen«. Am nächsten Morgen marschierte er im KZ Dachau ein, bekam einen gestreiften Häftlingsanzug mit einem schwarzen Winkel dran, Abteilung Asoziale, fertig. Letztlich hatte er noch Glück und wurde nach drei Monaten entlassen.

»Viel länger hätte ich das nicht ausgehalten.«

Alois muss Michel nur anschauen, dann kann er sich vorstellen, wie es in Dachau ist. Trotzdem ist er neugierig. »Ist es wirklich so schlimm, wie erzählt wird?«

Michel knetet seine zerschundenen Hände. »Schlimmer. Dagegen ist jedes Gefängnis ein Sanatorium.«

Alois wartet, dass Michel mehr erzählt, aber der glotzt nur wieder abwesend auf die Wiese.

»Hast du eine Ahnung, wer dich verpfiffen hat?«

»Das kann jeder gewesen sein. Dieses Kaff hat viele Augen und Ohren, vor allem genug Verräter.«

Alois folgt seinem Blick Richtung Dorf. Natürlich ist Obergünzburg ein tiefbraunes Nest, alle hängen die Fahnen raus, marschieren auf, wenn die Partei es anordnet. Ja, es gibt sie, die Aufpasser und Blockwarte, die Wichtigtuer und Fanatiker. Es gibt Spitzel, die ihre Nachbarn und Kollegen ausspionieren. Sogar in der Kirche steht immer einer hinten, der die Predigten des Pfarrers mitschreibt. Keiner weiß genau, wer ein Informant des Sicherheitsdienstes ist.

Aber Alois kennt auch genug, die nicht in der Partei sind und die heimlich über die Braunen schimpfen. Die meisten wollen einfach nur ihre Ruhe haben, ihren Frieden und ihr Auskommen.

»Vielleicht war es der Strobl?«, vermutet Alois. »Oder einer seiner Zuträger?«

»Oder dein Freund, der Bürgermeister«, sagt Michel.

»Das ist nicht mein Freund«, protestiert Alois. »Ich bin mit dem Max in die Schule gegangen, na und?«

Max Schrader ist vor vier Jahren Bürgermeister geworden. Sein Vorgänger, der Kugler, hatte den Fehler, dass er bei den Schwarzen war. Also haben sie ihn nach Hause geschickt und Max auf seinen Sessel gesetzt. Der marschiert nun bei allen Aufzügen vor der Fahne weg, reißt den rechten Arm hoch und hält kämpferische Reden.

»Der Max spuckt große Töne,«, sagt Alois, »aber er ist ein anständiger Kerl.«

»Klar, sie sind alle anständig, alles brave, treue Bürger.«
Michel spuckt ins Gras. »Ist mir auch wurscht, wer es war.
Ich bin fertig mit Obergünzburg.«

»Und jetzt?«

»Erst mal nach Kempten. Da kann ich bei Freunden unterkommen.«

Alois nickt. »Kempten ist keine schlechte Idee. Ich war die
letzten Jahre immer wieder mal für ein paar Monate dort.
Aber du brauchst halt Arbeit.«

»Hast du denn hier Arbeit?«

»Nichts Festes. Mal hier ein paar Tage, mal da. Weißt ja,
wie das ist.«

Michel trinkt sein Bier aus und klopft auf die Blechwand des
Waggons. »Wie lange wohnst du jetzt schon in dem Palast?«

Alois muss überlegen. »Das erste Mal bin ich im Sommer
vierunddreißig hier eingezogen. Nach dem Knast hatte ich
keine Bude mehr.«

Michel pfeift leise. »Fünf Jahre schon. Wie hältst du das
bloß so lange aus in dem Kabuff?«

»Ist gar nicht so schlecht. Hier hast du deine Ruhe. Keine
Nachbarn, kein Blockwart. Aber ich war ja nicht die ganze
Zeit hier. Hatte mal Arbeit in Kempten, mal in Kaufbeuren
oder ...«

»Oder im Knast«, fügt Michel hinzu.

Alois kratzt sich am Kinn. »Ein paarmal, aber nur Kleinigkeiten.«

»Ich frage mich ja, warum sie dich noch nicht geholt
haben.«

»Wieso? Ich tu doch keinem was.«

»Bist du so blöd oder tust du nur so? Schau dir doch deine

Gaunerkarriere an. In Dachau sitzen Leute, weil sie die SA-Fahne nicht gegrüßt haben.«

»Ich pass schon auf«, sagt Alois.

Als Michel weg ist, streicht Alois über die goldbraune Blechschachtel, die in der Sonne leuchtet. Michel hat recht, er muss aufpassen. Er muss aufhören mit dem Klauen. Die Dose Salem war das letzte krumme Ding.

Martha

SCHATTEN

Ich habe gelogen, sowohl Hermann als auch Dori habe ich angeschwindelt. Im nächsten Sonntagsgottesdienst predigt der Pfarrer ausgerechnet über die Lüge. Als wüsste er Bescheid, hat er sich das achte Gebot ausgesucht: Du sollst nicht falsch Zeugnis reden wider deinen Nächsten.

Er verurteilt, dass Lügen und Verschweigen zur neuen Mode geworden sind. Denn schon das Verschweigen einer Wahrheit ist Sünde. Ich habe also doppelt gesündigt. Dazu noch meine Neugier, mein Ungehorsam. Ich bin sicher, dass man mir mein schlechtes Gewissen an der Nasenspitze ansieht.

Nach der Kirche sitzen wir bei Tante Irene zum Mittagessen. Vater erzählt stolz, dass ein Teil der heutigen Predigt von ihm stammt. Seit er das Amt des Kirchenpflegers übernommen hat, zieht ihn der Pfarrer immer mehr ins Vertrauen. Vater berät ihn nicht nur in Geldfragen, sondern auch bei den Ansprachen.

»Manchmal könnte man fast meinen, du wärst der Pfarrer«, sagt Irene.

Vater überhört den Spott. »Ich würde mich bestimmt gut machen.«

Erna will nach dem Essen spazieren gehen. Wir beeilen uns mit dem Abwasch und bald sind wir draußen. Es ist ein sonniger Herbsttag, die Luft ist klar, doch es geht ein kühler Wind. Wie früher nimmt Erna meine Hand und zieht mich aus dem Dorf hinaus. Würde es nach ihr gehen, würden wir auf die Wiesen rennen und herumtollen wie junge Hunde.

Meine wilde kleine Schwester. Wie schön, sie so unbekümmert zu sehen. Während sie neben mir herschlendert, plappert sie fröhlich. Von ihrer giftigen Lehrerin, die die Mädchen mit dem Lineal auf die Finger haut. Von den neuen Freundinnen, die sich heimlich schminken. Von ihrer Arbeit in Tantes Nähstube.

»Wir machen gerade ein Hochzeitskleid«, sagt sie stolz. »Und stell dir vor, die Braut ist schwanger.«

»Na hoffentlich weiß der Bräutigam davon«, grinse ich.

Sie hält sich die Hand vor den Mund und kichert.

Ich senke die Stimme. »Weißt du was? Der Grenzer hat mir geschrieben.«

Erna macht große Augen. »Der junge Polizist, der uns rübergebracht hat? Wie hieß der noch gleich?«

»Oswald. Oswald Paschke. Du wirst es nicht glauben, er hat mir einen Heiratsantrag gemacht.«

Sie kichert und kneift mich in den Arm. »Na das wundert mich nicht. So wie der dich die ganze Zeit angestarrt hat. Und? Hast du ihm geantwortet?«

»Sonst noch was. Was bildet sich der Kerl ein?«

»Aber nett war er. Ohne ihn wären wir nicht rübergekommen. Weißt du noch, wie wir geschlottert haben?«

Es war erst vor drei Monaten und schien doch eine Ewigkeit her. Mutter gefiel es gar nicht, dass wir alleine über die

Grenze in die Westzone wollten. Doch wir versprachen, vorsichtig zu sein, nur tagsüber zu reisen und uns, wenn wir gefragt werden, einfach dumm zu stellen. Erna und ich waren mit dem Zug bis zur Zonengrenze gefahren und wollten zu Fuß in den Westen. Dumme Gänse. Schon nach einer halben Stunde liefen wir im Wald der Grenzpolizei in die Arme.

Sie sperrten uns über Nacht in einen Bunker. Am nächsten Morgen brachten sie uns in die Küche zum Kartoffelschälen und Gemüseputzen. Andauernd kamen junge Volkspolizisten herein und schäkerten mit uns. Einer war besonders hartnäckig. Er hieß Oswald.

Am Nachmittag kam ein Kommissar, der uns in die Mangel nahm. Wo wir herkamen, wo wir hinwollten, für wen wir spionierten, mit wem wir zusammenarbeiteten. Am Ende gab er uns die Ausweise zurück und hielt uns eine Strafpredigt. Beim nächsten Mal kämen wir nicht so glimpflich davon.

Bei der Entlassung flüsterte Oswald mir zu, wir sollten zum Güterbahnhof gehen und hinter den Gleisen warten. Nach Sonnenuntergang tauchte er dort auf und führte uns auf verborgenen Pfaden durch den Wald über die grüne Grenze.

»War ganz schön leichtsinnig von uns«, sagt Erna und schüttelt sich. »Der hätte sonst was mit uns anstellen können.«

Sie hat recht. Wir hatten Glück gehabt.

Sie knufft mich in die Seite. »Und jetzt will dich unser Retter auch noch heiraten. Wie romantisch.«

»Meinst du, ich nehme so einen einfachen Grenzpolizisten? Der ganze Brief war voller Rechtschreibfehler.«

»Ein Freier in Uniform. Das würde Vati bestimmt gefallen.«

»Ich denke gar nicht dran«, brumme ich.

»Vati macht schon immer so Andeutungen bei Tante Irene.« Sie ahmt seine tiefe Stimme nach. »Meine große Martha, ein tolles Mädel und dazu eine prima Hausfrau. Wer die mal kriegt, kann dankbar sein.«

Ich bleibe mitten auf dem Feldweg stehen. »Du nimmst mich auf den Arm.«

»Nein, ehrlich. Ich hab's doch gehört.«

»So ein Unsinn, was denkt er sich nur? Ich bin sechzehn. Eine prima Hausfrau, das klingt nach einer langweiligen alten Schachtel.«

Erna spricht weiter mit tiefer Stimme. »Bei Martha ist alles blitzblank. Und erst ihr Glumsekuchen, ein Gedicht.«

Ich boxe ihr in die Rippen. »Dir gebe ich gleich Glumsekuchen.«

Lachend rennt sie davon, ich hinterher. An der nächsten Wegbiegung bleibt sie plötzlich stehen. Auf dem Weg kommen uns drei Männer entgegen. Sie lupfen freundlich den Hut. »Grüß Gott, die jungen Damen.«

Als sie an uns vorbeigehen, pflückt einer ein paar Butterblumen und reicht sie mir. »Bitte schön, wertes Fräulein.«

Ich bedanke mich mit einem Knicks.

Erna krallt sich an meiner Hand fest und zieht mich davon. Ihr Gesicht ist eine Maske, nur ihre Augen bewegen sich schnell, als suchten sie einen Fluchtweg. Ihre Hände zittern.

Ich nehme sie in die Arme und streiche ihr sanft über den Rücken. »Niemand tut dir was. Ich bin da.«

Eine ganze Weile rede ich leise auf sie ein und halte sie fest, dann beruhigt sich ihr Herzschlag und das Zittern lässt nach.

»Komm, Zwiebelchen, lass uns wieder zurückgehen.«

Sie schaut sich kurz um, die Männer sind längst verschwunden. Erna atmet tief durch.

»Sag nicht immer Zwiebelchen. Ich bin kein kleines Kind mehr«, sagt sie trotzig. »Ich will lieber noch ein Stückchen weitergehen.«

Bald tauchen die ersten Häuser von Günzach auf. Eine Herde Kühe begrüßt uns neugierig. Vor uns liegt der Bahnhof, an den sich das kleine Dorf anschmiegt.

Als ich den leeren Bahnsteig sehe, geht mir Alois Roth durch den Kopf. Hier wurde er zum letzten Mal gesehen. Ich schaue die Gleise entlang, die in der einen Richtung nach München führen, in der anderen nach Lindau. Wohin ist er gefahren? Warum wurde er abgeholt? Die Stimme von Dori hallt in meinem Kopf. Danach haben wir nichts mehr von ihm gehört.

Erna zupft an meinem Ärmel. »Was hältst du davon, wenn wir eine Limonade trinken?«

»Das wäre schön, aber wir haben kein Geld.«

»Ich habe ein bisschen was einstecken.« Sie zieht mich zu dem Kiosk vor dem Bahnhof.

Das Bahnhofsgebäude ist nur eine Baracke. Georg hat erzählt, dass es in den letzten Kriegstagen einen Jagdfliegerangriff gegeben hat. Dabei ist ein Waggon mit Schießpulver in die Luft geflogen. Und mit ihm das halbe Dorf.

In dem Kiosk werben Plakate mit Bergen und Kühen für Ferien im Allgäu. Neben der Theke gibt es ein paar Tische und Stühle. Ältere Herren sitzen herum und rauchen eine Sonntagszigarre. An einem Stehtisch plaudert eine Gruppe Ausflügler, die auf den Zug wartet.

Wir setzen uns an einen kleinen Tisch. Erna wirft einen prüfenden Blick in den Raum. Ich lege meine Hand auf ihre und sie lächelt verschwörerisch. »Vater darf es nicht erfahren.«

»Nein«, sage ich, »das ist unser Geheimnis.«

Die stämmige Kioskbesitzerin fährt mit einem grauen Lappen über den Tisch und stellt zwei Limonaden hin.

»Na, ihr zwei, wohin soll es gehen?«, fragt sie.

»Wir wollen nicht wegfahren, wir ruhen uns nur aus«, antworte ich.

»Ah, ein Spaziergang. Seid ihr von Obergünzburg hergelaufen?«

Wir nicken. »Wir sind erst diesen Sommer angekommen und wollten die Gegend erkunden.«

»So ist's recht. Wenn ihr etwas wissen wollt, dann fragt einfach mich. Ich kenne mich hier bestens aus.« Sie zwinkert uns zu und quetscht sich wieder hinter den Tresen.

Wir halten die Nasen an die Limonadenflaschen, schließen die Augen und saugen den süßen Zitronenduft ein.

»Das ist wie früher beim Sonntagsspaziergang«, schwärmt Erna.

Sie hat recht. Es riecht nach Familienausflug an den Königsberger Schlossteich. Vati mit seinem Spazierstock und Mutti unter dem roten Hut, dahinter Karl, der die Rotznasen Klaus und Heinzi im Zaum halten musste, und wir beiden Mädchen im Sonntagskleid. Wir flanierten am Wasser entlang, über die Schlossteichbrücke und kehrten schließlich im »Café Metropol« ein. Diese Sonntage rochen nach Seife, Haarcreme, Sommerluft und Limonade.

Wir trinken in winzigen Schlückchen, um den Genuss so lange wie möglich hinauszuziehen. Keine von uns sagt etwas, jedes Wort würde das Heimweh nur schlimmer machen. Und wir wollen nicht anfangen zu heulen.

Als wir aufbrechen, winkt die Wirtin. »Dann bis zum nächsten Mal.«

Ich drehe noch mal um. »Sie sagen, Sie wissen hier gut Bescheid. Kennen Sie zufällig den Herrn Alois Roth?«

Sie lacht auf. »Und ob ich den kenne. Ist der wieder da?«

Bevor ich antworten kann, ruft sie nach hinten: »Alfred, komm doch mal. Der Roth Luis ist wieder da.«

Die Herren mit den Zigarren drehen neugierig die Köpfe und ich werde rot.

Ein glatzköpfiger kleiner Mann taucht hinter der Theke auf. »Was sagst du da, Hertha? Wo ist der Hundling?«

Sie zeigt auf mich und ich platze fast vor Scham. »Nein, er ist nicht wieder da«, sage ich leise.

Der Mann, der Alfred heißt, kratzt sich an seinem kahlen Schädel. »Schade. Aber wie kommst du dann drauf?«

»Ich wollte nur fragen, ob Sie ihn kennen. Seine Nichte, Dori Roth, hat gesagt, dass er noch hier war, bevor er weggebracht wurde. Seitdem hat sie nichts mehr von ihm gehört.«

Er nickt langsam und starrt hinüber zu der Baracke an den Gleisen. »Das war drüben im Bahnhof. Da war eine schöne Wirtschaft, bevor das ganze Ding explodiert ist. Es war im November, scheußliches Wetter. So um die Mittagszeit. Da sind sie reingekommen, der Luis und der Gendarm. Er hat noch ein Bier getrunken. Dann sind sie gefahren.«

Er wendet sich zu seiner Frau. »Wie lange ist das her, Hertha?«

»Vielleicht fünf, sechs Jahre«, sagt sie.

»Und er hat nicht gesagt, wo er hinfährt?«, bohre ich nach.

»Er hat nur gesagt: Es kann sein, dass wir uns nicht mehr sehen.«

Hinter uns wird es laut. Die Ausflügler wollen zahlen und aufbrechen. Erna zupft mich am Ärmel. »Wir müssen jetzt auch los.«

Sie zieht mich nach draußen. Vor der Tür stellt sie sich vor mich, die Arme vor der Brust verschränkt. »Jetzt sagst du mir sofort, was das zu bedeuten hat.«

Ich atme tief durch. »Es geht um den Geist.«

Sie schaut mich erschrocken an. Nein, sie schaut an mir vorbei. Zitternd deutet sie mit der Hand auf den Bahnsteig. »Da ist er.«

Ich drehe mich um. »Wer?«

»Der Geist«, flüstert sie.

Ein großer Mann in einem grauen Mantel, der hinter uns die Gaststätte verlassen hat, geht langsam Richtung Gleise. Er drückt sich den Hut auf den Kopf und schaut sich kurz zu uns um.

Erna wendet sich schnell ab. Sie hakt mich unter und eilt mit mir davon, als wären wir auf der Flucht.

Erst als wir das Dorf verlassen haben, verlangsamt sie ihren Schritt. »Der Mann hat uns verfolgt. Ich habe ihn schon gesehen, als wir in Obergünzburg losgelaufen sind.«

Erna und ihre Ängste. Ich lege meinen Arm um sie und spüre, dass sie immer noch zittert. »Vielleicht hatte er ja einfach denselben Weg und wollte nur zum Zug.«

»Er hat auch in der Wirtschaft die ganze Zeit zu uns rübergeschaut.« Sie senkt die Stimme. »Und ich habe ihn schon mal gesehen.«

»In diesem Dorf bleibt es nicht aus, dass man Menschen öfter sieht.«

»Nein, es war ganz komisch. Erinnerst du dich, an unserem Flicknachmittag? Da stand dieser Mann die ganze Zeit in dem Durchgang gegenüber von Tantes Haus. Und als du gegangen bist, ist er dir gefolgt.«

»Das bildest du dir ein. Warum sollte mir jemand folgen?«

»Ich weiß es nicht. Aber ich bin sicher, dass er uns beobachtet, dass er dich beobachtet. Er ist bestimmt ein Spion.«

»Du hast eine blühende Fantasie. Was will man denn bei mir ausspionieren?«

Sie zuckt mit den Schultern. »Auf jeden Fall ist der Mann unheimlich.« Sie schaut sich prüfend um. »Und jetzt erzählst du mir mal, was das in der Kneipe sollte. Wer ist bitte Alois Roth?«

»Du erinnerst dich doch an die komischen Geräusche im Waggon und das Weinen in der Nacht. Du warst sicher, dass ein Geist umgeht.«

»Es war aber keiner. Sondern nur diese großen Ratten.«

»Es sind keine Ratten, sondern Nutrias.«

»Egal, auf jeden Fall keine Geister.«

»Aber immerhin hat in dem Waggon vor uns schon jemand gelebt. Er heißt Alois Roth.«

Ich erzähle ihr von dem Mann. Dass er ein Außenseiter war, über den die Leute im Dorf nicht sprechen. Und dass er auf mysteriöse Weise verschwunden ist.

»Er ist angeblich verhaftet worden. Die Polizei hat ihn

hierher zum Bahnhof gebracht. Seither hat ihn keiner mehr gesehen.«

»Wahrscheinlich sitzt er irgendwo im Gefängnis.«

»Das wüsste die Verwandtschaft doch. Ich sage dir, dahinter steckt ein Geheimnis. Aber das kriege ich noch raus.«

»Aber warum? Das geht dich doch nichts an.«

Ich überlege, ob ich Erna von der Kiste erzählen soll. Aber sie würde es doch nicht verstehen, warum ich ein Geheimnis für einen fremden Mann bewahre. Etwas, das ihm gehört, das er vergessen hat und das ich ihm wiedergeben muss. Weil ich das Gefühl habe, dass uns etwas verbindet.

Laut sage ich nur: »Doch, irgendwie geht es mich schon etwas an.«

»Du tust ja gerade so, als wärst du mit diesem Mann verwandt.«

Ich bleibe stehen und schaue ihr in die Augen. »Ich bin mit ihm verwandt. Hier drin« – ich klopfe mir auf die Brust – »sind wir verwandt.«

SCHATZKISTE

Alois nimmt das lose Bodenbrett am hinteren Ende des Raums und zieht es vorsichtig heraus. Darunter tut sich eine kleine Lücke auf. Er holt einen schwarzen Samtbeutel hervor und sortiert den Inhalt auf den Küchentisch. Jedes Stück eine ferne Erinnerung. Seine alten Manschettenknöpfe und die Krawattennadel, die er im Hungerwinter nach dem Krieg für einen Sack Kartoffeln bekommen hat. Die Taschenuhr hat er in Kempten, als er beim Bau der Kaserne arbeitete, einem betrunkenen Kollegen abgenommen. Franzis Haarspange aus braunem Schildpatt, sie blieb nach einem Frühlingsspaziergang in seiner Tasche und Franzi hat sie nicht zurückhaben wollen. Und dann noch Maries Sachen, ihr Taschentuch mit Monogramm, der kleine Silberring und ihr Anhänger mit der Heiligen Maria drauf.

Mutter trug den Anhänger zu Maries Begräbnis und legte die Kette danach nicht mehr ab. Bis zu dem Sonntag ein knappes Jahr nach Maries Tod.

Alois erinnert sich an den heißen Augusttag. Vater war mit Hermann auf dem Feld und er half Mutter in der Gaststube. Nachdem der Frühschoppen und das Mittagessen vorbei waren, drückte Mutter ihm die Schürze in die Hand und strich ihm über den Kopf. Sie müsse sich ein wenig hinlegen.

Alois sah, wie sie beim Gehen die Kette abnahm und auf den Küchentisch legte. Als Mutter zwei Stunden später noch nicht wieder aufgetaucht war, ging er vorsichtig in ihre Kammer. Sie lag friedlich in ihrem Bett. Er wollte gleich wieder gehen, da fiel ihm auf, wie still sie war.

Lange saß er neben ihr und betrachtete ihr Gesicht, aus dem alle Härte und Trauer gewichen waren. Fast schien es, als würde sie lächeln.

Während er den Anhänger in den Fingern dreht, schaut er hinüber zum Nikolausberg mit dem Friedhof. Er hört Mutters dunkle Stimme und Maries helles Lachen.

Er schnauft tief durch, packt alles zurück in den Beutel und legt ihn in die Blechdose. Sie passt genau in die Lücke im Fußboden.

Zu Hause im »Lamm« hatte er eine ähnliche Schachtel, nicht so hübsch wie diese, nur ein schäbiger Karton. Er war mit Dingen gefüllt, die seine neugierigen Geschwister oder die Eltern nicht finden sollten. Vielleicht gibt es diesen Karton noch. Er beschließt, gleich nachzusehen.

Die Sonne steht schon tief am Horizont, als er durch den Hinterhof ins »Lamm« geht und sich wie ein Dieb hinauf auf den Dachboden schleicht. Er muss nicht lange suchen. Hinter einer Bücherkiste, einem Kinderbett und alten Hutschachteln findet er sein altes Versteck.

Der Karton ist tatsächlich noch da. Darin die Schätze seiner Kindheit, Murmeln, ein Zinnsoldat mit Kanone, ein kleines Holzpferd, ein Kartenspiel. Sogar die Karpfenschuppe, die ihm der Großknecht Lenz an Silvester geschenkt hat.

Ganz unten ein dicker, vergilbter Briefumschlag. Als er ihn rauszieht, rollt daraus ein verschrumpeltes braunes Ding in seine Handfläche. Zuerst denkt er, es sei ein toter Käfer. Doch dann erkennt er es. Es ist die Rosine, die Franzi im Fasching an ihre Hexennase geklebt hatte.

Bilder tauchen auf wie Seifenblasen, die durch seinen Kopf schweben und dann zerplatzen. Der Abend ist bald zwanzig Jahre her, und doch scheint ihm, als sei es gestern gewesen. Der wilde Tanz, die Rosine, die durch die Luft in sein Hemd flog, das Lachen, Franzis dunkle Augen, ihr warmer Körper in der winterkalten Februarnacht.

In dem Umschlag ist ein Bündel Briefe, die er von Franzi bekommen hat. Er knüpft den Zwirn auf, mit dem sie zusammengebunden sind, und fängt an zu lesen. Doch schon nach den ersten Worten »Mein geliebter Luis« werden seine Augen feucht und er muss aufhören.

Als er alles wieder einpacken will, fällt eine Ansichtskarte aus dem Umschlag. Sie zeigt eine junge Frau mit einem Blumenkranz im Haar und einem Sträußchen in der Hand. Darunter die Zeilen: »Blau blüht ein Blümelein, das heißt Vergissnichtmein; dies Blümlein leg ans Herz und denk an mich!«

Er kann sich genau erinnern, wie er diese Karte bei einem fahrenden Händler gekauft hat. Franzi sollte sie zu Weihnachten bekommen. Aber dann wurde er beim Schwarzhandel erwischt. Ein Witz, damals handelte doch jeder schwarz. Doch der Richter zeigte keine Gnade. Er verbrachte Weihnachten und den Jahreswechsel in Bernau. Und während er in den Sümpfen fror, verlobte sich Franzi mit Xaver.

Alois sitzt neben dem Karton und auf einmal kommen die Tränen. Es ist, als hätte sich ein Stausee in ihm angesammelt, der nun aus ihm herausläuft. Er sitzt und weint und kann sich nicht beruhigen.

Es ist schon dämmrig, als er den Dachboden verlässt. Er überlegt, ob er in die Gaststube gehen soll, aber er hat keine Lust, Hermann unter die Augen zu treten. Leise holt er sich eine Flasche Bier aus dem Kühlraum und setzt sich in den Hof. Hausmauer und Holzbank strahlen noch die Hitze des Tages ab. In der großen Linde streitet eine Horde Spatzen, der Himmel leuchtet gelb, es wird bald ein Gewitter geben.

Dori und Sofie treten aus dem Hinterhaus und wischen sich den Schweiß von der Stirn. Das Abendessen ist vorbei, die Gäste sind abgefüttert, die zwei gönnen sich eine Pause.

Seit Luitpold ausgezogen ist und Zenzi geheiratet hat, müssen die Mädchen noch mehr ran. Hermann baut immer mehr ab. Seine alten Kriegsverletzungen machen ihm zu schaffen. Ein Granatsplitter, der durch seinen Rücken wandert, genauso wie die Albträume durch seinen Schlaf.

Dori ist diejenige, die den Laden am Laufen hält. Morgens in den Stall, dann in die Küche, auftragen, abtragen, abspülen, Gäste unterhalten, wieder melken und ausmisten und abends wieder rein in die Schürze und bedienen, bis die letzten Zecher nach Hause gehen. Sie arbeitet wie ein Pferd. Doch sie beklagt sich nicht.

Ganz anders Sofie. Sie ist erst vierzehn, fast zehn Jahre jünger als Dori, und hat andere Dinge im Kopf als den Stall oder die Spülküche. Oft blickt sie verträumt zum Fenster hinaus und vergisst dann die Nudeln im Wasser oder die Milch auf dem Herd. Dennoch ist Hermann nachsichtig mit ihr. Sie ist groß und zierlich, ein hübsches Kind mit dunklen Rehaugen. Sie ist seine richtige Tochter.

Dori ist das genaue Gegenteil. Klein, stämmig, mit dicken Beinen, kräftigen Händen und einem breiten Gesicht. Doch sie versteht es mit den Leuten, ist nicht auf den Mund gefallen, kann Witze erzählen, Karten spielen, zuhören. Als sie Alois auf der Bank entdeckt, setzt sie sich zu ihm.

»Du siehst blass aus, Onkel Alois. Fühlst du dich nicht wohl?«

Er schüttelt den Kopf und lächelt. »Alles in Butter. Bin nur ein wenig müde.«

Sofie setzt sich auch dazu. Sie deutet auf den Karton. »Was hast du denn da drin?«

»Nichts Besonderes. Ein paar Sachen von früher, die ich auf dem Dachboden gefunden habe.«

»Darf ich mal sehen?«

Er schüttelt den Kopf. »Das ist nichts für neugierige junge Damen.«

Sofie zieht eine Schnute. Dori kneift ein Auge zu.

»Du hast doch nicht etwa was stibitzt?«

»Wo denkst du hin? Ich doch nicht.«

Dori schaut ihn lange an, will etwas sagen, lässt es aber sein. Sie klatscht in die Hände und springt auf. »Ich bring dir gleich was zu essen. Aber vorher müssen wir noch spülen.«

Alois will sie aufhalten, das braucht es nicht, er hat keinen Hunger. Aber bevor er etwas sagen kann, hat sie Sofie bei der Hand genommen und die beiden verschwinden im Haus.

Dori ist ein gutes Mädel. Sie stellt ihm immer Essen, das in der Küche übrig geblieben ist, hinter das Haus. Manchmal auch ein Bier dazu. Im »Lamm« fällt immer was ab, nur Hermann darf es nicht wissen. Er ist dagegen, dass man seinen arbeitsscheuen Bruder durchfüttert.

Manchmal packt Dori ein Körbchen mit Käse, Speck, Kuchen und bringt es hinaus zum Waggon. Alois freut sich über ihre Besuche, zugleich zieht er sie auf.

»Fehlt nur noch, dass du ein rotes Kopftuch aufziehst.«

»Rotkäppchen kommt nur zu kranken Großmüttern und nicht zu biestigen Onkeln«, gibt sie zurück.

Oft bleibt seine Nichte zwei Stunden und Alois erzählt ihr wundersame Geschichten, die er in der Zeitung gelesen oder einfach erfunden hat.

*

Eine Woche später ist Krieg. Die Zeitung meldet täglich neue Erfolge der Wehrmacht in Polen. Danzig ist in Windeseile erobert, kurz danach Krakau, die Weichsel wird überschritten, der Korridor nach Ostpreußen wird freigeschossen, bald ist Warschau eingeschlossen.

Alle hängen an den Volksempfängern oder stehen um die Pressetafeln, die die SA im Ort aufgehängt hat. Dort sind täglich die Eroberungen der deutschen Truppen zu lesen. Frontverlauf, Vormärsche, Siegesmeldungen, Heldentaten. Dazu die niederträchtigen Reaktionen aus England und Frankreich, die dem Deutschen Reich den Krieg erklären.

Alois liest die Nachrichten mit Sorge. Sie erinnern ihn an den Sommer neunzehnhundertvierzehn. Ein kurzer Militärschlag, schnelle Siege, den Feind überrollen, fertig. Mehr als vier Jahre hat dieser kurze Krieg gedauert.

In den Häusern sollen jetzt Luftschutzräume gebaut werden. Und für alle wird Verdunkelung angeordnet. Alois hat die Fenster des Waggons mit Pappe verkleidet. Nicht weil er glaubt, dass ein englischer Kampfbomber sich ausgerechnet diesen Karren als Ziel aussuchen würde. Die größere Gefahr sind die Blockwarte, die überall Kontrollgänge machen.

Als Alois die Lebensmittelmarken im Rathaus abholt, nimmt der Bürgermeister ihn beiseite. In seinem Dienstzimmer wandert Max Schrader hinter seinem Schreibtisch auf und ab. Er hat die Hände hinter dem Rücken verschränkt und schaut auf das Parkett, als suche er dort etwas. Schließlich bleibt er stehen.

»Sag mal, warum bist du überhaupt zurückgekommen? Du hättest doch auch in Kempten bleiben können.«

»Du meinst, dann hätten die das Problem mit dem widerspenstigen Alois Roth.«

»Luis, du bist doch nicht widerspenstig.« Max nimmt die Wanderung wieder auf. »Du bist einfach dumm. Wenn du ein bisschen arbeiten würdest, würdest du nicht auffallen und könntest ein schönes, ruhiges Leben führen.«

»Ich führe doch ein ruhiges Leben.« Alois breitet die Arme aus. »Ich tu keinem was.«

»Du weißt genau, was ich meine. Du hast keine regelmäßige Arbeit, lebst von der Fürsorge, treibst dich in den Wirtschaften rum. Es gibt Menschen hier im Dorf, denen gefällt das nicht.«

»Du meinst, Menschen in der Partei.«

»Ist doch egal. Es sind jedenfalls einflussreiche Menschen, die dich auf dem Kieker haben.«

»Ich hab mir seit Jahren nichts mehr zuschulden kommen lassen.«

»Na ja.« Max nimmt ein Blatt von seinem Schreibtisch und wiegt den Kopf. »Um genau zu sein, seit einem Jahr.«

»Na gut, dann eben seit einem Jahr.«

Max hebt das Blatt hoch. »Weißt du, wie viel Vorstrafen hier auf der Liste stehen?«

»Vier oder fünf werden es schon sein«, sagt Alois und grinst schelmisch.

»Neunzehn Straftaten und zwölf Gefängnisaufenthalte.«

»Das kann nicht sein«, sagt Alois empört. »Da muss sich jemand verrechnet haben.«

Max schaut ihn mitleidig an. »Soll ich es dir vorlesen? Schleichhandel, Körperverletzung, Hehlerei, Ruhestörung, Diebstahl, grober Unfug, Beleidigung und immer wieder Betrug.«

Alois winkt ab. »Das sind doch alte Kamellen. Viele Jahre her. Im Übrigen sind das alles Kleinigkeiten. Du tust ja gerade so, als wäre ich ein Schwerverbrecher.«

»Für manche Mitbürger bist du das«, sagt Max. Er lässt sich seufzend in seinen Sessel fallen. »Frau Strobl hat sich beschwert. Sie hat den Verdacht, dass du in ihrem Laden Sachen klaust.«

Alois wird laut. »Natürlich, bei der Gerti fehlt was und sofort ist es der Alois gewesen. Die blöde Gurke soll mal fein aufpassen mit ihren Verdächtigungen. Du glaubst das doch nicht etwa?«

»Es geht nicht darum, was ich glaube, Luis. Aber du kennst ihren Schwiegervater.«

»Oh ja, den kenne ich. Die Fahne hoch, die Schnauze fest geschlossen.«

Max springt auf. »Mensch, wir sind im Krieg. Jetzt reiß dich mal zusammen. Der Strobl ist Ortsgruppenleiter. Allein wegen so einem Spruch kann er dich ins KZ stecken.«

Alois schweigt. Max nimmt seine Wanderung hinter dem Schreibtisch wieder auf. Nach einer Weile sagt er leise: »Am besten wäre es, wenn du dir irgendwo auswärts eine Arbeit suchst. Dann bist du aus der Schusslinie. Ich kann dich nicht immer beschützen.«

Alois blickt stirnrunzelnd auf das Blatt mit seinen neunzehn Vorstrafen. »Mal sehen«, sagt er.

»Versprich mir, dass du keinen Mist baust.«

Am Abend legt sich Alois vor dem Waggon auf die Wiese und betrachtet den Sternenhimmel. Hier liegt er im Sommer oft bis tief in die Nacht, sieht, wie die Planeten funkeln, wie sich der Große Wagen nach Nordwesten dreht und ihm Sternschnuppen zuzwinkern.

Über die Wiesen zieht das Mondlicht. Alois sieht Hasen, die durchs Gras hoppeln, Füchse, die auf Jagd gehen, Rehe, die am Waldrand äsen. Der Ostwind trägt die Rufe eines Käuzchens und das Bimmeln von Kuhglocken heran. Er singt in den Tannen und seufzt in den Ritzen des Waggons. Und er schiebt die letzten Geräusche und Gerüche des Dorfes fort. Keine Menschen, keine Motorräder, Lastwagen, Fuhrwerke, kein Aroma von Herdfeuer und Eintopf. Es gibt nur noch den Duft von Heu und Brennnesseln, Sommergewitter und Nadelwald.

Nichts verrät, dass dieses Dorf überhaupt noch da ist. Dieses Dorf, in dem er sowieso nur stört. Weil er sich nicht glattschleifen lässt, sich nicht anpasst, nicht nach ihrer Pfeife tanzt. Dieses Dorf, das ihn verstoßen hat, ausquartiert in den Ostbahnhof. Ein Bahnhof, in dem nichts ankommt und nichts abfährt.

Erst vor Kurzem hat er geträumt, dass eine Lok kommt,

den Waggon an den Haken nimmt und ihn hinauszieht aus dem Dorf, aus dem engen Günztal über die Berge hinweg nach Italien, dorthin, wo die Sonne scheint und es warm ist. Und dann bis ans Meer. Dort hört er die Wellen rauschen und den Wind blasen. Er könnte jetzt das nächste Boot besteigen und hinausfahren, bis in die Südsee, wie es Kapitän Nauer gemacht hat.

Am nächsten Morgen wacht er auf und ist enttäuscht, weil er vor dem Fenster immer noch dieselbe Wiese sieht. Und gegenüber den Nikolausberg mit seinem Friedhof. Der Friedhof, auf dem Marie liegt und in die Berge schaut.

FRECHHEITEN

Ich vermisse Erna. Sie wird von Tante Irene in der Näherei eingespannt und hat kaum Zeit für mich. Ich vermisse sie und ich beneide sie. Sie hat ihre Ersatzfamilie, die Tante und die Cousinen, mit denen sie singen und reden kann. Sie geht in die Schule, hat Freundinnen. Sie darf etwas lernen. Und sie wohnt mitten im Dorf.

Und ich? Hocke hier in dem Waggon, auf den der Regen trommelt, durch den der Wind pfeift, neben dem Schatten wandern und Nutrias weinen. Wo ich den Tag zusammen mit zwei scharrenden Hühnern verbringe. Am Kochtopf und am Waschtrog, mit Lappen, Besen und Putzeimer. Wo ich nichts lerne, außer Holz und Tannenzapfen zu sammeln, Beeren und Pilze, Kräuter und Kartoffeln. Ein Ort, an dem es keine Bücher gibt, keine Musik, kein Lachen.

Dazu ein Vater, der mir fremd geworden ist. Der ständig unzufrieden ist und herummosert. Du gibst zu viel Geld aus, Martha. Du hast das Essen anbrennen lassen. Das Holz ist zu feucht zum Feuermachen. Die Wäsche ist nicht sauber. Sag mal, was machst du den ganzen Tag?

Was ist nur aus dem Vater geworden, den ich kannte und

liebte? Früher, wenn Mutti nicht da war, hat er mit uns Kindern aus den verrücktesten Zutaten ein Essen gezaubert. Da gab es Kartoffelbrei mit Marmelade und Wurst. Er hat Puppenstuben, Baumhäuser und Seifenkisten für uns gebaut. Und er hat Abenteuergeschichten erzählt, dass uns die Haare zu Berge standen.

Doch seine Frohnatur und die Unbeschwertheit sind in Sibirien verloren gegangen. Er spricht nicht darüber, er spricht überhaupt wenig. Abends liest er in der Bibel oder starrt vor sich hin. Und nachts wälzt er sich im Bett und schreckt aus bösen Träumen auf.

Ich kann gut nachempfinden, wie sich Alois Roth hier draußen in der Stille und Einsamkeit gefühlt haben muss. Ausgestoßen, isoliert, unverstanden.

Ich weiß, wie es ist, wenn dich keiner versteht. Wenn du deine Träume nicht leben darfst. Wenn sie über dich tuscheln hinter deinem Rücken. Wenn ihre Blicke und Gesten dir sagen, dass du nicht dazugehörst.

Das mit dem Spion am Bahnhof war bestimmt nur eines von Ernas Hirngespinsten. Doch seit sie die Geschichte aufgebracht hat, fange ich selbst an, Gespenster zu sehen. Wenn ich über die Felder oder durchs Dorf gehe, schaue ich mich immer wieder um.

Eines Tages sehe ich den Mann tatsächlich. Zumindest glaube ich, dass er es ist. Groß, hager, grauer Mantel, schwarzer Hut. Er steht vor dem Schaufenster der Zeitung und liest die ausgehängten Seiten. Ich betrachte sein Profil und habe das Gefühl, dass ich ihn schon mal gesehen habe.

Es war nicht am Flicknachmittag, wie Erna sagte. Da habe ich nur auf Georg und seine Dorfführung geachtet. Plötzlich taucht die Erinnerung auf wie ein Blitz. Es war an dem Nachmittag, als ich im »Lamm« war und von Hermann Roth rausgeworfen wurde. Genau dieser Mann stand an der Straßenecke und schaute mich erschrocken an, als ich weinend aus dem Wirtshaus lief.

Ich versuche, mir die Situation noch mal genau vor Augen zu führen. Der Mann war nicht erschrocken, weil ich weinte. Sondern weil er glaubte, ich hätte ihn entdeckt.

Dann fällt mir der Schatten ein, den ich an dem stürmischen Abend vor dem Waggon gesehen habe. Auch dieser Schatten hatte eine verblüffende Ähnlichkeit mit diesem Mann hier.

Oder bin ich jetzt genauso hysterisch wie Erna? Ich gehe langsam näher an das Zeitungsfenster, um ihn mir genauer anzusehen.

Da sagt er, ohne seinen Blick von dem Schaufenster abzuwenden. »Hallo, Martha.«

Mir steht der Mund offen. In meinem Kopf dreht sich alles. Woher weiß er, wie ich heiße? Wieso steht er hier, als hätte er mich erwartet? Was will er von mir? Ist er vielleicht ein Bekannter von Vater?

Seine Stimme klingt wie ein Reibeisen und geht mir unter die Haut. »Was sagst du dazu? Westberlin muss weiterhin aus der Luft versorgt werden. Die Russen geben Berlin einfach nicht frei. Und hier: Der Parlamentarische Rat berät in Bonn über ein Grundgesetz. Da bin ich ja mal gespannt.«

Ist er verrückt? Steht vor dem Schaufenster und spricht vor sich hin. Vielleicht sollte ich um Hilfe rufen. Oder einfach nur wegrennen?

Unbekümmert redet er weiter. »Aber hast du die kleine Meldung hier gesehen? Sechs Altnazis aus Obergünzburg werden von der Spruchkammer entlastet. Sie gelten jetzt nicht mehr als Hauptschuldige, sondern nur noch als Mitläufer. Es scheint, als hätten sich alle Nazis in Luft aufgelöst. Wohin man auch schaut, überall nur noch unbescholtene Bürger, gutmütige und hilfsbereite Menschen.«

Endlich finde ich meine Stimme wieder. »Warum verfolgen Sie mich?«

»Ich verfolge dich nicht. Es ist eher so, dass wir beide derselben Spur folgen.«

Er wendet sich mir zu. Ein Mundwinkel leicht nach oben gezogen. Seine dunklen Augen scheinen mich zu durchleuchten.

»Ich habe gehört, dass du dich für Alois Roth interessierst. Darf ich fragen, warum?«

»Nein, das dürfen Sie nicht fragen«, sage ich, immer noch auf der Hut. »Es geht Sie überhaupt nichts an, was ich mache.«

Er lässt sich dadurch nicht beirren und spricht seelenruhig weiter. »Es ist nur seltsam, weil sich sonst niemand in diesem Dorf für Alois Roth interessiert.«

»Na und?«, sage ich trotzig.

»Du suchst nach etwas, was in dieser Zeit schwer zu finden ist.«

»Und was soll das sein?«

»Die Wahrheit. Doch das ist nicht ungefährlich. Denn Wahrheit kann wehtun, sie kann sehr schmerzhaft sein, glaub mir. Also sieh dich vor.«

Er tippt sich an den Hut und lässt mich stehen.

*

Georg kennt sich aus im Wald. Dort, wo ich bisher Holz gesammelt habe, ist kein Zweig mehr zu finden. Aber er führt mich zu Plätzen, an denen noch was zu holen ist.

Er wirft einen großen Ast auf den Leiterwagen. »Ich hab meine Mutter nach diesem Alois gefragt.«

»Und?« Ich versuche, nicht allzu interessiert zu klingen.

»Die hättest du mal hören sollen. Sie hat kein gutes Haar an ihm gelassen. Ein Säufer und Verbrecher.« Er wedelt mit der Hand.

»Was hat er denn verbrochen?«

»Ich weiß nur, dass er gerne was mitgehen lassen hat. Aber da muss es noch andere Sachen gegeben haben. Vielleicht war er ein Mörder.«

Er fuchtelt mit einem Stock herum wie mit einem Schwert und sticht damit auf den nächsten Baum ein. »Stell dir vor, du wohnst im Waggon eines Mörders. Oder vielleicht noch schlimmer.«

»Was soll es denn noch Schlimmeres geben?«

»Vielleicht hat er kleine Kinder geraubt.«

»Hör auf. Du machst mir Angst.«

Georg hebt die Arme wie Klauen, brüllt »Huaaa« und stapft wie ein Monster auf mich zu.

Ich werfe einen Tannenzapfen nach ihm. »Weg mit dir, du Scheusal.«

Sofort entbrennt eine Tannenzapfenschlacht. Als ich ihn am Kopf treffe, gibt er auf. »Gnade, das Ungeheuer ist besiegt.«

Ich sehe mir die Verletzung an. Es ist nur eine Schramme, auch wenn Georg so tut, als wäre er tödlich verwundet.

Wir hieven den Korb mit Reisig auf den vollen Leiterwagen. Am Waldrand machen wir Pause und setzen uns unter die Bäume. Es ist kalt geworden. Obwohl es erst Ende Oktober ist, riecht der Wind nach Schnee.

»Woher weiß deine Mutter eigentlich über alles im Dorf so gut Bescheid?«, frage ich ihn.

»Na ja, sie bekommt natürlich im Laden den ganzen Dorfklatsch mit. Wenn du jeden Tag sämtliche Hausfrauen im Laden hast, dann weißt du alles. Dann ist sie Mesnerin in der Kirche, sie putzt und hilft in der Mädchenschule, sie macht für die Amis die Wäsche.«

»Das muss ganz schön anstrengend sein«, sage ich.

»Ja, schon. Sie arbeitet Tag und Nacht, um uns durchzubringen.«

»Aber euer Laden müsste doch genug abwerfen.«

»Das ist nicht unser Laden. Mama arbeitet da stundenweise.«

»Und was ist mit deinem Vater?«

Georg schaut auf seine Hände. »Der liegt in Russland.«

Ich schaue ihn fragend an.

»Ist gefallen, in Stalingrad.«

»Oh, das tut mir leid.«

Auf einmal komme ich mir so ungerecht vor. Wie kann ich diesem Dorf und seinen Bewohnern vorwerfen, dass sie keinen Krieg erlebt haben? Was weiß ich schon vom Schmerz dieser Menschen? Wie eingebildet von mir, ihnen meine finsteren Träume vorzuhalten. Man kann Leid nicht gegeneinander aufrechnen.

»Das ist schon sechs Jahre her.« Er sagt es wie beiläufig. Doch sein Gesicht sagt etwas anderes.

»Und dein Großvater?«

»Die Amis haben ihn in ein Lager gesteckt. Dort ist er gestorben.«

Er zuckt mit den Schultern und wechselt das Thema. »Was ist eigentlich mit deiner Mutter?«

»Sie ist noch in der Ostzone, zusammen mit Klaus und Heinzi. Das sind meine kleinen Brüder. Sie hat noch keine Zuzugsgenehmigung bekommen. Und mit den kleinen Jungs wollte sie nicht schwarz über die Grenze gehen. Aber es wird nicht mehr lange dauern. Wobei ...«

»Wobei was?«

»Eigentlich würde sie am liebsten drübenbleiben. Sie hat eine Wohnung und Arbeit. Aber Vater will nicht in die russische Zone.«

»Das kann ich gut verstehen«, sagt er.

Wir sitzen da, betrachten die Wiesen und die verstreuten Bauernhöfe, die von der Sonne schräg beschienen werden, und hängen unseren Gedanken nach.

Georg saugt die würzige Luft ein. »Ist es nicht schön hier?«

»Ja, es ist schön.«

Er schweigt und kaut auf einem Grasstängel. Nach einer Weile fragt er: »Hast du immer noch vor wegzugehen?«

»Die Leute werden sich freuen. Eine Polackin weniger.«

»Jetzt sei doch nicht so nachtragend.«

»Warum fragst du?«

Er druckst herum, räuspert sich. »Weil ich mich freuen würde, wenn du hierbleibst.«

Seine Wangen leuchten im warmen Licht. Ich kann ein Lächeln nicht unterdrücken.

Dann ist plötzlich sein Gesicht ganz nahe. Mein Herz schlägt bis zum Hals. Ich will wegrennen, aber kein Muskel bewegt sich. Seine Augen flackern, seine Sommersprossen tanzen, ich spüre seinen Atem.

In letzter Sekunde stoße ich ihn weg. »Was bildest du dir ein?«

Georg schaut betreten zu Boden. »Es tut mir leid. Ich weiß auch nicht, was in mich gefahren ist.«

»Was hast du dir dabei gedacht?« Ich stehe auf und klopfe mir die Tannennadeln von den Kleidern. Wenn das mein Vater erfährt.

Schweigend ziehen wir den Leiterwagen über den holprigen Feldweg. Georg läuft bedröppelt neben mir her. Nach einer Weile berühren sich unsere Hände an der Deichsel. Ganz zufällig. Ich lasse es geschehen.

»Soll ich dir noch helfen, das Zeug rüberzuschaffen?«, fragt er an der Straße vor dem Waggon.

»Ich schaff das schon alleine.«

Er tritt von einem Bein aufs andere. »Also, noch mal: Ich wollte nicht...«

»Schon gut«, unterbreche ich ihn und er ist sofort still.

»Geh schon«, sage ich und schaue ihm hinterher, wie er die Straße zum Dorf hinunterrennt.

*

Den ganzen Nachmittag hacke ich das Holz klein und schichte es auf. Es wird ein ansehnlicher Stapel. Doch als Vater nach Hause kommt, scheint er meine Arbeit gar nicht zu bemerken. Er hat schlechte Laune und mäkelt nur herum.

Erst nach dem Abendessen, als ich das Geschirr spüle, rückt er raus mit der Sprache.

»Mir ist zu Ohren gekommen, dass du im Dorf herumgehst und die Leute mit komischen Fragen belästigst.«

»Belästigen? Wer behauptet denn so was?«, fahre ich hoch.

»Das tut nichts zur Sache. Ich will wissen, ob es stimmt.«

»Es sind keine komischen Fragen«, sage ich trotzig. »Ich will nur wissen, was mit dem letzten Bewohner dieses Waggons passiert ist.«

Vater wird laut. »Das kann uns doch egal sein.«

»Es ist mir aber nicht egal.«

»Was soll das? Willst du die Leute noch mehr gegen uns aufbringen? Wir haben es schon schwer genug.«

»Ich tu doch gar nichts. Ich habe nur nach diesem Alois Roth gefragt.«

»Natürlich tust du etwas. Du tust so, als hätten die Leute hier etwas verbrochen. Dazu hast du kein Recht. Wer ohne Sünde ist, der werfe den ersten Stein.«

»Hast du nicht selbst gesagt, dass schon das Verschweigen einer Wahrheit Sünde ist? Und sogar der Pfarrer am Sonntag in der Predigt?«

Er schlägt mit der flachen Hand auf den Tisch. »Was sind denn das für Töne? Willst du dir auch noch Frechheiten herausnehmen? Die Bibel ist nicht dazu da, deine Respektlosigkeiten zu rechtfertigen.«

Die Bibel, sie ist immer dann gut, wenn sie ihm in den Kram passt. Ich stehe an der Spüle und merke, wie meine Wut hochkocht. Über seine Selbstgerechtigkeit, seine Angepasstheit, seine Feigheit.

Doch er ist noch nicht fertig. »Und nicht genug damit, dass du das Dorf aufhetzt. Mit diesen Flausen im Kopf vernachlässigst du deine Arbeit. Ich verbiete dir, weiter in den

alten Geschichten herumzubohren. Die gehen uns nichts
an.«

Jetzt reicht es mir. Ich fahre ihn an. »Ich vernachlässige
meine Arbeit nicht. Du siehst doch, dass ich alles mache. Ich
koche und spüle und wasche und putze. Heute habe ich sogar einen ganzen Berg Holz gesammelt. Aber du hast es nicht
mal bemerkt.«

Aber Vater ist nicht zu beruhigen. »Da hat dir doch jemand geholfen. Gib es zu. Das war bestimmt einer von diesen Taugenichtsen aus dem Dorf. Wenn ich dich erwische,
wie du mit diesen Bauernjungen herummachst, sperre ich
dich hier ein.«

»Das wagst du nicht«, rufe ich, lasse den Teller in die
Waschschüssel fallen und renne aus dem Waggon.

Heulend erzähle ich Nutchen meinen Kummer. Vater
wird immer schlimmer. Nichts kann ich ihm recht machen.
Er findet immer ein Haar in der Suppe. Ich hab es satt, sein
Hausputtel zu sein. Ich will auch nicht mehr das brave Mädchen sein.

Nutchen reibt ihre Nase an meiner Hand.

Und ich lasse mir nicht vorschreiben, was ich fragen darf
und was nicht.

Alois 1943

BLUMENMÄDCHEN

Gassner hat keine Eile. Konzentriert hackt er mit seinen Wurstfingern auf die Schreibmaschine ein. Er füllt Zahlen in ein Formular, prüft nach, korrigiert, blättert in seinen Unterlagen. Der Mann, der vor ihm steht, ist nicht so wichtig.

Alois wartet geduldig. Draußen geht der Regen gerade in Schnee über und in der Amtsstube ist gut geheizt. Von hinten blickt der Führer Gassner über die Schulter. Daneben hängen eine Landkarte vom Deutschen Reich, eine von Bayern und mehrere Urkunden vom Schützenverein.

Gassner ist die letzten Jahre noch runder geworden. Während überall der Hunger aus den Knopflöchern spitzt, scheint es dem Amtmann nach wie vor gut zu gehen. Hemd und Anzugjacke spannen sich straff über seinem Bauch, die Wangen glänzen rosig. Da gibt es am Eintopfsonntag bestimmt ein gutes Stück Fleisch zu Hause.

Endlich ist der Beamte fertig, legt den Federhalter zur Seite und mustert Alois abschätzig durch seine Hornbrille.

Alois dreht den Hut in den Händen. »Herr Gassner, ich bräuchte ein Paar Schuhe.«

Gassner grinst. »Ein Paar Schuhe brauchst du? Dann kauf dir doch welche.«

Es ist immer dasselbe mit diesem Kerl. Er könnte ihn erwürgen. Aber es hilft nichts. Alois zwingt sich, ruhig zu bleiben. »Herr Gassner, Sie wissen doch, ich habe kein Geld, um mir Schuhe zu kaufen.«

»Soso. Andere Leute arbeiten, damit sie Geld haben. Geh arbeiten, Alois, dann kannst du dir auch Schuhe kaufen.«

»Es ist nicht so leicht«, sagt Alois, »es ist nicht so leicht.«

Gassner seufzt. »In diesem Land muss keiner hungern und keiner Armut leiden. Jeder bekommt Arbeit. Jeder gute Deutsche bekommt eine gute deutsche Arbeit. Dafür sorgt unser Führer.«

Alois kratzt sich am Kinn. »Ich habe gerade eine schwierige Zeit.«

Gassner erhebt sich schwerfällig, zieht eine Schublade aus dem Rollschrank und holt einen Stapel Papier heraus. Langsam blättert er die Unterlagen durch. »Du hast doch dieses Jahr schon im Januar und im August ein paar Schuhe bekommen.«

»Jetzt kommt der Winter und die vom Januar sind durch und ich dachte…« Alois hebt einen Fuß und zeigt Gassner seinen löchrigen Schuh.

»Das ist Volksgut. Ist dir das klar?« Das Gesicht des Amtmanns wird noch röter. »Damit hast du gefälligst pfleglich umzugehen. Gerade jetzt, wo wir im Endkampf stehen, ist jede Verschwendung zu vermeiden.«

»Ja, ich weiß«, sagt Alois kleinlaut.

»Offenbar nicht«, brummt Gassner. Er zieht ein Blatt aus dem Stapel und runzelt die Stirn. »Wie ich sehe, bist du noch gar nicht zurückgemeldet.«

»Ich dachte, das wird von Landsberg direkt erledigt. Ich hab dort gesagt, dass ich mich nach Obergünzburg abmelde.«

Der Amtmann will eben zu einem Vortrag anheben, als Schrader schwungvoll ins Zimmer kommt. »Gassner, ich brauche dringend die Akte über …«

Er hört mitten im Satz auf. »Luis, was machst du denn hier?«

»Er braucht ein paar Schuhe«, sagt Gassner und wippt mit den Augenbrauen.

»Ein paar Schuhe«, sagt Schrader. »Dann stellen Sie ihm einen Schein aus und gut ist.«

Gassner verdreht die Augen, doch er tut, was der Chef sagt. Wütend knallt er den Stempel auf ein Formular und reicht es Alois.

»Vielen Dank, Herr Gassner«, sagte der und setzt den Hut auf.

»Heil Hitler.«

*

Alois ist schlecht gelaunt. Seit Tagen trommelt der Regen auf das Blechdach des Waggons. Drinnen ist alles klamm. Der kleine Kaminofen bringt kaum Wärme. Er behält Hose, Hemd und Jacke auch über Nacht an. Die feuchte Kälte zieht durch alle Knochen, ein strenger Winter mit viel Schnee wäre ihm lieber gewesen als dieser kalte Dauerregen. Noch dazu wird es den ganzen Tag nicht richtig hell.

Er reibt die Hände über der Ofenplatte und schaut aus dem Fenster auf die sumpfige Wiese. Früher kam ab und zu ein alter Freund vorbei. Aber die meisten von ihnen sind an der

Front. Sogar Hartl hat es noch erwischt, obwohl er dachte, dass er mit Anfang vierzig nicht mehr eingezogen wird.

Auch in den Gasthäusern ist die Stimmung trübe. Der Krieg, der seit mehr als vier Jahren herrscht, setzt den Menschen zu. Die Gespräche kreisen um die Ernährungslage, die Erzeugerschlacht oder den Frontverlauf. Dabei sind alle vorsichtig. Nur kein kritisches Wort, man kann niemandem mehr trauen.

Unruhig geht Alois im Waggon auf und ab, zehn Meter hin, zehn Meter zurück. Er sucht nach Bier und findet eine letzte Flasche. Andächtig nimmt er einen tiefen Schluck und lässt die Gedanken schweifen. Wie er als Kind Marie an Regentagen in der Stube vom »Lamm« vorgelesen hat, wie sie im Hinterhof spielten oder durch das Dorf tobten.

Unbeschwerte Kindertage, angefüllt mit Lausbubenstreichen, Träumen, Lachen. Doch dieses Lachen verschwand zusammen mit Marie und mit Mutter.

Wäre Franzi nicht gewesen, vielleicht wäre er verrückt geworden. Das Mädchen mit den warmen Augen und den goldbraunen Zöpfen, dem er den Schulranzen nach Hause getragen hat. Die Frau, mit der er ausgegangen ist und getanzt und gelacht hat. Die er gestreichelt und geküsst hat. Die er enttäuscht und verloren hat.

Dabei hat es so gut ausgesehen. Gute Geschäfte, schnelles Geld. Keine Kuhschwänze und Mistkarren mehr, kein Katzbuckeln mehr vor den Großbauern, den Handwerksmeistern, den hohen Herren. Selbst ein Herr sein, in feinen Anzügen und teuren Schuhen durch die Straßen gehen. Doch stattdessen ging er in den Knast. Irgendwas ist schiefgelaufen, irgendeine Abzweigung ist falsch gewesen. Aber welche?

Wieder einmal holt Alois die Blechkiste hervor und zieht die Briefe von Franzi aus dem Umschlag. Er muss sie nicht lesen, er kennt sie alle auswendig. Er kennt das Hoffen und Zittern, die Sehnsucht und die Gänsehaut, die in diesen Zeilen stecken. Er kennt auch die Enttäuschung, die Tränen, den Kummer. Wütend zerknüllt er die Briefe. Sentimentaler Plunder, das ist alles lange her. Er steckt sie einen nach dem anderen in den Ofen. Nur bei der Ansichtskarte mit dem Blumenmädchen zögert er. »Blau blüht ein Blümelein, das heißt Vergissnichtmein« – eine Karte ohne Worte. Er dreht sie in den Händen und steckt sie zurück in den Umschlag.

Gerade als er alles wieder in die Blechdose packt, geht die Ölfunzel aus. Alois flucht. Er hat kein Petroleum mehr, er hat kein Bier mehr, was für ein Scheißleben. Er wirft sich seine Jacke über und stapft hinaus in den Regen.

Martha

SCHWARZHUT

Am Waschtag ging es bei uns immer lustig zu. Mutter und ein paar Nachbarinnen erzählten sich den neuesten Tratsch und wir Mädchen standen um die Tröge und sangen. Nun aber stehe ich alleine am Waschtisch und schrubbe die Flecken aus Vaters Arbeitshosen. Kein Singen, keine Geschichten, die mich ablenken.

Am Mittag sind meine Hände aufgequollen und verkrampft vom vielen Bürsten. Rasch hänge ich die Wäsche auf und beschließe, den Nachmittag freizunehmen. Für Anfang November ist es ungewöhnlich mild. Ein warmer Föhnwind bläst aus Süden und macht die Luft gläsern.

Ich packe einen Apfel und ein Stück Brot ein und stehe wenig später auf dem Nikolausberg und genieße die Aussicht. Hier auf der vom Dorf abgewandten Seite verschwindet das Hämmern der Schmiede, das Rattern aus dem Sägewerk, das Dröhnen der Holzvergaser. Ich höre nur noch die schrillen Pfiffe eines Bussards, der über den Wiesen seine Kreise zieht.

Nach Osten liegt das Tal mit dem Waggon, der am Damm des Bachs steht und von einer Wäscheleine an der Abfahrt gehindert wird. Im Süden wie ausgeschnitten die Berge mit ihren weißen Flanken.

Auf dem Friedhof steht ein Mann an einem Grab, die Hände in den Taschen, den Hut tief im Gesicht. Erst auf den zweiten Blick erkenne ich ihn. Das ist derselbe Mann, der mich schon seit geraumer Zeit verfolgt, der mich vor einer Woche auf dem Kirchplatz angesprochen hat.

Was will dieser Kerl von mir? Warum lauert er mir ständig auf? Ich schaue mich um. Der Friedhof ist leer. Niemand, der mir helfen könnte.

Ich nehme all meinen Mut zusammen und gehe auf ihn zu. Meine Stimme zittert. »Wenn Sie mich weiter verfolgen, rufe ich die Polizei.«

Er grinst und reibt sich die Nase. »Keine Sorge, ich tu dir nichts. Und ich habe dir schon mal gesagt, dass ich dich nicht verfolge.«

»Dann lassen Sie mich gefälligst in Ruhe. Ich finde das ...«

Erst jetzt sehe ich, dass der Mann vor dem Grab der Familie Roth steht. Dass ich da nicht von selbst draufgekommen bin. Wenn Alois Roth gestorben ist, ist er hier begraben. Auf dem Grabstein stehen mehrere Namen, darunter auch eine Marie, die nur elf Jahre alt wurde. Aber ein Alois ist nicht dabei. Heißt das, Alois Roth lebt noch?

Die kratzige Stimme des Mannes reißt mich aus den Gedanken. »Ich sehe, du bist immer noch auf der Suche.«

»Was geht Sie das an?«, sage ich trotzig.

Er atmet tief durch. Dann geht er zur Friedhofsmauer und schaut hinunter ins Tal. »Wie ist es eigentlich, in so einem Waggon zu leben?«

»Wir kommen zurecht«, sage ich.

»Ist es nicht einsam, so weit draußen?«

Ich zucke mit den Schultern. »Manchmal schon.«

»Aber es könnte noch einsamer sein. Du hast immerhin noch deinen Vater.«

Ich blicke hoch und als könnte er meine Gedanken lesen, fragt er: »Oh, gab's Streit?«

Ich nicke. »Er will, dass ich aufhöre, im Dorf nach diesem Alois Roth herumzufragen.«

Er fährt sich mit der Hand über seinen kurz geschnittenen grauen Vollbart. »Du hast ja schon mitbekommen, wie die Leute reagieren. Über diesen Mann spricht man hier nicht gerne. Er ist schließlich ein verurteilter Krimineller.«

»Ein was? Warum? Und woher wissen Sie?«, stammle ich.

»Du hast keine Ahnung, wie dünn das Eis ist, auf dem du dich bewegst.«

Ich betrachte sein Gesicht. Die dünne, spitze Nase, das kantige Kinn. »Ich weiß gar nicht, wer Sie sind und wie Sie heißen.«

»Das tut auch nichts zur Sache.«

»Sie wollen mir also nichts über sich verraten?«

Er schweigt.

»Aber irgendwie muss ich Sie doch nennen. Und woher soll ich wissen, ob ich Ihnen vertrauen kann?«

Er schweigt.

»Dann nenne ich Sie Schwarzhut.«

Er schmunzelt und setzt sich auf die Friedhofsmauer. Ich bleibe in gebührendem Abstand stehen. Mit seinem stechenden Blick schaut er mich lange an. Als würde er überlegen, was er mir sagen soll, ob er überhaupt etwas sagen soll. Er schnauft tief durch.

»Du willst also etwas über den Roth Luis wissen. Dann fangen wir am besten von vorne an.«

Er erzählt von dem kleinen Alois, der mitten im Ort im »Gasthaus zum Lamm« aufwuchs. Von dem gescheiten Jungen, der in der Schule immer Klassenbester war. Davon, dass er seine Schwester Marie über alles liebte und dass sie mit elf Jahren starb.

»Ein Jahr später ist auch noch seine Mutter gestorben. Beide liegen hier im Familiengrab.«

In meinem Kopf sehe ich einen fröhlichen Jungen mit braunen Haaren und blauen Augen. Ein hübscher Kerl, der oft und gerne lacht. Der schlagfertig ist und auf die Erwachsenen oft altklug wirkt. Ein Junge, der die Welt mit all ihren Wundern und Wunderlichkeiten begierig aufsaugt, der große Träume und Pläne hat. Und der dann von den Menschen, die er am meisten liebt, verlassen wird.

»Und dann?«, frage ich.

»Von da an war Alois nicht mehr derselbe. Es war wie eine Wunde, die sein ganzes Leben lang nicht verheilt ist. Er musste eine Lehre bei seinem Vater machen und litt darunter. Er wollte raus aus der Enge.«

Wie gut ich das verstehen kann. »Aber warum hat er sich nicht etwas anderes gesucht, wenn er so gescheit war?«

»Du darfst nicht vergessen: Alois wuchs in einer Welt auf, in der das Leben klar vorgezeichnet war. Ob du Knecht oder Herr wurdest, lag nicht an deinen Fähigkeiten oder guten Noten, sondern war von Geburt an vorbestimmt.«

So ist es doch heute noch, denke ich. Was hilft mir mein ganzes Schulwissen? Nichts. Für Vater ist nur wichtig, dass ich kochen, waschen, putzen kann.

Ich seufze und Schwarzhut schaut mich stirnrunzelnd an. »Jedenfalls, als Alois alt genug war, um seinen eigenen Weg zu gehen, kam der Erste Weltkrieg. Mir ist bis heute schleierhaft, wie er es geschafft hat, dass er nicht an die Front musste. Aber er ist geschickt drum rumgekommen.«

»Und Sie? Waren Sie im Krieg?«

Er nickt. »Ja, ich war im Krieg«, sagt er ernst.

»Mein Vater auch.«

»Wo war er denn?«

»Ich glaube, in Frankreich. Er war Sanitäter.« Ich erinnere mich an ein Foto, auf dem Vater als junger Mann mit mehreren Soldaten posiert. Alle tragen eine Rot-Kreuz-Binde am Arm.

»Dann hatte er ja genug zu tun.«

Ein Schatten geht über sein Gesicht. Wie die Dunkelheit meiner Albträume, mit Sirengeheul, dem Dröhnen von Flugzeugen, Granaten und Schreien. Wer weiß, welche schlimmen Bilder in seinem Kopf herumspuken.

Er wischt sie mit einer Handbewegung zur Seite.

»Wie dem auch sei. Irgendwann in dieser Zeit ist Alois auf die schiefe Bahn geraten. Er hat angefangen, krumme Geschäfte zu machen. Kleine Betrügereien, Schiebereien, Schleichhandel, Schwarzmarkt. Es ist eine Zeit lang gut gegangen. Irgendwann nicht mehr.«

Ich sehe den jungen Alois vor mir, wie er schlau und raffiniert die Leute um den Finger wickelt. Wie er reden kann und Geschichten erzählen, die ihm die Menschen glauben, die er sogar sich selber glaubt. Wie er bald seinen Ruf weghat, weil in so einem Dorf nichts verborgen bleibt. Und wie er sich in diesem Ruf sonnt und sich für unbesiegbar hält.

Und wie er in seinem Leichtsinn nicht merkt, dass ihn die Polizei schon längst auf dem Kieker hat und nur darauf wartet, dass er einen Fehler macht.

»Am Anfang kam er mit ein paar Tagen Gefängnis weg«, sagt Schwarzhut.

»Am Anfang? Das heißt, er wurde öfter eingesperrt?«

»Oh ja, das wurde er. Er war neunzehn- oder zwanzigmal im Knast. Ich habe irgendwann den Überblick verloren.«

Ich stoße die Luft aus. »Puh, eine ganze Menge.«

Schwarzhut steht auf und geht vor der Mauer auf und ab. »Alois Roth war kein schlechter Mensch. Er war labil, das war sein Hauptproblem. Er hätte nur jemand gebraucht, der ihm Halt und Sicherheit gibt. Das Gefühl, aufgehoben zu sein. Eine Person, die ihn an die Hand nimmt und ihm sagt, wo es langgeht im Leben.«

»Diese Person gab es«, flüstere ich.

»Wie bitte?«

»Franzi.«

»Ja, Franzi.« Er bleibt stehen und seufzt. »Die beiden waren wie geschaffen füreinander. Sie hatten denselben Humor, dieselbe Lebensfreude. Sie haben sich blind verstanden.«

»Aber?« frage ich.

»Er hat den Bogen überspannt. Er hat sie nicht nur einmal enttäuscht. Er hat sie einmal zu viel enttäuscht. Sie hat sich für den anderen entschieden. Das war auch gut so. Aber für ihn war es eine Katastrophe.«

Ich fahre mir über die Augen. Die Familie hat sich für ihn geschämt, die Freundin hat einen anderen geheiratet, seine alten Kumpel passten sich an, gründeten eine Familie. Und er blieb übrig.

Schwarzhut erzählt, wie Alois sich im Kreis drehte. Gelegenheitsarbeiten, Saufereien, Tricksereien, hier und da ein Diebstahl, Knast. Danach das Versprechen, sich zu bessern. Aber der Kreislauf fing nur wieder von Neuem an.

Alois versuchte immer wieder anderswo sein Glück. Mal ein halbes Jahr in Kempten, mal in Landsberg und eine Zeit lang in Baden-Württemberg. Dann ging er wieder für ein paar Monate ins Gefängnis. Aber er kehrte immer zurück.

»Und irgendwann musste er da unten einziehen.« Schwarzhut zeigt auf den Waggon. »Wenn du mal dort landest, bist du draußen. Draußen aus der Gemeinschaft, aus dem Ort. Aber ich glaube, er hat sich damit abgefunden.«

Ich schaue hinunter auf den dunkelgrünen Kasten und sehe Alois mit seiner Schiebermütze herumgehen. Er setzt sich davor, in der Hand eine Bierflasche, lehnt sich an die Waggonwand und hält das Gesicht in die Sonne. Er holt eine Mundharmonika aus der Tasche und spielt »Im schönsten Wiesengrunde«. Er trifft nicht alle Töne, doch das scheint ihm egal. Seine schräge Melodie weht über die Wiesen. Eine junge Frau mit einem hellblauen Kopftuch kommt aus dem Dorf. Sie hat einen Korb dabei, den sie neben Alois abstellt. Es ist Dori. Sie singt das Lied gleich mit. Dann packt sie den Korb aus und sie machen Brotzeit.

Schwarzhut erzählt, dass sich die Leute im Dorf wenig um Alois Roth scherten. Der Alois ist halt so, sagten sie. Man habe ihn in Ruhe gelassen.

»Dann kam die Hitlerpartei. Der Wind drehte sich. Aber Alois, so schlau er sonst war, wollte das nicht sehen.« Schwarzhuts Stimme wird zu einem Flüstern. »Er wollte es einfach nicht sehen.«

»Was ist passiert«, frage ich ebenso leise.

»Ein anderes Mal.« Er schaut mich gedankenverloren an. Dann drückt er sich den Hut ins Gesicht und geht davon.

Ich rufe ihm nach: »Warum erzählen Sie mir das alles?«

Er bleibt stehen und reibt sich über die Nase.

»Als du klein warst, Martha, hattest du doch bestimmt schon mal Albträume.«

»Ja und?«, entgegne ich. Natürlich hatte ich die. Aber sie sind ein Pappenstiel gegen das, was mich heute fast jede Nacht verfolgt. Doch was geht das diesen Mann an?

»Was haben deine Eltern gemacht, wenn du weinend aus dem Schlaf geschreckt bist?«

Ich erinnere mich an schreiende Nächte. Muttis Hand, die mir über den Kopf streicht, ihre sanfte Stimme. »Meine Mutter kam und hat mich beruhigt.«

»Gut. Und dann?«

Ich überlege. Muttis Schritte entfernen sich leise. Aber sie lässt die Tür einen Spalt auf. »Dann hat sie im Flur das Licht angelassen.«

»Siehst du? Das ist genau, was ich hier mache. Ich mache das Licht an.«

»Aber warum tun Sie das für mich?«

»Wer sagt, dass ich es für dich tue?« Er lächelt, aber seine Augen bleiben ernst. »Immer wenn wir das Licht anmachen, verschwinden die Schatten. Das ist wichtig. Gerade in dieser Zeit, in der uns so viele Schatten begleiten.«

Ich schaue ihm nach, wie er über den Friedhof davongeht und selbst zum Schatten wird. Erst da merke ich, dass ich fröstle.

Alois 1943

WETTERBERICHT

Hermann hat in der Gaststube ordentlich eingeheizt. Viele Gäste, die zu Hause Holz und Kohle sparen müssen, kommen her, um sich aufzuwärmen. Am Stammtisch scharen sich ein paar ältere Herren um den Strobl, der von den Erfolgen an der Ostfront schwadroniert. Im hinteren Teil hat sich eine Gruppe der NS-Frauenschaft versammelt. Sie planen die anstehende Straßensammlung für das Winterhilfswerk.

An einem Tisch sitzen Arbeiter aus dem Milchwerk. Ein müder Haufen, der gelangweilt Karten spielt. Anni Schelling ist mit zwei Freundinnen da. Sie tratschen und trinken Glühwein. Dori hat sich zu ihnen gesetzt. Etwas abseits sind Bauern und Geschäftsleute eingehüllt in den Rauch ihrer Pfeifen. Auch Gassner und zwei weitere Beamte vom Rathaus trinken dort ihr Feierabendbier.

Alois schüttelt sich wie ein nasser Hund. Er hängt Hut und Jacke neben den Ofen. Als er an die Theke geht, schaut Hermann ihn stirnrunzelnd an.

»Was willst du?«

»Das, was alle wollen, was zu essen und ein Bier oder auch zwei.«

»Kannst du auch zahlen?«

Alois holt fünf Mark aus der Tasche und legt sie auf den Tresen. »Da, das wird wohl erst mal reichen für die Zeche. Jetzt will ich ein Bier.«

»Wo hast du das Geld her?«, fragt Hermann.

Alois braust auf. »Das geht dich gar nichts an. Fragst du die anderen Gäste, wo sie ihr Geld herhaben? Ob sie bezahlen können? Nein. Du lässt sie sich hinsetzen, schenkst ihnen Bier aus, stellst ihnen Essen hin und fertig.«

Hermann hebt die Hände. »Schon gut, schon gut. Ich hab ja nur gefragt.«

Doch Alois ist in Fahrt. »Fragst du die Geschäftsleute, ob sie ihr Geld rechtmäßig verdient haben? Oder ob sie es den Bauern mit miesen Methoden abgeknöpft haben? Fragst du den Handwerker, ob er deshalb so gut lebt, weil er seine Gesellen schlecht zahlt? Fragst du den Händler, ob er die Leute bescheißt? Nein, du fragst nicht. Also, was soll das?«

Alois ist laut geworden. Einige Gäste schauen sich um, was an der Theke los ist. Hermann senkt bedrohlich die Stimme. »Jetzt führ dich nicht so auf. Setz dich hin und halt dein Maul. Wenn du Ärger machst, kannst du gleich wieder gehen.«

»Gott bewahre, ich und Ärger machen, das wäre das erste Mal.«

Hermann seufzt und steckt den Fünfer ein. Alois setzt sich neben den Stammtisch und glotzt mürrisch vor sich hin.

»Was ist denn mit dir heute los?«, fragt Dori, als sie ihm ein Bier bringt.

»Gar nichts ist mit mir los, ich habe es nur endgültig satt, immer wie der letzte Dreck behandelt zu werden.« Er funkelt böse zu seinem Bruder rüber.

»Du kennst ihn doch, er meint es nicht so. Trink erst mal ein Bier.« Sie zwinkert ihm zu. »Geht aufs Haus.«

Alois leert das Glas in wenigen Zügen und bestellt gleich ein zweites. Nun geht es ihm besser. Er lehnt sich zurück und lauscht auf den Dorfklatsch, den sie am Stammtisch ausbreiten. Die Tochter vom Metzgermeister hat ein uneheliches Kind bekommen, bei einem Bauern in Burg ist eingebrochen worden, der Sohn vom Schwanen-Wirt ist in Stalingrad vermisst. Schweigen.

Müllermeister Kling, ein breiter, gutmütiger Kerl, flüstert. »Habt ihr das von den Rotmoos-Geschwistern gehört? Es heißt, dass sie alle sterilisiert worden sind.«

Strobl schüttelt den Kopf. »Soweit ich weiß, nur der Bartl und noch zwei Schwestern.«

»Aber die Rotmoos' sind doch eine ordentliche Familie«, empört sich Kling. »Das ist nicht richtig.«

»Pass mal auf, Sepp.« Strobl beugt sich zu Kling. »Die ganze Sippe ist stocktaub. Eine Erbkrankheit.« Er wippt mit seinen schwarzen Brauen. »So was müssen wir ausmerzen. Wir brauchen ein gesundes Volk.«

Kling ist nicht überzeugt. »Ich kenne den alten Rotmoos und auch die Kinder, seit ich denken kann. Die sind vielleicht schwerhörig, aber es sind ehrliche und fleißige Leute.«

»Sind sie auch«, sagt Strobl. »Aber stell dir vor, die vermehren sich einfach so weiter. Wo das hinführt.«

Alois überlegt, ob er sich einmischen soll. Er hat große Lust, sich mit dem Strobl anzulegen, diesem aufgeblasenen Lackaffen. Als Dori die nächste Halbe bringt, hebt er das Glas und grüßt zum Nachbartisch. »Auf unser gesundes Volk.«

Strobl und Kling schauen ihn irritiert an. Alois grinst

breit. Ein strafender Blick von Hermann trifft ihn und er senkt das Glas. Spielverderber, und ein Feigling noch dazu.

Alois schnappt sich das Tagblatt. Aber die Zeitung hebt seine Laune auch nicht. Die üblichen Siegesmeldungen. »Deutscher Gegenangriff bei Kiew schreitet fort – Hohe Verluste der Bolschewiken im Raum Smolensk – Weitere Geländegewinne bei Shitomir – 46 Terror-Bomber abgeschossen – Drei neue Ritterkreuzträger – Die Briten verlieren die Insel Leros.«

Es ist, als würden sie nur täglich die Ortsnamen austauschen. Alois fragt sich, wie es sein kann, dass die Deutschen ständig siegen, aber der Krieg doch immer länger dauert.

Auch die lokalen Nachrichten sind langweilig. Sonnenaufgang 7.30 Uhr, Sonnenuntergang 16.30 Uhr. Die neue Wochenschau wird empfohlen. Zu sehen gibt es die Rede des Führers im Löwenbräukeller. Ein Artikel erklärt, dass es dem deutschen Volk heute viel besser geht als im letzten Krieg. Ein Aufsatz über das richtige Heizen. In Konstanz hat ein Verbrecher zwei Polizisten erschossen. Die Grundsteuer muss bezahlt werden. Das Jungvolk trifft sich am Sonntag vor dem HJ-Heim.

Werbung für Waschmittel, Schuhcreme, Kohlenasche und Ersatz-Kaffee. Eine Stallkuh wird angeboten, zwei Bergschafe, drei Läuferschweine, Zuchtferkel. Ein älteres Fräulein, Anfang vierzig, sucht Einheirat in Landwirtschaft.

Alois schlägt die Zeitung zu und bestellt noch ein Bier. »Nicht mal einen Wetterbericht haben sie drin«, schimpft er.

Kling dreht sich vom Stammtisch zu ihm um. »Weißt du das gar nicht? Der Wetterbericht wird nicht mehr gedruckt, er könnte dem Feind gefährliche Informationen liefern.«

Alois starrt ihn ungläubig an. »Was für Informationen?«

Kling gibt einen tiefen Brummton von sich und lässt seine wuchtige Hand ausgespreizt über dem Tisch kreisen.

Alois lacht auf. »Du glaubst doch nicht im Ernst, dass die Amis unser Revolverblatt lesen, damit sie wissen, wo sie hinfliegen sollen.«

Der Müllermeister wiegt den Kopf. »Man kann nie wissen.«

Strobl mischt sich ein. »Man darf den Feind nicht unterschätzen. Die haben ihre Augen und Ohren überall. Gerade jetzt im Endkampf dürfen wir keine Fehler machen.«

Alois will gerade etwas erwidern, als Dori ihm einen Teller Fleischsuppe hinstellt. Sie legt ihm die Hand auf die Schulter und flüstert: »Mach keinen Scheiß.«

Er hebt schelmisch den Kopf und sagt übertrieben freundlich. »Meine liebe Dori, bring mir doch noch eine Halbe.«

Sie lässt die Hand auf seiner Schulter. »Fang keinen Streit an.«

Er nickt. Aber sie ist nicht sicher, ob sie zu ihm durchgedrungen ist. Mit finsterem Blick löffelt er seine Suppe und trinkt das nächste Glas aus. Er wischt sich den Mund mit dem Hemdsärmel ab und ruft laut durch den Raum, Dori soll noch ein Bier bringen. Doch statt seiner Nichte kommt Hermann an den Tisch. Er hat Alois' Jacke und Hut dabei.

»Ich glaube, du hast genug.«

Alois steht wütend auf, er schwankt leicht. »Was soll das heißen? Wenn es das Geld ist, ich kann meine Zeche schon bezahlen.«

Hermann bleibt ruhig. »Ich weiß, Luis, aber es reicht doch für heute.«

Alois nimmt die Zeitung vom Tisch und hält sie seinem Bruder unter die Nase. »Ich wollte einfach nur wissen, wie das Wetter wird. Aber die haben nicht mal mehr einen Wetterbericht. Dabei war der Wetterbericht immer das Einzige, was in diesem Käseblatt gestimmt hat.«

Plötzlich ist es still im Raum.

Hermann packt Alois am Kragen und will ihn aus dem Raum ziehen, aber der reißt sich los.

»Was glotzt ihr denn alle so?«, ruft er. »Glaubt ihr wirklich, dass wir wegen so einem lumpigen Wetterbericht den Krieg verlieren? Wo man doch lesen kann, dass wir ständig gewinnen. Das ist doch lächerlich.« Er stößt ein grelles Lachen aus.

Doch keiner der Gäste lacht mit. Einige senken verlegen die Köpfe. Andere runzeln die Stirn. Alois steht mitten im Raum und schwenkt die Zeitung. Sein Lachen bricht ab. Seine Stimme wird ganz leise.

»Weiß vielleicht einer von euch, wie das Wetter wird? Es ist nämlich furchtbar nass da draußen, nass und kalt und einfach ekelhaft.«

»Alois, du bist betrunken«, sagt Hermann. »Raus jetzt mit dir.«

Alois funkelt Hermann an. »Da, schaut her. Nicht mal mein schlauer Bruder weiß es. Der will mich nur loswerden, weil ich ihm peinlich bin.«

Da meldet sich Sepp Kling vom Stammtisch. »Es wird besser die nächsten Tage. Der Regen hört morgen auf.«

»Na also«, ruft Alois. »Endlich einer, der sich auskennt. Besten Dank, Herr Müllermeister.« Er schwenkt seinen Hut.

Hermann schiebt Alois nach hinten in den Flur. Dort packt er seinen Bruder am Kragen und drückt ihn an die Wand.

»Sag mal, hast du sie noch alle? Bist du vollkommen verrückt geworden?«

Alois schaut sich im Dämmerlicht des Treppenhauses um. »Hier hast du mir mal die Fresse poliert, Hermann. Weißt du das noch?«

»Was ist bloß in dich gefahren, du Idiot? Für solche Sprüche können sie dich ins Lager stecken.«

»Du warst neidisch, weil ich Trinkgeld bekommen habe und du nicht.«

»Du bringst nicht nur dich selber um Kopf und Kragen, sondern uns alle gleich mit.«

»Es war eine Mark. Eine Mark. Du hast mich geschlagen und hast sie mir weggenommen.« Alois kommen die Tränen, seine Stimme bricht. »Eine Mark. Verstehst du?«

Hermann lässt Alois los und schaut ihn entgeistert an. Alois weint haltlos, kann sich nicht mehr beruhigen.

»Ich wollte immer so sein wie du, so groß und stark und so vernünftig. So anerkannt und geachtet. Hermann, der alles macht und alles kann. Hermann, der den Laden schmeißt. Hermann, der große Kriegsheld. Ich hab mir immer gewünscht, dass Vater mich so stolz anschaut wie dich, nur ein einziges Mal.«

Hermann packt Alois an den Schultern und zieht ihn an sich. Er klopft ihm sanft auf den Rücken. Einen langen Moment stehen sie so da.

»Die Mark gebe ich dir zurück«, sagt Hermann mit belegter Stimme.

Alois putzt sich die Nase am Ärmel ab. »Lass gut sein. Das ist schon verjährt. Nimm's als Trinkgeld.«

Die Brüder grinsen sich schief an. Alois tippt sich an die Hutkrempe und verschwindet durch den dunklen Flur.

*

Schon den ganzen Morgen versucht Alois, ein Feuer im Herd zu machen, aber es geht immer wieder aus. Das Ding taugt einfach nichts. Er muss dringend einen besseren Ofen besorgen.

Während er vor sich hin flucht, klopft es an der Waggontür. Dori ist heute früh dran. Hoffentlich hat sie was Gescheites zum Essen dabei. Er ist immer noch in der Unterhose und überlegt, ob er schnell was anziehen soll. Es ist besser, den Tisch sauber zu machen. Eilig räumt er Geschirr und Bierflasche von gestern Abend beiseite und putzt mit dem Ärmel die Flecken weg. »Na, Rotkäppchen, was gibt es denn heute?«, ruft er über die Schulter.

Doch statt seiner Nichte antwortet eine Männerstimme. »Guten Morgen, Alois.«

Erschrocken fährt er herum. Vor ihm steht Erich Landeck, den Kragen seines Ledermantels gegen die Kälte hochgeschlagen. Der Gendarm verzieht die Nase, in dem Raum riecht es abgestanden und ranzig.

Alois stottert. »Oh, 'tschuldigung, ich wollte dich nicht, ich dachte, es wäre …«

»Schon gut«, brummt Erich und schiebt den Hut zurück.

Alois überlegt fieberhaft. Was macht Erich hier? Sucht er was Bestimmtes? Aber er hat in letzter Zeit nichts ausgefressen. Hat ihn vielleicht jemand angezeigt? Liegt etwas rum, was dem Gendarmen verdächtig vorkommen könnte?

Neben dem Bett steht seine Schatzkiste. Er hätte sie gestern Abend wegräumen sollen. Hoffentlich fragt Erich nicht danach.

Doch den scheint das nicht zu interessieren. Er schaut aus dem Fenster. Es hat leicht geschneit über Nacht, die Wiese glitzert in der Morgensonne.

»Eine schöne Aussicht hast du hier«, sagt er.

»Wenn es wegen der Verdunkelung ist«, sagt Alois, »die Pappe ist gestern abgefallen. Ich bring das wieder in Ordnung.«

Erich schüttelt nur leise den Kopf. Dann gibt er sich einen Ruck. »Ich muss dich mitnehmen. Mach dich reisefertig.«

»Warum mitnehmen? Ich hab nichts angestellt.«

Erich grinst schmal. »Das sagst du doch immer.«

»Aber es stimmt«, betont Alois. »Das letzte Mal war vor fünf Jahren. Da bin ich drei Monate gesessen. Danach habe ich mir geschworen, dass ich keine krummen Dinger mehr drehe. Ich hab mir Arbeit gesucht, ich war in Kaufbeuren, in Kempten, in Landsberg, überall. Im Moment habe ich nichts Festes, aber das findet sich. Ich bin anständig geworden, das musst du mir glauben.«

»Das kannst du alles den Kollegen in Kempten erzählen.«

»In Kempten? Warum Kempten? Das muss ein Irrtum sein, ich war schon lange nicht mehr in Kempten.«

»Was weiß ich, vielleicht ist es ja nur ein Verhör. Jetzt komm, mach kein Theater.«

Alois lässt die Schultern hängen. Was soll er in Kempten? Gibt es dort eine Anzeige? Das kann nicht sein. Als er das letzte Mal in Kempten gearbeitet hat, hat er ein paar Kleinigkeiten mitgehen lassen. Aber das ist mehr als zwei Jahre her. Irgendetwas ist faul an dieser Geschichte. Und das weiß auch Erich. Alois sieht es ihm an der Nasenspitze an.

Erich schnauft tief durch. »Also, pack deine Sachen. Ich warte solange draußen.«

Sobald die Tür zu ist, versteckt Alois die Blechkiste unter dem Bodenbrett. Dann zieht er seine gute Hose an, nimmt Jacke und Hut und packt das Nötigste zusammen. Es wird nicht lange dauern.

Vor der Tür fallen Alois die Nutrias ein. Zusammen mit Erich geht er zu den Käfigen und wirft Futter hinein. Das Leittier kommt wie gewohnt ans Gitter und schnuppert an seiner Hand.

»Wenn ich nicht da bin, muss sie jemand versorgen«, sagt er zu Erich. »Hartl ist ja an der Front. Kannst du seiner Frau Bescheid sagen?«

Erich nickt.

»Weißt du, was ich an denen so mag?«, sagt Alois, während die Nutria mit ihrem Bart seine Hand kitzelt. »Dass sie so friedlich und genügsam sind.«

Er richtet sich auf. »Und wir? Wir verschlingen die Welt.«

Erich schaut auf die Uhr. »Komm, wir müssen los.« Alois verspricht Erich, nicht wegzulaufen, und so spazieren sie einträchtig nebeneinander durch das Dorf. Eine gute Stunde später sind sie am Bahnhof in Günzach.

Sie gehen in die Bahnhofsgaststätte, die zugleich Schenke und Warteraum ist. Sie ist an diesem Freitagvormittag nur spärlich besetzt. In einer Ecke vier Frauen, die nach Kempten zum Einkaufen wollen. Zwei Bauern, die für die Bahn arbeiten, machen Brotzeitpause. Eine Gruppe der Hitler-jugend hat einen Tisch besetzt. Alfred Zimmer hinkt mit seiner Beinprothese hinter dem Schanktisch herum und wischt die Theke.

»Servus Alfred«, sagt Alois und geht an den Tresen. Erich stellt sich neben ihn.

»Habe die Ehre«, sagt Zimmer und blickt zwischen Alois und dem Gendarmen hin und her. »Was darf's sein, die Herren?«

Alois krault sich die Bartstoppeln. »Gib mir eine Halbe. Jetzt bringen's mich fort.«

Zimmer schaut Landeck fragend an, der nickt. Eine Minute später steht ein Bier vor Alois und der nimmt einen großen Schluck. »Weißt du was, Alfred? Es kann sein, dass wir uns nicht mehr sehen.«

Er dreht sich zu Erich um. »Oder? Das kann doch sein?«

Bevor dieser antworten kann, klingt von draußen das Pfeifen des Zuges. Die Reisenden eilen auf den Bahnsteig.

»Was bin ich schuldig?«, fragt Alois.

Zimmer winkt ab. »Passt schon.«

Martha

MITLÄUFER

Ich bin eine dumme Trine. Wie kann man nur so schusselig sein. Zuerst der angebrannte Pfannkuchen, dann das lästige Schrubben der Pfanne und jetzt stapfe ich durch den tiefen Schnee, in der einen Hand die Pfanne, in der anderen den abgebrochenen Stiel. Ausgerechnet jetzt kurz vor Weihnachten muss das blöde Ding den Geist aufgeben.

Wenig später stehe ich atemlos in der Schmiede und halte dem Meister die beiden Teile hin. »Können Sie das reparieren?«

Er wischt sich mit dem Handrücken übers Gesicht und malt sich einen weiteren schwarzen Streifen auf die Wange.

»Mädel, was hast du denn da angestellt? Zu schweres Essen, was?« Er lacht dröhnend über seinen Witz.

Ich kann nur müde lächeln.

»Das Ding ist jedenfalls hinüber. Besorgt euch eine neue«, sagt der Schmied achselzuckend.

»Das können wir uns nicht leisten.«

Er mustert mich mit einem anzüglichen Blick. Seine Augen wandern von meinem nassen Zopf über den grauen Mantel zum Rocksaum und den Stiefeln und wieder hoch.

»Ich bin ja eigentlich Kunstschmied und für so was nicht zuständig.«

Ich setze meinen besten Rehblick auf. »Können Sie es nicht versuchen?«

»Bist du nicht die Tochter vom evangelischen Pfarrer?«

»Mein Vater ist kein Pfarrer, nur Kirchenpfleger«, antworte ich.

»Ah ja, ihr wohnt da draußen am Reichholzer Weg.«

Ich nicke und presse die Lippen zusammen. An diesem Weg gibt es nur eine Adresse. Und die reicht, um mich in eine Schublade zu stecken.

Er reibt sich mit seiner dreckigen Hand die Nase. »Dann gib mal her. Ich will sehen, was ich tun kann.«

Er verschwindet im hinteren Teil der Werkstatt, die schwarz ist wie eine Höhle und nur von der Glut aus der Esse beleuchtet wird. Ich höre ihn hämmern und werkeln. Während ich warte, schaue ich mich um.

Überall liegen gebogene Eisenstangen, aus denen Geländer und Balkone werden sollen. Auf einem Tisch Zeichnungen und Werkzeuge. Darüber hängen ein Meisterbrief und eine Ehrenurkunde der Innung. Dazwischen ein kleines Papier hinter Glas, auf dem »Entlastungszeugnis« steht. Ein Formular, ausgefüllt mit Schreibmaschine und mit offiziellem Stempel. Ich lese, dass der Schmiedemeister Max Schrader nach den Bestimmungen der Militärregierung entlastet und als Mitläufer eingestuft wird.

Er kommt mit der fertigen Pfanne zurück. »Ich hab den Stiel angeschweißt und genietet, das wird eine Weile halten.«

Schnell wende ich den Blick von dem gerahmten Papier, aber er hat es bemerkt.

»Ich habe es extra aufgehängt, damit die Kundschaft es sieht«, sagt er. »Sonst kommen nur wieder Gerüchte auf. Die Leute können hier schwarz auf weiß lesen, dass ich kein schlechter Mensch bin. Das haben schon die Amerikaner gesehen und auch die Spruchkammer hat es bestätigt.«

Ich verstehe nicht, was er meint.

Plötzlich steht eine kleine Gestalt im offenen Tor der Werkstatt. Ich erkenne die raue Stimme von Frau Schelling. »Aha, machst du dich wieder an die jungen Röcke ran.«

Schrader fährt hoch. »Was willst du hier, du Giftspritze? Mach, dass du fortkommst.«

»Ich sehe nur, was ich sehe«, sagt sie spitz.

»Du siehst nur, was du sehen willst«, erwidert er böse.

Sie wendet sich an mich. »Lass dir von dem nichts erzählen. Wenn er das Maul aufmacht, dann lügt er.«

Er geht drohend auf sie zu. »Wenn du nicht sofort hier abhaust, dann rutscht mir die Hand aus.«

»Siehst du«, sagt sie, »gewalttätig ist er auch noch.«

Sie dreht sich um und stolziert davon.

Er seufzt. »Diese Frau ist eine Plage. Sie versucht seit Jahren, mir was anzuhängen.«

»Sie hat gesagt, dass man sie zu Unrecht eingesperrt hat.«

Er lacht auf. »Das erzählt sie jedem. Aber es stimmt nicht.«

Ich nicke und schiele auf das Entlastungszeugnis.

»Ich war zehn Jahre Bürgermeister und ich habe niemandem geschadet«, tönt er. »Klar war ich bei der Partei, ging ja gar nicht anders. Aber ich war gerecht, hab keinen denunziert. Und hinterher wollen sie mir einen Strick draus drehen. Als wäre ich schuld an dem ganzen Scheiß, den die da oben angestellt haben.«

»Dann kennen Sie bestimmt auch Alois Roth«, sage ich.

Schrader zuckt zusammen, als hätte ich ihn geschlagen, und ich bereue sofort, dass ich meinen Mund nicht halten konnte.

»Was soll mit dem sein?« Er kommt drohend auf mich zu. Seine Augen verengen sich zu schmalen Schlitzen. »Was willst du von mir?«

»Nichts, ich wollte einfach …«

»Was?«, blafft er. »Mich aushorchen? Du bist doch die, die überall nach dem Luis herumfragt. Hätte ich eigentlich wissen müssen. Wer schickt dich? Die Schelling? Die Amis? Irgendein Anwalt? Solche Spitzel mögen wir hier gar nicht.«

Er hält mir seinen schwarzen Zeigefinger vor die Nase.

Ich weiche zurück, bis ich an der Werkbank stehe. »Niemand schickt mich. Ich will überhaupt nicht …«

Er winkt ab. »Mach, dass du wegkommst, dahergelaufenes Flüchtlingspack. Und lass dich hier nicht mehr blicken.«

Er wendet sich ab und wirkt wütend und traurig zugleich. »Aber ich sage dir eins – und das sage ich jedem, der es hören will: Der Roth Luis war ein Idiot. Ein verdammter Idiot.«

Wie ein geschlagener Hund trotte ich hinaus. Im Tor fällt mir die Pfanne ein. »Das muss ich noch bezahlen.«

»Ich will von dir kein Geld. Sonst sagen sie am Ende noch, ich würde mich an den armen Schluckern bereichern.«

BAHNHÖFE

Das letzte Datum, an das er sich erinnern kann, ist der zweite Februar. An dem Morgen wird er im Augsburger Katzenstadel zum Chef der Gestapo bestellt. Der lässt ihn lange strammstehen, während er Papiere ausfüllt. Am Ende knallt er einen Stempel drauf und grinst. »So, Herr Roth, dann wünsche ich einen schönen Urlaub.«

Alois versteht nicht. »Wieso Urlaub?«

Doch er bekommt keine Antwort. Ein Wachmann nimmt die Papiere und führt Alois hinaus. Im Vorraum liegen seine Habseligkeiten, die er Ende November abgeben musste. Er darf seine gute Hose anziehen, das karierte Hemd und die braune Jacke. Auch Hut, Gürtel und Geldbörse bekommt er wieder.

Alois kann es kaum glauben. Er kommt tatsächlich frei. Zu Hause ist heute ein Feiertag. Mariä Lichtmess. Die Bauern gehen zuerst in die Kirche, dann ins Wirtshaus. Bis zum Mittag kann er von Augsburg in Obergünzburg sein. Er wird sich ein Bier bestellen und dann noch eins. Er wird sein Maul halten und wird die Gestapo und den Katzenstadel vergessen. Diesen grauenvollen Ort mit den muffigen Zellen und dem schlechten Fraß, mit den speziellen Zimmern, in denen die Häftlinge geprügelt und gefoltert werden, mit der ständigen Angst vor den Gestapoleuten und den brutalen Wachmännern.

In der Schleuse vor dem Ausgang steht Hugo, auch er in Zivil. Alois kennt ihn vom Hofgang. Ein stiller Mann mit schmalem Gesicht und traurigen Augen. Er kam erst vor drei Wochen ins Gestapo-Gefängnis.

»Wirst du auch entlassen?«, fragt er.

Hugo hebt die Hände. »Ich glaub es erst, wenn wir draußen sind.«

Vor dem Tor empfängt sie Regen und eisiger Wind. Der Wachmann schiebt die beiden in einen Kastenwagen, der mit laufendem Motor bereitsteht.

»Wo fahren wir hin?«, ruft Alois und bekommt als Antwort einen Stoß in den Rücken, der ihn ins Innere des Wagens wirft.

»Jetzt bringen sie uns nach Dachau«, sagt Hugo und sinkt zusammen.

Nach kurzer Fahrt halten sie an einem Augsburger Nebenbahnhof. Alois und Hugo werden aus dem Auto geschubst. Die Wachleute öffnen die Schiebetür eines Güterwagens und scheuchen die beiden hinein. Das Erste, was Alois bemerkt, ist der Gestank nach Schweiß und Kot. Als sich seine Augen an die Dunkelheit gewöhnt haben, sieht er um die zwanzig Männer und Frauen, die in einer Ecke auf einem Strohlager kauern. Alois erfährt, dass sie schon zwei Tage hier eingesperrt sind. Zwei SS-Soldaten bewachen den Waggon. Einmal am Tag öffnen sie die Tür, damit einer der Gefangenen den Toiletteneimer leeren kann, und werfen ein paar Brocken Brot herein, auf die sich alle stürzen.

In den nächsten Tagen kommen immer weitere Menschen hinzu. Wenn sie nicht schnell genug einsteigen, helfen die Soldaten mit Prügeln nach. Zwischendurch wird rangiert, neue Wagen werden angehängt. Als sich der Zug schließlich in Bewegung setzt, drängen sich rund fünfzig Menschen in dem Waggon.

Keiner weiß, wohin es gehen soll und was man mit ihnen vorhat. Doch alle ahnen, dass sie in einem dieser Züge sitzen, von denen viel gemunkelt wird. Transporte mit unbekanntem Ziel, darin Menschen, von denen man nichts mehr hört und sieht.

An den Ortsnamen erkennen sie, dass es zuerst nach Norden und dann nach Osten geht. Während der Fahrt bleibt der Zug immer wieder auf offener Strecke oder an Bahnhöfen stehen. Wagen werden angehängt, neue Menschen reingestoßen. Sie weinen und klagen, klopfen an die Holzwände, rufen nach Wasser. Doch es gibt keine Antwort und bald wird es still in den Waggons.

Alois hat sich in seine Jacke gewickelt und starrt durch einen Schlitz nach draußen, wo verschneite Wälder und endlose Ebenen vorbeiziehen.

Hugo vertreibt sich die Zeit und die Angst durch Reden. Er erzählt, dass er in einem Wohnwagen geboren wurde. Kindheit und Jugend verbrachte er auf der Straße und auf Rastplätzen. Seine Eltern sind Musiker, die über Land ziehen. Hugo schwärmt von der Zeit, als er mit seinem Vater und den Brüdern auf kleinen Bühnen oder auch auf der Straße aufgetreten ist. Von dem Leben auf der Landstraße, dem gemütlichen Wagen, in dem er mit seinen vier Geschwistern ein großes Bett teilte. »Wie die Heringe«, lacht er, »aber kuschelig.«

»Ah, ihr seid Zigeuner«, sagt Alois.

Das Lachen erlischt. »Wir sind Roma!«

»Schon gut. Und wo ist deine Familie jetzt?«

Hugos Blick verdüstert sich. »Vater haben sie voriges Jahr nach Dachau gebracht. Wir anderen wurden von der Gestapo abgeholt. Seitdem habe ich nichts mehr von ihnen gehört.«

Er schweigt. Nach einer langen Pause fragt er. »Und deine Familie?«

Alois erzählt von dem Gasthaus, den Geschwistern und Nichten, dem kleinen Dorf.

»Dann ist es dir ja richtig gut gegangen.«

Alois verzieht den Mund. »Ich bin so was wie das schwarze Schaf der Familie.«

Interessiert hört Hugo den Geschichten von Alois zu. Von den Orten, an denen er war, den Arbeiten, die er gemacht, den Abenteuern, die er erlebt hat. Alois dichtet dabei eine Menge hinzu und lässt die Gefängnisaufenthalte weg.

Schließlich erzählt er, dass auch er in einem Wagen wohnt. Allerdings einer, der keine Räder hat und nirgendwohin fährt, der gestrandet ist am Rande einer kleinen Ortschaft im Allgäu. Ein Wagen, der sicher nicht so gemütlich ist wie der von Hugos Familie. Kein Blumenschmuck, kein Pferd davor, aber trotzdem kann man es aushalten.

Er träumt von seinem Waggon, in dem er die Einsamkeit oft beklagte und sich wünschte, er würde einfach losfahren.

Nun wäre er froh über diesen Schlupfwinkel. Er würde aus dem Fenster dem Schneetreiben zusehen und sich vielleicht ein Bier aus seinem Lager gönnen.

Hugo reißt ihn aus den Gedanken. Zum einhundertsten

Mal fragt er, wo sie wohl hinfahren. Ständig jammert er vor sich hin und malt sich die schrecklichsten Dinge aus.

Alois zuckt nur mit den Schultern. Wahrscheinlich geht es in irgendein Arbeitslager. Auf jeden Fall wird es ein weiteres Gefängnis sein. Es wird sein wie in jedem anderen Gefängnis. Als Erstes werden sie einen taxieren. Wichtig ist der erste Eindruck. Sie wollen wissen, ob du ein Randalierer bist, einer, mit dem es Ärger gibt, oder einer, mit dem man gut klarkommt. Vor allem interessiert sie, ob du gesund und arbeitsfähig bist. Was kannst du, wie nützlich bist du? Das ist das Wichtigste.

»Hast du einen Beruf«, fragt er Hugo.

»Ich bin Musiker«, antwortet er.

Alois zieht eine Grimasse. »Ich meine was Richtiges.«

»Das ist was Richtiges«, protestiert Hugo. »Ich habe in einer Tanzkapelle gespielt. Trompete und Klarinette. Auch zu Hochzeiten, Taufen, Beerdigungen. Keine Schrammelmusik, wir waren richtig gut.«

»Das glaube ich dir schon. Aber ich schätze, das reicht nicht. Sie werden dich nach deinem Beruf fragen. Und dann ist es gut, wenn du etwas Handfestes kannst. Hast du sonst noch was gelernt?«

Hugo überlegt eine Weile. Er war schon Laufbursche und Erntehelfer, Obstverkäufer und Korbflicker, hat auf einem Rummelplatz gearbeitet und auf dem Bau.

»Gut, dann bist du jetzt Maurer«, sagt Alois.

Hugo wiegt den Kopf. »Na ja, Maurer kann man das nicht nennen.«

»Aber das klingt gut, das kann man immer brauchen. Wenn du nach deinem Beruf gefragt wirst, sagst du Maurer. Oder einfach Arbeiter.«

Martha

HOFFNUNGEN

Seit Anfang des Jahres liegt das Tal unter einer kalten grauen Haube. Sosehr ich heize, die Eisblumen an den Fenstern tauen auch tagsüber nicht mehr weg. Ich kratze mit dem Kochlöffel Löcher hinein. Dabei gibt es draußen ohnehin nichts zu sehen. Schneetreiben, Eisnebel, Froststarre. Eine stille, bleiche Welt. Schon am frühen Nachmittag ist es so dunkel, dass ich die Petroleumlampe brauche.

Um mich aufzuheitern, singe ich beim Aufräumen vor mich hin. Da kommt das Donnern, zwei Einschläge knapp hintereinander. Sie erschüttern den Waggon. Ich lasse den Teller fallen und stürze mich hinterher, krieche auf den Scherben unter den Tisch. Im Halbdunkel krümme ich mich hechelnd zusammen, halte die Hände über den Kopf, spüre mein Herz in den Ohren jagen und warte auf die Explosion.

Aber sie kommt nicht. Stattdessen höre ich von draußen helles Lachen und Schritte, die durch den Schnee davoneilen.

Hemmungslos fange ich an zu weinen. Ich sehe eine Scherbe aus meinem Knie ragen und ziehe sie heraus. Die

Strumpfhose hat einen klaffenden Riss, aus dem Blut läuft. Erst jetzt spüre ich den Schmerz und sehe, dass auch in den Handflächen kleine Splitter stecken.

Eine halbe Stunde später sitze ich mit verheultem Gesicht bei Tante Irene und lasse mich verarzten. Ich sage ihr, dass ich hingefallen bin und dummerweise dabei einen Teller zerdeppert habe. Aber sie merkt sofort, dass etwas nicht stimmt.

»Hast du Liebeskummer?«, fragt sie.

Ich schüttle den Kopf.

»Mir kannst du doch alles erzählen.« Sie streicht mir übers Haar.

Aber ich kann nichts erzählen. Nichts davon, wie sehr ich mich von der Dunkelheit und den Schneemassen dieses Winters eingesperrt fühle, wie sehr ich mich fürchte in der Einöde, wie sehr ich das Singen und Lachen vermisse, Bücher und Gespräche. Auch nicht davon, wie mich die Leute behandeln. Und schon gar nicht mag ich ihr erzählen, was ich im Waggon gefunden habe und wie sehr es mich beschäftigt.

»Mir geht nur die eintönige Hausarbeit auf die Nerven«, sage ich stattdessen. »Ich würde so gerne einen Beruf lernen.«

»Was denn für einen?«

»Am liebsten Krankenschwester.«

»Dann suchen wir dir eine Lehrstelle«, sagte sie und reibt sich die Hände.

»Vater wird dagegen sein.«

»Lass das mal meine Sorge sein. Hast du denn eine Idee? Möchtest du vielleicht hier ans Krankenhaus?«

»Nein, ich will nach Bethel.«

»Bethel?«

»Ja, nach Bethel. Wir haben zu Hause immer für Bethel gesammelt. Da will ich hin.«

Sie denkt kurz nach, dann nickt sie. »Gut, dann schreiben wir nach Bethel. Und wir geben meine Adresse an.« Sie zwinkert mir zu. »Dann bekommt dein Vater erst mal nichts davon mit.«

Sofort sucht sie Briefpapier und Schreibzeug und wir setzen ein Bewerbungsschreiben und einen Lebenslauf auf.

»Die nächsten Tage bringst du mir deine Zeugnisse und ich suche derweil die Adresse raus.«

*

Auf dem Rückweg sehe ich Georg, wie er hinter dem beleuchteten Schaufenster im Krämerladen Regale einräumt. Als ich eintrete, leuchtet sein Gesicht vor Freude.

»Guten Abend, Fräulein, was darf es denn sein?«, sagt er und macht einen Diener.

»Ich brauche Petroleum und Waschpulver.«

»Aber gerne doch.«

Im Vorbeigehen streift er meine Hand und eine warme Welle fährt durch meinen Körper. Sie wird durch eine barsche Stimme schlagartig gestoppt.

»Bist du endlich fertig?« Georgs Mutter steht breit hinter der Theke.

Er duckt sich zusammen. »Ja, Mama, alle Regale eingeräumt.«

»Dann ab mit dir ins Lager. Da wartet noch jede Menge Arbeit.«

Er verdreht die Augen und trottet ab.

Sie stemmt die Hände in die Hüften. »Wie viel Petroleum?«

»Einen Liter.«

»Hilft auch gegen Läuse«, sagt sie. Bevor ich antworten kann, spricht sie schon weiter. »Und welches Waschmittel?«

»Nur eine kleine Tüte Seifenpulver.«

Sie stellt die Flasche und die Tüte auf den Ladentisch.

»Kann ich anschreiben lassen? Mein Vater bezahlt dann am Monatsanfang.«

Sie schaut mich an, als hätte ich sie beleidigt, und ich fürchte schon, dass sie Nein sagt. Dann schnauft sie einmal durch und nickt. »Ich kenne deinen Vater. Das ist ein ehrenwerter Mann.«

»Ja, das ist er.«

»Den sollte sich die Tochter mal zum Vorbild nehmen.«

Ich stehe wie erstarrt da.

»Man hört so einiges über deine Respektlosigkeiten«, sagt sie und kramt ihr Rechnungsbuch hervor.

»Ich verstehe nicht«, sage ich.

Sie reicht mir die Sachen und schaut mir in die Augen. »Du weißt genau, was ich meine.«

Die Frau ist groß und korpulent, Furcht einflößend steht sie vor mir. Aber ich halte ihrem Blick stand. Was habe ich schon zu verlieren?

Ich hole tief Luft. »Wissen Sie, was respektlos ist? Wenn man mich Polacke nennt. Wenn man an mir vorbeischaut und mich nicht grüßt. Wenn man mich behandelt wie den letzten Dreck. Und vor allem: wenn man hintenrum verlogene Tratschgeschichten über mich erzählt. Das ist respektlos.«

Meine Stimme ist immer lauter geworden. Die letzten Worte schreie ich ihr entgegen. Ich kenne mich selbst nicht mehr. Sie sperrt den Mund auf und weicht vor mir zurück. Bevor sie ihre Sprache wiederfindet, taumle ich hinaus.

Der Nebel ergreift mich, bleierne Kälte fließt in meinen Kopf und füllt mich von innen aus. An der Kirche löst sich eine Gestalt aus dem Schatten. Ich schrecke zusammen, aber es ist Georg, der auf mich gewartet hat.

»War es schlimm?«, fragt er.

Ich nicke stumm.

»Sie kann manchmal furchtbar sein. Du darfst es nicht zu ernst nehmen.«

Ich bleibe stehen. »Soll ich vielleicht darüber lachen? Deine Mutter putzt mich runter, als wäre ich das größte Schandmaul des Dorfes – wie lustig, hahaha.«

»Sie meint es nicht so.«

»Natürlich meint sie es …«

Er hält mir den Finger an den Mund. »Ist doch egal, was sie meint.«

Er legt die Arme um mich und seine Wärme vertreibt den Nebel in mir.

*

Am nächsten Morgen stehe ich atemlos vor Greisels Haustür und klopfe wie wild. Von drinnen antwortet Arco mit lautem Bellen. Greisel ruft ihn zurück und öffnet.

»Die Nutrias sind ausgebrochen!«

»Wie bitte?«

»Sie sind alle weg, bis auf ein paar.«

Er stutzt. Dann fängt er an zu lachen und braucht eine Weile, bis er sich beruhigt. »Komm mal mit.«

Er führt mich hinter das Haus. Dort scharrt eine Herde Ziegen den Schnee auf und sucht nach Gräsern. Hühner hüpfen zwischen ihren Beinen herum. Arco tollt neben mir her und freut sich über die Abwechslung. Im hinteren Garten steht ein großer, fensterloser Schuppen. Als Greisel das breite Tor öffnet, schlägt mir ein bestialischer Gestank entgegen. Durch den Raum sind Drähte gespannt, an denen Dutzende Felle hängen wie auf einer Wäscheleine.

Mir stockt der Atem und ich wende mich schaudernd ab.

»So ist das nun mal«, sagt Greisel. »Das sind Zuchttiere, die sind dafür da, dass man Pelzmäntel draus macht.«

Er bittet mich ins Haus und setzt mich an den Küchentisch. »So, wie du aussiehst, könntest du einen Schnaps brauchen. Aber dafür bist du noch zu jung.«

Er stellt mir ein Glas Wasser hin. Arco legt seine Schnauze auf meinen Schoß und lässt sich hinter den Ohren kraulen.

»Man kann sie übrigens auch essen, das Fleisch schmeckt hervorragend«, sagt der Bienenkönig. »Wenn du magst, kann ich dir was mitgeben.«

Ich winke nur ab. Ich war schon dabei, wenn Hühner oder Hasen geschlachtet wurden, und es hat mir nicht viel ausgemacht. Aber die Vorstellung, die Nutrias auf dem Teller zu haben, ist mir ein Graus.

Wenigstens war Nutchen, mein Liebling, nicht unter den Opfern. Ich habe sie vorhin noch am Käfig gestreichelt.

»Können Sie mir eins versprechen? Dass Sie Nutchen nicht schlachten und ihr das Gnadenbrot geben.«

»Nutchen? Du meinst das Muttertier, das immer zu dir ans Gitter kommt. Das kann ich dir versprechen. Sie ist eine gute Zuchtmutter und inzwischen zu alt zum Pelzen.«

Er zündet sich seine Pfeife an und schnell ist die Küche in stinkenden Rauch gehüllt.

»Wie war denn Weihnachten? Ich habe gesehen, dass deine Mutter zu Besuch war.«

»Es war schön.«

»Das klingt ja nicht gerade begeistert.«

Der Bienenkönig hat recht. Natürlich war es schön, dass Mutti aus der Zone zu Besuch kam, wenn auch ohne Klaus und Heinzi, die bei Pflegeeltern bleiben mussten. Es war das erste Weihnachten seit fünf Jahren, das wir wieder zusammen mit beiden Eltern feiern konnten.

Doch der Frieden hielt nicht lange. Mutti war schockiert über den schäbigen alten Eisenbahnwagen, in dem es durch die Ritzen zieht. Keine Waschmöglichkeit außer einer Schüssel. Das Plumpsklo nur durch hohe Schneewehen zu erreichen. Obwohl wir alles geputzt und gebohnert hatten, roch es muffig. Und es war so eng, dass wir uns kaum umdrehen konnten.

Mutti fand diese Bleibe unter aller Kanone. Sie drängte darauf, dass wir alle nach Radebeul ziehen. Dort gebe es Arbeit und eine ordentliche Wohnung. Vater lehnte das strikt ab. Er denke gar nicht dran, wieder zu den Russen zu ziehen.

Sie stritten zuerst über die Russen, dann über den Führer. Damit war der Weihnachtsfrieden endgültig vorbei.

»Geht es dir gut, Martha?« Greisel schaut mich besorgt an.

»Ich glaube, dass ein Fluch auf dem Waggon liegt«, sage ich.

»Ein Fluch? Wie kommst du denn darauf?«

»Ich weiß auch nicht. Es ist so dunkel und einsam da draußen, und es gibt unheimliche Geräusche. Als würde der Wagen stöhnen und klagen.«

»Ach was, das bildest du dir ein.«

»Vielleicht liegt es an dem Mann, der dort gewohnt hat.«

Er seufzt. »Jetzt fängst du schon wieder mit dem Luis an.«

»Ich habe erfahren, dass er verhaftet und weggebracht wurde. Aber ich weiß nicht, warum, und ich weiß nicht, wohin.«

»Hab ich dir nicht gesagt, du sollst die Finger von der Geschichte lassen?«

»Das sagen alle. Ich frage mich nur, warum.«

Er knetet seine großen Hände. »Weißt du, warum ich so gerne mit Tieren zusammen bin? Sie sind berechenbar. Sie sind dankbar. Und sie sind treu.«

Er schaut auf Arco, der mein Streicheln genießt. »Die meisten wenigstens.«

»Braver Hund«, sage ich und lächle schelmisch.

»Bei Menschen ist das leider oft nicht so.«

Greisel macht eine lange Pause und schaut hinaus in den verschneiten Garten.

»Der Alois hat viel Mist gebaut. Ich weiß nicht, wie oft er im Knast gelandet ist. Aber er war nicht blöd. Ihm war klar, dass ihn die Gestapo auf dem Radar hat. Also hat er sich still verhalten. Nicht auffallen, keine krummen Dinger, ein bisschen Arbeit.«

Ich halte die Luft an. Arco winselt und stupst mich an, weil ich mit dem Kraulen aufgehört habe, und ich mache weiter.

»Das ist eine lange Zeit gut gegangen. Erstaunlich lange. Was dann passiert ist, kann ich dir nicht sagen. Ich war nicht da. Ich hab in der Zeit auf der Krim das Deutsche Reich verteidigt.« Er lacht heiser. Dann wird er wieder ernst.

»Ich kann dir nicht sagen, warum der Alois verhaftet wurde. Aber nach allem, was ich gehört habe, ist er verraten worden.«

»Von wem?«, frage ich.

»Es könnte jeder gewesen sein. Vielleicht hatte jemand noch eine alte Rechnung offen – und da gab es hier viele. Oder es war einer von den Gestapo-Spitzeln – auch davon gab es eine Menge.«

Er klopft mit der Hand auf den Tisch. »Schluss jetzt. Komm Arco, wir drehen eine Runde.«

Der Hund schreckt kurz hoch, schaut sein Herrchen an und legt dann seinen Kopf wieder auf meine Beine.

Alois 1944

VORHÖLLE

Nach einer Woche sieht Alois durch die Luke der Bretterwand ein Bahnhofsschild: Auschwitz. Er hat den Namen
im Katzenstadel schon gehört. Wer dort landet, so hieß es,
kommt nicht mehr zurück. Bestimmt Latrinenparolen. Im
Knast geht den Leuten die Fantasie durch.

Sie fahren auf ein Nebengleis und endlich wird die Tür
entriegelt. Grelle Scheinwerfer blenden die Ankommenden.
Im Hintergrund kann Alois Wachtürme und große Gebäude
erkennen, die mit Stacheldraht umgeben sind.

Achtzig Frauen und Männer taumeln aus den Waggons,
durchgefroren, ausgehungert, halb verdurstet. Alois stürzt in
den schmutzigen Schnee und stopft ihn sich in den Mund. Er
schmeckt nach Moder und Verwesung. Erst da fällt ihm der
Gestank auf. Ein süßlicher Nebel aus Exkrementen, Kohle und
verbranntem Fleisch liegt wie ein Leichentuch über dem Land.

Es herrscht gespenstische Stille. Kein Hundegebell, keine
gebrüllten Befehle, wie er sie an vielen anderen Bahnhöfen
erlebt hat. Nur aus der Ferne das dumpfe Rattern und Tuten
von Zügen und über ihnen das Kreischen der Krähen.

Ein Trupp SS-Männer beobachtet ruhig die Neuankömmlinge. Einer gibt Anweisung, das Gepäck abzulegen, es werde später nachgebracht. Alois ist das egal, er hat nur, was er auf dem Leib trägt. Auf einen Wink lösen sich magere Gestalten in gestreifter Häftlingskleidung aus dem Dunkel. Mit ausdruckslosen Mienen sammeln sie alle Habseligkeiten ein und werfen sie auf einen Wagen.

Währenddessen teilen die SS-Soldaten die Menschen auf, die Männer müssen sich rechts aufstellen, Frauen, Kinder und Alte links. Zu ihnen werden auch diejenigen geschickt, die krank oder schwächlich sind. Wie Alois es erwartet hat, werden die Männer der Reihe nach befragt. Name, Alter, Beruf, Gesundheitszustand.

Als er an der Reihe ist, steht er stramm: »Alois Roth, neunundvierzig, Gastwirt, gesund.«

Der SS-Mann schaut auf seine Liste. »Gastwirt? Hier steht, du bist Arbeiter.«

»Ich arbeite im Gasthaus meines Bruders.«

»Soso,« sagt der SS-Mann und macht einen Haken auf der Liste.

Da meldet sich Hugo. »Hugo Daniel, einundvierzig Jahre, Maurer, gesund.«

»Dich hat keiner gefragt«, sagt der SS-Mann, ohne aufzublicken. Er winkt mit der Hand, Hugo soll auf die andere Seite gehen.

»Aber er ist ein guter Arbeiter«, mischt sich Alois ein.

Der SS-Mann bleibt ungerührt. »Was du nicht sagst.«

Alois weiß, dass er aufpassen muss. Er nimmt seinen Mut zusammen. »Und obendrein ist er ein erstklassiger Musiker.«

Nun schaut der Soldat hoch und kneift die Augen zusammen. »Was spielst du?«

»Trompete und Klarinette, auch Posaune«, sagt Hugo.

Der SS-Mann überlegt eine Weile, dann nickt er, macht einen Haken auf seiner Liste und wendet sich den Nächsten zu.

Wenig später werden sie in Marsch gesetzt. Die andere Gruppe bleibt zurück. Als sie zum Lagertor kommen, zeigt Alois mit dem Kopf nach oben. »Arbeit macht frei« steht über dem Schlagbaum. »Siehst du«, sagt er zu Hugo.

Zwei Stunden später sind die beiden aufgegangen in der großen Masse aus kahlköpfigen Männern in Zebrajacken und -hosen, die mit stumpfen Gesichtern durch das Lager schlurfen. Wie eine Viehherde werden die Neuankömmlinge von Block zu Block getrieben. Dabei bekommen sie ständig Prügel, ohne dass es einen Grund gibt. Sie werden mit kaltem Wasser abgespritzt, im Frost des Februartags nackt zum Kleiderholen geschickt, dann zum Tätowierer, dabei ständig angebrüllt und wieder geschlagen.

Die Brutalität scheint keinen der Lagerinsassen zu berühren. Keiner blickt auf, wenn schreiende Kapos jemanden zusammenschlagen, keiner schaut sich um, wenn einer im Dreck liegen bleibt.

Ein SS-Sturmführer lässt die Neuen auf dem gefrorenen Platz antreten. Er hat es nicht eilig, betrachtet die Männer in aller Ruhe. Dann hält er eine Begrüßungsrede. Dass sie in einem deutschen Konzentrationslager sind, in dem sie arbeiten müssen und in dem Ordnung herrscht, Sauberkeit und strenge Disziplin. Faulheit wird bestraft, Stehlen wird bestraft, Unpünktlichkeit, Ungehorsam, unerlaubtes Entfernen vom Arbeitsplatz, unerlaubte Pausen, unnötiges Reden, Herumtreiben im Lager nach dem Zapfenstreich, Schmuggeln und Verkauf von Waren und Nahrungsmitteln. Der einzige Ausgang aus dem Lager gehe durch den Schornstein. Sollte das jemandem nicht gefallen, so könne er gleich in den Drahtzaun gehen.

Alois betrachtet die doppelte Reihe mit Stacheldraht. Überall stehen Totenkopfschilder. In den Drähten fließt Starkstrom. Wahrscheinlich kommt man gar nicht bis an den Zaun. Davor ist ein zwei Meter breiter Kiesstreifen, auf den die Maschinengewehre der Wachen in den Türmen gerichtet sind.

Alois kennt die Regeln. Er kennt solche Ansprachen. Es ist wie in allen Gefängnissen. Sie zeigen dir, wer hier das Sagen hat. Sie machen dir klar, dass du nichts bist als ein kleiner Wurm, den man jederzeit zertreten kann. Du sollst Angst haben und Respekt. Sie toben sich an den Neuen aus. Am besten ist es, wenn du nicht auffällst und auch die unsinnigsten Befehle schnell befolgst. Es dauert meist nicht lange, dann finden sie neue Opfer.

Schon wird die Gruppe weitergetrieben. Alois beißt die Zähne zusammen. Er rennt und steht stramm, jammert nicht und stellt keine Fragen, zieht den Kopf ein und drückt die Brust raus.

In kürzester Zeit hat er nicht nur seine Kleidung, Schuhe und die Haare verloren, sondern auch seine Identität und seinen Namen. Sie sind ausgelöscht. Ab jetzt ist er nicht mehr Alois Roth, sondern Häftling Nummer 173690. Diese Nummer trägt er auf der Jacke. Und er trägt sie auf der Haut. Ungläubig starrt er auf seinen linken Unterarm, wo ihm der Tätowierer die Zahlen eingestochen hat.

Seine Sträflingsjacke hat keine Knöpfe, die Holzpantinen sind zu klein, ebenso das abgewetzte Käppi, das sie ihm auf den kahlen Schädel gesetzt haben. Er braucht keinen Spiegel, um zu wissen, wie er aussieht. Er braucht nur die anderen anzuschauen.

Dennoch ist er zuversichtlich. Es wird nicht lange dauern, bisher hat die Haft nie länger als ein paar Monate gedauert. Und wegen einem blöden Spruch am Biertisch werden sie ihn nicht allzu lange einsperren.

Als er vor dem Fotografen sitzt, muss er beinahe lachen. Es ist alles so absurd.

»Wenn ich gewusst hätte, dass ich fotografiert werde, hätte ich mich besser zurechtgemacht«, witzelt er.

Der junge Pole, der die Kamera bedient, wundert sich über den Mann mit dem kantigen Schädel, den großen Ohren und dem klaren, herausfordernden Blick. Der Fotograf hat Tausende Männer und Frauen abgelichtet. Nur die wenigsten von ihnen leben noch – wenn man das hier überhaupt Leben nennen kann.

Die Menschen, die er fotografiert, schauen normalerweise anders in die Kamera. Die Gesichter voller Angst, Trauer, Schmerz, Verzweiflung. Ohne Hoffnung, ohne Kraft. Oft ist ihr Blick leer. Sie sind geschockt, fassungslos über das, was ihnen widerfährt.

Humor kommt selten vor in seinem Fotostudio.

Ihm ist es verboten, mit den Häftlingen zu sprechen. Er schaut aus dem Fenster, niemand in der Nähe. »Wo kommst du her«, fragt er den Kandidaten.

»Allgäu«, sagt Alois. Als der Fotograf nicht begreift, fügt er hinzu. »Bayern, Süddeutschland. Ich heiße übrigens Alois, kannst mich Luis nennen.«

Er streckt dem Fotografen die Hand hin. Der ignoriert sie.

»Du heißt nicht Luis. Du bist Häftling Nummer 173690. Merk dir das. Sonst überlebst du hier nicht lange.«

Der Pole klaubt die Zahlen aus einer Schachtel und stellt die Nummer zusammen. Er schiebt sie auf einen Holzarm neben dem Drehstuhl, davor ein Schild mit der Aufschrift »Pol«, die Abkürzung für politische Häftlinge.

»Der SS-Sturmführer sagte vorhin, dass der einzige Ausgang aus dem Lager durch den Schornstein geht. Was soll das heißen?«

»Du redest zu viel«, sagt der Fotograf, während er die Höhe des Stuhls und das Licht einstellt. Er senkt die Stimme. »Die meisten, die hier ankommen, werden sofort vergast. Viele weitere sterben in den ersten Wochen.«

»Das ist ja die Hölle«, sagt Alois.

»Nein, das ist die Vorhölle. Die Hölle ist in Birkenau«, antwortet der Fotograf.

»Birkenau? Was ist das?«

Der Fotograf winkt ab. »Du bist Deutscher und kein Jude. Du könntest es länger schaffen. Dafür musst du dich vor allem mit dem Kapo gut stellen. Und du brauchst ein gutes Kommando, verstehst du, gute Arbeit. Auf jeden Fall unter Dach, kein Außenkommando. Am besten im Magazin oder in der Küche.«

»Oh ja, Küche«, sagt Alois sehnsuchtsvoll. »Wann gibt es hier eigentlich was zu essen? Ich renne schon den ganzen Tag rum und kippe bald aus den Latschen.«

»Hast du eine Schüssel bekommen, einen Blechnapf?«

»Das schon, aber nichts rein.«

»Wenn du Glück hast, bekommst du heute Abend was. Aber wahrscheinlich musst du bis morgen warten.«

»Na Mahlzeit«, sagt Alois frustriert.

»An den Hunger gewöhnst du dich. Schau, dass du zu Essen kommst. Das Allerwichtigste ist Essen.«

Alois muss sich auf den Drehstuhl setzen und der Fotograf macht drei Aufnahmen, im Profil, von vorne und noch mal seitlich mit Käppi. Dann ist er fertig.

Als er rausgeht, drückt ihm der Fotograf ein Stück Brot in die Hand. »Zeig das niemandem!«

Alois zögert nicht und stopft sich das Brot sofort in den Mund. Der Fotograf grinst. »Ich heiße übrigens Willi.«

*

Alois hat Hugo in dem Durcheinander aus den Augen verloren. Nur kurz sieht er ihn am Abend, als sich die Gruppen zum Appell aufstellen. Drei Stunden stehen sie auf dem Appellplatz. Irgendwann tritt eine kleine Kapelle aus Häftlingen neben dem Tor an und beginnt zu spielen. Alois kann sich kaum mehr auf den Beinen halten, immer wieder fallen Männer um. Kapos rennen zu ihnen und schlagen mit Knüppeln auf sie ein. Wer noch die Kraft hat, stellt sich blutüberströmt wieder in die Reihe, andere werden weggeschleift.

In Alois' Kopf dreht sich alles. Ihm ist schwindlig, sein Körper steif vor Kälte. Wie soll man das begreifen? Die Kapelle spielt deutsche Schlager und dazu werden Menschen totgeschlagen.

Doch das böse Spiel ist noch nicht zu Ende. Sie wechseln zu Marschmusik, der Schlagbaum geht hoch, die Arbeitskommandos treffen ein. Ausgemergelte Gestalten mit leeren Gesichtern marschieren in Fünferreihen ins Lager, eine Gespenstertruppe nach der anderen. Mühsam halten sie Schritt mit der Musik. Einige tragen Kameraden an Händen und Füßen. Ob es Erschöpfte sind oder Leichen, lässt sich nicht erkennen.

Willi hat recht gehabt. Alois bekommt am Abend von der Suppe nichts ab. Er zählt zu den Frischlingen. So nennt Bienek, der Kapo, die neuen Häftlinge. Sie stehen noch nicht auf der Verpflegungsliste. Vielleicht stehen sie auch drauf und Bienek zweigt für sich und seine Lieblinge mehr ab. Während die anderen die dünne Wassersuppe hinunterschlingen, müssen die Frischlinge Turnübungen machen, Kniebeugen, Liegestützen, Purzelbaum. Bienek schlägt auf seinem Blechteller den Takt und wenn einer zu langsam ist, haut er ihm mit einem Knüppel auf den Hintern.

Als die Quälerei endlich zu Ende ist, legt sich Alois hungrig in das zugewiesene Bett. Ein Holzgestell mit einem stinkenden Strohsack als Unterlage. Jedes Bett ist mit zwei, manchmal drei Mann belegt. Der Kopf des einen an den Füßen des anderen. Alois teilt sich das Lager mit Juri, einem Ukrainer, der gebrochen deutsch spricht. Er war Zwangsarbeiter in einer Rüstungsfabrik in München. Als er ein Brot stahl, steckten sie ihn nach Dachau, später nach Flossenbürg, dann nach Auschwitz.

Juri zeigt ihm, wie er seine Jacke zu einem Kopfkissen zusammenrollt, in dem er seinen Blechnapf und seine Schuhe versteckt. »Viel stehlen«, sagt Juri.

Die Betten reichen in drei Stockwerken fast bis zur Decke. Sie stehen so dicht, dass man sich kaum zwischen ihnen bewegen kann. Die Häftlinge müssen übereinander drüberkriechen, um zu ihrem Lager zu kommen. Mehr als hundert liegen eingepfercht in dem Raum, es stinkt nach Urin und Kot und Schweiß und Fäulnis. Die Männer schnarchen, wimmern, weinen, beten oder glotzen apathisch ins Leere.

Trotz der Erschöpfung kann Alois nicht schlafen. Obwohl dies der dunkelste Ort ist, den er jemals erlebt hat, gibt es keine Nacht. Die Scheinwerfer über dem Zaun leuchten jeden Winkel aus. Er schließt die Augen, um sich wegzuträumen. Flüchten in eine Traumwelt, das konnte er schon immer gut. Er versucht, sich seinen Waggon vorzustellen, die Ruhe, Dunkelheit und Wärme dort. Sein Dorf, die Berge, Wiesen, Bäche. Seine Familie und Freunde, Hermann und Dori in der Stube, Franzi in ihrem Laden, die Kumpel am Stammtisch oder beim Kartenspiel.

Doch seine Fantasie ist erloschen, es tauchen keine Bilder auf. Hinter den Worten und Namen liegen keine Erinnerungen mehr. Als hätten die Schergen sein Gedächtnis und seine Vergangenheit zusammen mit seinem Namen ausradiert.

»Das ist die Vorhölle«, hat Willi gesagt. Unvorstellbar, dass es noch schlimmer sein kann, noch gemeiner, noch unmenschlicher, noch tödlicher. Die Hoffnungslosigkeit des Lagers tropft wie Teer in seinen Kopf.

Martha

VERRÄTER

»Ich frage mich, was man in dem alten Kasten findet, wenn man ihn auseinandernimmt. Das hat die Polizei damals wohl vergessen.«

Schwarzhut sitzt auf einer provisorischen Bank an der Friedhofsmauer, hat den Kopf auf die Hände gestützt und betrachtet das Tal. Es ist Anfang März. Der Dauerfrost lässt endlich nach. Neben den Schneeresten wachsen die ersten Blumen. Ich dachte schon, in diesem Land wird es niemals Frühling.

»Was soll man schon finden«, sage ich.

»Ich weiß es nicht.« Er betont das Ich und sein Blick durchleuchtet mich.

Ich wechsle das Thema. »Vater sagt, man soll endlich aufhören, in den alten Geschichten zu stochern. Das bringt nur Ärger.«

»So denken viele – und sie haben ja recht: Natürlich bringt es Ärger. Wer will schon gern an seine alten Sünden erinnert werden?« Er macht eine lange Pause. »Aber du hältst dich nicht an die Anweisung deines Vaters. Sonst wärst du nicht hier.«

»Ja.«

»Du bist eigensinnig und folgst nicht.«

»Das sagt Vater auch immer.«

»Das ist gut so. Lass es dir nicht ausreden. Wir sehen ja, wohin der blinde Gehorsam unser Land gebracht hat.«

Er steht auf und geht vor der Bank auf und ab. Vielleicht hilft es ihm, die Gedanken zu sortieren. Schließlich bleibt er stehen.

»Weißt du, was eine Spruchkammer ist?«

»Ich habe davon gelesen. Es ist wie ein Gericht, bei dem sich die Nazis verantworten müssen.«

»So ist es zumindest gedacht. Aber es ist nichts anderes als eine große Waschmaschine. Vorne gehen die Leute braun rein, hinten kommen sie blütenweiß raus.«

»Beim Schmied unten im Dorf hängt auch so ein Entlastungszeugnis an der Wand.«

»Der Schrader.« Schwarzhut rümpft die Nase. »Ist bestimmt stolz drauf. Beim Adolf ist er wie ein Gockel durch die Straßen gelaufen und hat ›Heil‹ gebrüllt.«

»Er sagt, er hat niemandem geschadet.«

»Das sagen sie alle. Würdest du zugeben, dass du deine Nachbarn denunziert hast, dass du Leute ins KZ gebracht hast?«

Ich schweige.

»Na siehst du. Aber weißt du, was seltsam ist? Dass in all den Verfahren nie der Name Alois Roth auftaucht. Kein Richter hat gefragt, was mit dem Mann passiert ist.«

»Aber was ist denn mit ihm passiert?«

Schwarzhut setzt sich wieder. Er erzählt, dass Alois von den Nazis nichts gehalten habe. Er hielt sich aus der Politik raus. Natürlich merkte er, dass die Leute tuschelten und lästerten hinter seinem Rücken. Aber es war ihm egal.

Er hatte Freunde, die in der Hitlerzeit schnell Karriere machten. Wahrscheinlich hat einer ihn gedeckt. Sonst wäre er sehr schnell in einem Lager gelandet. »Aber er war vielen Leuten ein Dorn im Auge, ein Stachel im Fleisch. Einer, den man entfernen muss.«

»Und dann?«, frage ich.

»Er hat gedacht, wenn er sich nicht um die Leute kümmert, dann kümmern sich die Leute auch nicht um ihn. Das war der erste Fehler. Der zweite war sein Leichtsinn. Er hielt sich immer noch für unverwundbar.«

Ich halte den Atem an.

»Und der dritte war seine verfluchte Sauferei.«

In Schwarzhuts Erzählung taucht das »Gasthaus zum Lamm« auf an einem Abend im November dreiundvierzig. Eine volle Stube, ein schlecht gelaunter Alois, der Bier trinkt, mit seinem Bruder streitet und Ärger macht. Der seinen Mund nicht halten kann und blöde Sprüche reißt. Irgendjemand hat mitgeschrieben.

»Wer war es?«, frage ich.

»Die SA-Führung saß da, Geschäftsleute, Arbeiter, Frauenschaft. Jeder von ihnen könnte es gewesen sein. Ich weiß es nicht.«

Schwarzhut knetet sich die Schläfen, als würde dadurch der Verräter in seinem Gedächtnis auftauchen.

»Wer immer es war, er hat die lokale Führung umgangen. Er ging nicht zum Bürgermeister, weil er wusste, dass der nur abwinken würde. ›Lass doch den Luis, du kennst ihn doch.‹ Nein, er ging entweder zum Landrat oder direkt zur Gestapo.«

Ich sehe einen Beamten der Geheimen Staatspolizei zum Telefonhörer greifen. Er ruft bei der Gendarmerie Obergünzburg an. Sie soll einen gewissen Alois Roth verhaften. Ich sehe einen Polizisten, der sich an einem kalten grauen Freitag im November zum Waggon aufmacht. Auf den Feldern liegt Schnee.

Ich sehe, wie Alois mit dem Polizisten diskutiert, wie er seine Sachen packt, vielleicht noch die Tabaksdose mit seinen Habseligkeiten versteckt. Wie sie zum Bahnhof Günzach gehen, wie Alois dort noch ein Bier trinkt, wie die beiden dann nach Kempten abfahren und der Polizist seinen Gefangenen den Kollegen übergibt.

»Er war nur kurz in Kempten«, sagt Schwarzhut. »Sie haben ihn postwendend nach Augsburg ins Gestapo-Gefängnis gebracht. Dort blieb er gut zwei Monate, bevor er abtransportiert wurde.«

»Wohin?«, frage ich.

»In die Hölle.«

Alois 1944

KARTOFFELSCHÄLER

Das Baukommando ist mörderisch. Besonders jetzt im Winter. Alles ist gefroren, Erde, Steine, Wasser, Werkzeug, sogar der Sand. Jeden Abend beim Einrücken schleppen die Männer einige Kameraden zurück, die den Tag nicht überlebt haben.

Alois stemmt sich gegen den eisigen Wind, der unablässig über die Ebene fährt. Er friert erbärmlich. Der feine Schnee dringt durch seine dünne Jacke. Die Hände sterben ihm ab, die Füße in den Holzpantinen kann er nicht mehr spüren. Seit Tagen muss er zusammen mit fünfzig Mann hinaus in die graue Februarkälte. Angetrieben von Stockschlägen und Gebrüll hacken sie mit Pickeln und Schaufeln den Boden auf, stampfen Sand und Kies hinein, klopfen Holzbohlen in das Schotterbett. Ein schmales Band, auf dem bald Züge fahren sollen, rückt langsam auf die Hauptwache von Birkenau zu. Das Tor des Außenlagers ragt wie ein schwarzer Schlund aus der weißen Landschaft. Dahinter schemenhaft die Holzbaracken und die Schornsteine der Krematorien, deren beißender Rauch kilometerweit zu riechen ist.

Das Abladen der zentnerschweren Bahnschwellen ist eine

Tortur. Nur Juri scheint es nichts auszumachen. Der baum-
lange Ukrainer hat Kraft und ein unerschütterliches Gemüt.
»Arbeit macht warm«, sagt er.

Alois merkt nichts davon. Die eisige Bohle drückt auf seinen Rücken und er hat Mühe, damit vorwärtszukommen.
Miro, der neben ihm trottet, ist noch schlimmer dran. Er ist
ein Muselmann. So nennen sie hier die ausgezehrten Gestalten, die nur noch Haut und Knochen sind. Er schleppt sich
wie ein Gespenst über die Baustelle.

Miro ist ein tschechischer Jude mit melancholischen
Augen. Immer wieder schaut er hinüber zu dem Lager hinter
dem elektrischen Zaun. Alois weiß, dass Miro eine Frau und
ein kleines Kind hat. Sie kamen vor drei Monaten zusammen
an. Seitdem hat er sie nicht mehr gesehen.

Als die nächste zentnerschwere Holzschwelle auf ihren
Schultern landet, geht Miro in die Knie. Die Schwelle fällt
in den Schnee.

»Du sollst arbeiten, faules Schwein«, schreit ihn der Kapo
an. »Stattdessen glotzt du die ganze Zeit da rüber. Meinst du,
ich sehe das nicht?«

Alois zieht Miro an der Jacke hoch. »Nicht schlappma-
chen.«

Doch Miro schüttelt nur den Kopf. Alois schaut ihm in die
Augen und sieht die Leere darin, das Aufgeben, das Flehen,
es möge doch endlich ein Ende haben.

»Lass mich los«, sagt er tonlos.

Alois nimmt die Hände von ihm und Miro dreht sich langsam um. Dann geht er davon, stapft langsam durch das weiße
Feld. Dabei fängt er mit einer schönen Stimme, die man ihm
nicht zugetraut hätte, an zu singen. Der SS-Mann, der sich

vor der Kälte in die Führerkabine des Wagens zurückgezogen hat, bekommt es gar nicht mit. Erst als der Kapo wild an die Tür klopft, merkt er, was los ist. Er ruft Miro hinterher, er soll stehen bleiben, doch Miro geht weiter und singt weiter. Der SS-Mann hebt das Gewehr. Zwei Schüsse und Miro ist still. Die anderen gehen wieder an ihre Arbeit. Alois, der den roten Fleck im Schnee anstarrt, wird durch einen Faustschlag des Vorarbeiters aufgerüttelt.

»Was glotzt du so? Geh an die Arbeit, aber schnell, oder du kannst dich gleich dazulegen.«

*

Bienek ist ein brutales Schwein, roh und abgestumpft. Er trägt einen grünen Winkel, das Zeichen der Berufsverbrecher. Je härter und gnadenloser er in seinem Block durchgreift, desto mehr steigt sein Ansehen bei den SS-Führern. Bienek kennt keine Skrupel, er schlägt mit dem Knüppel, der Peitsche oder einfach mit der bloßen Hand. Und er schlägt oft. Vor allem die politischen Häftlinge, die er überhaupt nicht leiden kann.

Alois bekommt das sofort zu spüren. Er wird bei der Essensausgabe kurzgehalten oder ganz übersehen oder bekommt Tritte anstatt Suppe. Und er bekommt die härteste Arbeit.

Aber Bienek hat auch eine andere Seite. Er ist Rheinländer, ein Genussmensch, der mit Alkohol, Tabak und Essen leicht zu bestechen ist. Und er mag Musik. Wenn er einen guten Tag hat, pfeift er laut und falsch vor sich hin. Dann weiß der Block, dass Bienek eine Sonderration Schnaps oder Zigaretten organisiert hat oder auch einen Schinken. Vor allem aber wissen die Häftlinge, dass der Kapo heute weniger Schläge austeilt als sonst.

Bienek mag auch Bayern, wo er schon ein paarmal Urlaub gemacht hat. Als er hört, dass Alois aus dem Allgäu stammt, nimmt er ihn zur Seite. Er deutet auf seinen roten Winkel. »Bist du Kommunist?«

Alois schüttelt den Kopf.

»Was denn? Warum bist du hier?«

»Ich war öfter mal im Knast. Wegen verschiedener Kleinigkeiten. Betrug. Zechprellerei, Schwarzhandel, Diebstahl, Beleidigung, grober Unfug und so weiter.«

Bienek verzieht anerkennend die Mundwinkel. »Warum bist du dann als Politischer hier?«

Alois macht eine vage Handbewegung. »Ich hatte ein paar Halbe zu viel und konnte die Klappe nicht halten. Es ging um unsere Zeitung und ich hab gesagt, dass das Käseblatt sowieso nur Lügen erzählt.«

Bienek lacht aus vollem Hals. »Und einer hat mitgeschrieben.«

»Scheint so.«

Bienek nickt. »Morgen früh meldest du dich bei mir. Wir suchen dir ein neues Kommando.«

Am nächsten Morgen marschiert Alois zum Küchenblock und reiht sich in die Gruppe der Kartoffelschäler ein. Hundertzwanzig Mann arbeiten im Schälkommando. Neben der Schlange schleichen abgemagerte Elendsgestalten herum und betteln um Essen oder wühlen im Dreck vor der Küche auf der Suche nach Abfällen. Wenn die Kapos sie bemerken, verscheuchen sie die armen Kerle mit Tritten und Schlägen.

Am Eingang zum Küchenblock wird das Werkzeug verteilt. Richtige Schälmesser gibt es nur für altgediente Häftlinge. Sie sind sorgfältig abgezählt und müssen beim Verlassen des Blocks abgegeben werden. Alois bekommt nur ein schmales Holzstück, das wie ein Messer zugeschnitzt und völlig stumpf ist.

In dem lang gezogenen Raum türmen sich Berge von Kartoffeln. Und so viel sie auch schälen und in die Kücheneimer werfen, die Haufen werden nicht kleiner. Oft sind ganze Kartoffelfuhren alt und faulig. Die runzligen Schalen lassen sich nur schwer entfernen. So etwas hätte Alois zu Hause nicht mal den Schweinen in den Trog gegeben.

Schon nach einer Stunde hat Alois verkrampfte Hände. Am Abend sind sie aufgequollen und rissig vom Wasser. Seine Beine und der Rücken schmerzen. Dennoch ist er froh, dass er im Warmen ist und nicht mehr auf der Baustelle im Freien arbeiten muss. Kein Schnee und Regen mehr, kein eisiger Ostwind.

Vor allem fällt in der Küche immer etwas ab. Es ist streng verboten, Essen zu stehlen oder beiseitezuschaffen. Aber jeder macht das. An erster Stelle der Kapo selbst. Das Allerwichtigste ist Essen, hat Willi, der Fotograf, gesagt.

Jeden Abend bringt Alois Kartoffelschalen mit in seinen Block. Er polstert seine Schuhe damit aus, steckt sie in die Nähte seiner Jacke. Manchmal schmuggelt er auch eine kleine Kartoffel raus. Sie ist wertvoller als Gold. Mit einem Mal ist er ein umworbener Mann. Zigaretten werden ihm angeboten, selbst gemachte Löffel, ein besserer Schlafplatz, Hilfsdienste.

Der Einzige, den Alois kostenlos versorgt, ist Juri. »Du guter Mann«, sagt Juri. Alois hat den Ukrainer ins Herz geschlossen. Und er weiß, dass es nicht schaden kann, einen solchen Hünen zum Freund zu haben.

Alois vergisst auch nie, Bienek von dem Gewinn etwas abzugeben. Es ist wichtig, den Blockältesten auf seiner Seite zu haben. Es gibt Häftlinge, die würden für eine Kartoffel töten.

Martha

ABGRUND

Die Hölle hat Namen: Auschwitz, Bergen-Belsen, Buchen-
wald, Majdanek, Sachsenhausen, Treblinka. Ich hatte von
ihnen nie gehört, bis ich ins Kino musste. Ein halbes Jahr
nach Kriegsende hatte die russische Kommandantur einen
Filmbesuch für alle Haushalte angeordnet. Ich war dreizehn
und musste mit.

Mutti stellte sich mit mir in die lange Warteschlange vor
dem Union-Theater, vor dem Plakate den Streifen »Lager
des Grauens« ankündigten. Die Leute, die uns aus dem Kino
entgegenkamen, waren bleich. Viele weinten, keiner konnte
dem anderen in die Augen schauen.

Dann sind wir dran und ich sehe die Hölle. Menschen,
die an einem Stacheldraht stehen, kahl geschoren, ausgemer-
gelt, hohlwangig, wandelnde Skelette, die mit tief liegenden
Augen in die Kamera starren. Berge von Kleidern, Berge von
Brillen, Berge von Haaren, darunter ein Zopf, so fest und dick
wie mein eigener, Berge von Schuhen, darunter ganz kleine.

Männer und Frauen und Alte und Kinder, die Gesichter
voller Leid und Angst und Verlorenheit. Sie halten die dünnen Ärmchen hoch und zeigen die tätowierten Nummern.

Gaskammern. Rauchende Schornsteine der Krematorien. Und Leichen über Leichen. Hunderte, Tausende, verdrehte Leiber, aufeinandergestapelt, in Gruben geworfen, liegen gelassen.

Mein Herz ist zu klein für all dieses Leid. Wie versteinert verlassen wir das Kino. Erst als wir wieder zu Hause sind, kommen die Tränen. Ich kann nicht aufhören zu weinen. Fortan geistern auch diese Bilder durch meine Träume.

Und nun ist Alois Roth in diesen Höllenfilm eingetreten. Ich sehe ihn auf dem Appellplatz stehen, im gestreiften Häftlingsanzug, hungernd, frierend, geschlagen, gedemütigt. Ich sehe ihn im Schlaflager, wo sie sich zu dritt eine Bettschublade teilen.

Wurde er am Ende ermordet? Oder hat er überlebt? Aber dann müsste er doch längst zurück sein. Doch vielleicht ist er fortgegangen, ausgewandert. Ich bin mir sicher, dass Schwarzhut es weiß, aber er ist noch nicht auf diese Frage eingegangen.

Vater fragt am Abend, was denn mit mir los sei. Ich rede mich mit Frauensachen heraus. Wie soll ich ihm das erklären?

Der Einzige, dem ich mich anvertrauen kann, ist Georg. Doch der ist seit unserem Treffen neben der Kirche wie vom Erdboden verschluckt.

Ich war schon zweimal beim Laden, aber da war er nicht, und ich traute mich auch nicht zu fragen. Einmal habe ich ihn auf der Straße gesehen, doch er war zu weit weg und schien mich nicht zu sehen.

Eine Woche später läuft er mir auf dem Marktplatz direkt über den Weg.

»Hallo, Georg, schön, dich mal wieder zu sehen.«

»Hallo, Martha«, sagt er und schaut mich dabei gar nicht an, sondern blickt sich auf dem Marktplatz um.

»Du machst dich ganz schön rar in letzter Zeit.«

»Ja, ich hab viel zu tun. Ich bin total beschäftigt«, sagt er.

Was hat er nur? Erst vor Kurzem war er total vernarrt in mich, und jetzt tut er so, als würde er mich kaum kennen.

»Ich dachte, du könntest mir vielleicht mal wieder helfen beim Holzsammeln.«

»Jetzt im Frühjahr? Da findest du nichts. Der Wald ist wie leer gefegt.«

»Na ja, vielleicht können wir dann einfach so mal spazieren gehen.« Ich berühre kurz seinen Arm, aber er zieht ihn zurück.

»Tut mir leid, ich hab keine Zeit. Ich bin gerade total eingespannt.«

»Sag mal, was ist los mit dir?«

»Gar nichts ist los.«

Er sucht immer noch die Umgebung ab. Ich folge seinem Blick, sehe aber nichts Besonderes, nur die üblichen Passanten.

»Jetzt sag schon. Irgendwas stimmt doch nicht.«

Er druckst herum. »Ich darf dich nicht mehr treffen.«

»Wer sagt das?« Während ich frage, weiß ich die Antwort schon. »Deine Mutter.«

Er nickt.

»Lass mich raten, wie sie mich nennt. Läusepack? Gesocks? Polackengöre? Flüchtlingshure?«

Er wird rot und ich sehe, dass ich einen Volltreffer gelandet habe. »Sie hat uns beobachtet bei der Kirche. Und sie hat mich zur Schnecke gemacht«, sagt er kleinlaut. »Sie sagt, du machst nur Ärger.«

Blanke Wut steigt in mir hoch. »Ich mache Ärger? Ich mache Ärger?«

»Hey, schrei nicht so. Die Leute schauen schon.«

Ich senke die Stimme zu einem drohenden Flüstern. »Ich mache keinen Ärger. Ich habe nur ein paar Fragen gestellt. Aber das scheint einigen hier nicht zu passen. Ich frage mich nur, warum. Hat irgendeiner von den braven Bürgern etwas zu verbergen?«

Er schaut auf seine abgewetzten Schuhe. »Hör doch einfach auf damit. Das bringt doch nichts.«

Ich hole Luft. »Und du lässt dich einfach so herumkommandieren wie ein kleiner Schuljunge. Du tust brav, was Mama sagt. Wenn du mich fragst, ist deine Mutter scheinheilig und falsch. Sie horcht die Leute aus und schwärzt sie bei anderen an. Und du, du bist ein elender Feigling.«

Er fährt hoch. »Ach ja, und du? Du kommst hier als Rucksackdeutsche an, hast keine Ahnung von dem Dorf und den Leuten und spielst den Moralapostel. Du tust gerade so, als wären alle hier unbelehrbare Altnazis.«

»Das stimmt doch gar nicht«, wehre ich mich.

Aber Georg hört nicht zu. Er redet sich in Rage. »Aber hier leben keine Verbrecher, sondern brave Bürger. Das ist ein gutes Dorf. Hier helfen die Leute, wenn es den anderen schlecht geht. Sie achten aufeinander, sind höflich und gastfreundlich. Tausend Flüchtlinge haben wir aufgenommen. Und obwohl wir selber nicht viel haben, haben wir sie untergebracht und für sie noch Kleider und Geschirr und Möbel gesammelt.«

»Aber das bestreite ich doch gar nicht. Ich mache doch niemandem einen Vorwurf.«

»Doch das machst du. Dein ständiges Bohren und Fragen ist ein Vorwurf. Dabei solltest gerade du ganz still sein.«

»Was soll das heißen?«

Er kommt so nahe heran, dass sich fast unsere Nasen berühren. Ich denke, gleich fängt er an zu lachen. War alles nur ein Spaß. Ätsch, bätsch, auf den Arm genommen. Und du hast es geglaubt. Aber sein Gesicht bleibt hart und abweisend.

»Jemand, dessen Vater bei der SS war, sollte sich hier nicht so aufspielen.«

»Wie bitte? Du lügst.«

»Ach, hast du das gar nicht gewusst? Man sieht den Splitter im fremden Auge, im eigenen den Balken nicht. Dein Vater ist doch so bibelfest, wie man sich erzählt. Ich frage dich: Wer ist hier scheinheilig?«

Mir steht der Mund auf, aber er findet keine Worte. Der ganze Marktplatz dreht sich, meine Füße finden keinen Boden.

»Du bist doch so gut im Herumstochern. Dann frag ihn doch mal, was er als SS-Offizier so gemacht hat.«

Er dreht sich um und geht. Kein Gruß, keine Berührung, kein Kuss.

WUNDER

Es ist ein Wunder, dass Hugo die ersten Wochen überlebt hat. Tagelang hat er Ohrfeigen, Tritte und Stockschläge bekommen, weil er Regeln nicht kannte oder Befehle zu langsam umsetzte. Als Alois ihm auf der Lagerstraße begegnet, hätte er ihn beinahe nicht wiedererkannt. Ausgezehrt und mit leerem Blick schlurft er durch die Gegend.

»Warum spielst du nicht in der Kapelle?«, fragt ihn Alois.

»Das ist doch pervers«, sagt Hugo.

»Na und, hier ist alles pervers.«

Hugo schweigt und blickt zu Boden.

»Du hast dem Blockführer gar nicht gesagt, dass du Musiker bist?«

Leise schüttelt Hugo den Kopf.

Alois packt ihn bei den Schultern. »Willst du lieber bei denen sein, die man halb tot durchs Tor trägt?«

Noch am selben Tag erzählt er Bienek, er kenne da ein musikalisches Genie. Bienek wird neugierig und besorgt eine Klarinette. Am nächsten Abend versammelt sich der ganze Block, um dem Vorspiel zuzuhören. Hugo hat seit über einem halben Jahr kein Instrument mehr in der Hand gehabt, seine Lippen sind aufgesprungen, seine Hände taub und geschwollen. Doch er weiß, er spielt um sein Leben.

Er befeuchtet das Blättchen und holt Luft, presst die Lippen auf das Mundstück. Doch es kommt nur ein jämmerliches Quietschen heraus. Bienek schaut Hugo an, dann Alois. Sein Blick ungeduldig, eine Drohung. Wenn ihr mich verarschen wollt, werdet ihr es schwer bereuen.

Hugo entschuldigt sich vielmals, hüpft ein paarmal auf und ab, schüttelt sich, dreht den Kopf, dass es knackt. Dann setzt er erneut an. Er schließt die Augen, spannt das Zwerchfell, seine Halsschlagader quillt hervor. Und diesmal kommen klare, perlende Töne heraus. Zuerst ein paar Tonleitern rauf und runter. Dann spielt er »Ännchen von Tharau«, und die Männer im Block hören andächtig zu. Manche wischen sich verschämt über die Nase. Als Hugo fertig ist, herrscht Stille. Alle schauen auf Bienek, der mit verschränkten Armen dasitzt. Er seufzt, dann fängt er an zu klatschen, langsam und kräftig. Und alle fallen in den Beifall ein.

Hugo muss weiterspielen. Er gibt ein paar Volkslieder zum Besten, wechselt zu Schlagern und Tanzmusik und spielt zum Abschluss »Ich weiß, es wird einmal ein Wunder geschehen«.

Gleich am nächsten Tag sorgt Bienek dafür, dass Hugo in seinen Block kommt.

*

Wenige Wochen später läutet am frühen Sonntagnachmittag die Lagerglocke. Sie tönt sonst nur zum Appell am Morgen und am Abend. Mitten am Tag verheißt der Klang nichts Gutes. Blocksperre. Alle Türen werden verschlossen, keiner darf rein oder raus. Aufgeregt laufen alle durcheinander, richten ihre Kleidung, ihre Betten. Flüche und Kommandos hallen durch die Flure. Schon seit Tagen wird gemunkelt, dass eine Selektion bevorsteht. Nun ist es sicher. Wen würde es erwischen? Wer ist zu schwach, zu mager, zu alt? Wer hat Pusteln, Läuse, Schwellungen, Krampfadern?

Alle müssen sich ausziehen und werden von Bienek und seinen Helfern mit Schlägen in den Tagesraum getrieben. Dort warten sie zusammengepfercht auf die SS. Der Raum ist so voll, dass niemand umfallen kann. Das Atmen fällt schwer. Alois und Hugo stehen mitten in der Fleischmasse. Trotz der stickigen Hitze zittert Hugo.

»Diesmal bin ich dran«, flüstert er. »Ich weiß es, diesmal trifft es mich.«

Alois beruhigt ihn. »Du musst aufrecht gehen, Brust raus, Kopf hoch, mit kräftigen Schritten. Keine Schwäche zeigen. Die nehmen nur die Schwachen raus.«

Hugo hebt seinen linken Arm und zeigt auf das »Z«, das dort vor der Häftlingsnummer eintätowiert ist. »Siehst du das hier? Es hat geheißen, uns schicken sie alle ins Gas.«

»Du darfst nicht alles glauben. Hier wird jede Menge Mist erzählt. Du bist doch jung. Und vergiss nicht, du bist der Blockmusiker.« Alois grinst.

Im Vorraum werden Befehle geschrien. Bienek macht Meldung. Dann geht alles schnell. Die Tür wird geöffnet. Alois sieht den SS-Blockführer an einem Tisch, auf dem die Karteikarten der Gefangenen liegen. Neben ihm Bienek und der Blockschreiber.

Der Reihe nach werden sie aufgerufen. Jeder Häftling muss vortreten und an dem Tisch vorbei durch den Raum gehen. Ein kurzer Blick des Blockführers, dann legt er die Karteikarte nach links oder rechts.

Alois hat drei Sekunden. Er legt die Arme an, drückt die Brust heraus und geht mit erhobenem Kopf an dem Richtertisch vorbei. Bevor er auf der anderen Seite im Schlafraum verschwindet, sieht er aus dem Augenwinkel, dass seine Karte nach rechts geschoben wird. Hugo, der wenig später durchläuft, hat keine Ahnung, auf welcher Seite er gelandet ist.

Letztlich ist es auch egal. Keiner weiß, ob links oder rechts besser ist. Die einen sagen, links hieß, dass sie dich ins Gas schicken. Andere sind sicher, dass die rechte Seite den Tod bedeutet. Einige wollen gehört haben, dass es nur um eine Verlegung in ein anderes Lager geht. Und jedes andere Lager kann doch nur besser sein als Auschwitz. Auch aus Bienek ist nichts rauszubringen. Er weiß nur, dass er bald wieder mehr Platz in seinem Block hat.

Die Angst und Ungewissheit dauert bis zum nächsten Morgen. Erst dann ist klar, welche Häftlinge der Blockführer aussortiert hat. Es sind jene, die nicht zur Arbeit gehen. Sie werden nach dem Appell wieder zurück in den Block geschickt, wo sie auf den Abtransport warten müssen. Auch Hugo ist unter ihnen. Alois bedrängt Bienek, etwas für Hugo zu tun. Man müsse den Musiker unbedingt retten. Bienek schüttelt nur gelangweilt den Kopf. »Zigeuner ist Zigeuner. Da kann man nichts machen.«

Eine Stunde später kommt der Lastwagen, holt die Ausgesonderten ab und bringt sie nach Birkenau.

*

Die Sirene bedeutet nichts Gutes. Meistens ist sie ein Zeichen dafür, dass es einen Ausbruch gegeben hat. Bei einem von den Tausenden ist der Mut oder die Verzweiflung so groß geworden, dass er die Flucht wagt. Vielleicht sind es auch mehrere. Man wird es rasch erfahren, Gerüchte laufen in Auschwitz schneller als die Menschen.

Jede Flucht gibt einen Funken Hoffnung. Dass der Häftling es schafft und die SS-Männer austrickst. Dass er beweist, es gibt noch eine Freiheit hinter den verfluchten Zäunen. Vor allem, dass er der Welt von dieser Hölle berichtet.

Doch mehr als die Hoffnung steigt in den Baracken die Angst. Für jeden Geflüchteten sterben zehn andere, heißt es. Keiner weiß, welche Barbarei sich die SS ausdenken wird, keiner weiß, wen ihre Wut trifft.

Dieses Mal ist Alois jedoch dankbar für den Alarm. Er streckt dem SS-Mann im Krankenbau gerade sein offenes Bein hin. Der Mann, ein Sanitätsdienstgrad, der gewiss nicht zart besaitet ist, hält die Luft an wegen des Gestanks. Er runzelt die Stirn und Alois weiß genau, was er denkt: ob der Häftling 173690 noch eine Behandlung wert ist. Als die Sirene ertönt, schaut der SS-Mann irritiert aus dem Fenster, dann gibt er Adam einen Wink, murmelt etwas Unverständliches und verschwindet.

Adam ist der polnische Helfer im Krankenbau. Er zwinkert Alois zu, während er ihm Blut abnimmt. Dann hält er ihm ein Skalpell und einen grauen Lappen vor die Nase. »Nix schreien«, sagt er mahnend und stopft ihm den Lappen in den Mund.

Vorsichtig schneidet er die braungelbe Stelle an Alois' Unterschenkel auf, drückt den Eiter raus und streicht eine brennende Flüssigkeit auf die Wunde. Alois schwinden die Sinne. Er krallt sich an der Pritsche fest und beißt auf den Lappen.

Wenig später liegt er in der Stube von Block 21 mit einem Verband am Bein. Er teilt sich das Bett mit einem Mann, der nicht ansprechbar ist. Er scheint noch sehr jung zu sein, aber das ist hier schwer zu sagen. Das tägliche Grauen, der Hunger und die quälende Arbeit lassen die Männer schnell altern. Sein Gesicht ist eingefallen, die Hände spinnendünn. Ein Gerippe, das nur leise vor sich hin schnorchelt. Alois greift unter das Kopfkissen und findet ein Stück Brot, das er rasch verschlingt. Der andere wird die Nacht sowieso nicht überleben.

Alois atmet tief durch. Er wird nicht gescheucht, nicht geschunden, nicht beschimpft oder geschlagen. Zum ersten Mal seit seiner Ankunft kann er ausruhen. Wie lange ist das her? Vielleicht zwei Monate, vielleicht drei. Er hat aufgehört, die Tage zu zählen. Alle Zeit hat ihren Wert und Sinn verloren. Wichtig ist nur, dass du heute zu essen hast, dass du heute nicht bestraft wirst, dass du heute überlebst.

Martha

SANITÄTER

Ich liebte Vaters schwarze Uniform. Sie hatte einen festen Gabardinestoff und fühlte sich glatt und kühl an, wenn ich meine Wange dagegen schmiegte. Sie roch nach Vaters Rasierwasser, Rauch und Ballistol.

Stolz und elegant kam er daher, ich himmelte ihn an. Wenn er nach Hause kam, war es ein Ritual, dass ich als Große seine Mütze nehmen und aufsetzen durfte. Mein Kopf versank darin, ich sah in den Spiegel, stand stramm und reckte den rechten Arm hoch.

Besonders interessant waren die Abzeichen. Oben auf der Mütze breitete ein silberner Reichsadler seine Schwingen aus. Er hielt einen Kranz mit dem Hakenkreuz in seinen Krallen. Auf der einen Seite des Jackenkragens war ein blauer Aufnäher, darauf eine Schlange, die sich um einen Stab wand. Sie war das Zeichen für die Sanitäter. Auf der anderen Seite zwei zackige Runen.

Ich erinnere mich auch, dass wir plötzlich aus der finsteren Wohnung in der Altstadt nach Maraunenhof umziehen konnten. Das Haus im Königsberger Villenviertel haben wir bekommen, weil Vater gute Drähte nach oben hatte. Das betonte er immer wieder. Die Nachbarn grüßten uns mit Respekt.

Natürlich war er bei der SS. Ich habe ihn nie darauf angesprochen, ich habe nie nachgefragt. Weil ich nur den Sanitäter sehen wollte, den Helfer, den tapferen Mann in einer schicken Uniform.

Wie konnte ich nur so blind sein? Wie konnte ich das verdrängen? Wie konnte ich etwas nicht sehen, was direkt vor meinen Augen lag? Wie konnte ich Vaters Sprüche überhören, dieses ewige »unter dem Führer wäre das nicht passiert«. Dabei habe ich doch am eigenen Leib erlebt, was passiert ist, wie alles zerbrach und verloren ging. Ich habe die Filme gesehen, die Lager, in denen so viele Menschen gequält und ermordet wurden. Und immer waren SS-Männer die Teufel in dieser Hölle.

In meinem Kopf purzeln die Bilder durcheinander. Ich auf Vaters Schoß, während er mir Geschichten vorliest. Berge von verkohlten Leichen. Vater, der mir einen Geburtstagskuchen ans Bett bringt. Ausgehungerte Gestalten hinter Stacheldraht. Vater, der mich beim Fangenspielen durch den Garten jagt. Ein SS-Mann, der Kinder in die Gaskammer treibt. Seine warme Hand auf meinem Haar. Ein dicker Zopf auf einem Haufen von Haaren.

War Vater einer von ihnen? War er einer von den Schlächtern? Ist das möglich? Kann derselbe Mann so liebevoll und gütig und zugleich so unmenschlich und böse sein? Wer war er in Wirklichkeit? Was war er? Was hat er in all den Jahren an der Front getan? War er überhaupt an der Front? Mir wird übel und schwindlig bei dem Gedanken.

Als er am Abend nach Hause kommt, hat er beste Laune.

Er schwenkt ein Blatt Papier, das den Stempel der Gemeinde trägt.

»Es ist geschafft. Mutti darf hierherziehen zusammen mit Klaus und Heinzi. Ist das nicht wundervoll? Wir haben die Genehmigung, Marthi! Wir haben die Genehmigung.«

Er will sich gleich hinsetzen und Mutti schreiben. Schon in wenigen Wochen könne sie hier sein. Dann werde die Familie endlich wieder vereint sein.

Ich nicke. »Ja, das ist schön, Vati.«

»Freust du dich gar nicht?«

»Doch, ich freue mich.«

Ich schaue ihm zu, wie er geschäftig durch den Waggon eilt, Dinge aufräumt, unruhig ist. Dann wendet er sich wieder mir zu. Er schaut mich mit schiefem Kopf an. »Was ist denn los, Marthi?«

»Vati, warst du bei der SS?«

Er erstarrt in der Bewegung. Seine gute Laune ist mit einem Schlag erloschen. »Wer erzählt so was?«, fragt er.

»Leute im Dorf.«

»Leute im Dorf.« Er spuckt es förmlich aus. »Ich weiß schon, woher das kommt. Die sollen ihr Maul halten. Sie haben alle selber Dreck am Stecken. Und wollen die anderen nur runtermachen. Als hätten wir es nicht schon schwer genug, nach allem, was wir durchgemacht haben.«

»Du warst doch in der SS, oder?«

»Was soll das werden? Ein Verhör?«, herrscht er mich an. »Ich war Sanitäter. Ich war in zwei Kriegen Sanitäter.«

»Mein Vater hat mir beigebracht, dass man nicht lügen soll«, sage ich tonlos.

Er schaut mich finster an. Die Stirn gerunzelt, die Lippen zusammengepresst, geduckt wie eine Raubkatze vor dem Sprung. Dann wird sein Gesicht weich. Er seufzt.

»Ja, da hat dein Vater recht. Du sollst nicht lügen. Aber dein Vater sagt dir noch etwas: Du musst auch nicht jedem alles auf die Nase binden. Manchmal ist es besser, den Mund zu halten. Die Leute müssen nicht alles wissen. Sie wollen dir nur einen Strick daraus drehen.«

Er schweigt und ich schweige. Ich schaue ihn nur einfach an, sehe diesen Vater vor mir, der so herzlich sein konnte, zuvorkommend, höflich, menschlich, hilfsbereit. Und ich sehe dahinter den harten Mann, den Soldaten, den SS-Offizier. Vielleicht einen Mörder?

»Es geht nicht um die Leute, Vati. Es geht um mich.«

»Es gibt nichts, wofür ich mich schämen müsste. Es gibt nichts, was ich bereuen müsste.«

»Aber überall heißt es, die SS war böse und brutal«, sage ich.

Er fasst mich an den Schultern, sein Gesicht nur wenige Zentimeter vor meinem. »Ich habe niemals, Marthi, glaube mir das, ich habe niemals etwas Böses getan.«

Seine Stimme bricht, er wendet sich ab und fährt sich über die Augen.

Der Waggon fängt an zu schwanken, dabei ist es draußen völlig windstill. Die Büsche und Bäume vor dem Fenster drehen sich und verschwimmen vor meinen Augen. Meine Knie fangen an zu zittern, ich muss mich festhalten. Was kann ich noch glauben? Ich weiß es nicht.

Er setzt sich an den Tisch und stützt den Kopf in die Hände. Es scheint, als spricht er nicht mit mir, sondern mit sich selbst.

»Wir waren die Elite, wir waren die Besten, die Tapfersten, die Mutigsten. Wir waren eine Gemeinschaft, in der jeder für den anderen eingestanden ist und sein Leben gegeben hätte. Kameraden, auf die du dich blind verlassen konntest. Nur will das keiner mehr hören. Heute ist das alles nichts mehr wert.«

»Aber darum geht's doch nicht. Es geht um die Grausamkeiten, die Verbrechen.«

Er steht mit einem Ruck auf. »Es war Krieg, Marthi. Da heißt es, du oder der andere, Auge um Auge, Zahn um Zahn. Das kann sich keiner vorstellen. Die Leute, die heute schlau daherreden oder etwas in der Zeitung schmieren, haben keine Ahnung, die sind noch nie im Trommelfeuer gestanden. Wir mussten kämpfen, mussten uns verteidigen. Wir haben einen Eid auf den Führer geschworen. Heute reden sie nur schlecht über ihn. Aber der Führer hat viel Gutes für unser Land geleistet.«

»Und was ist mit den Lagern?«, frage ich wütend. »Mit den Juden, die man umgebracht hat? Hast du Auschwitz vergessen, die Millionen Ermordeten, die Gefallenen, Verbrannten, Vertriebenen, die vielen Toten, all die Zerstörung?«

»Das ist doch alles Propaganda«, ruft er. »Du darfst nicht alles glauben, was sie uns heute weismachen wollen.«

»Und das hier?« Mit einer Handbewegung zeige ich auf die ärmliche Einrichtung im Waggon. »Ist das hier auch Propaganda?«

Die Ohrfeige kommt ansatzlos. Er schlägt mit dem Handrücken. So war es schon immer. Vater verprügelte uns nicht. Ihm genügte ein Schlag. Damit war die Diskussion beendet und wir Kinder hielten den Mund und verkrochen uns.

Doch diesmal weiche ich nicht. Ich stemme meine Arme vor seine Brust, packe ihn am Kragen und stoße ihn mit aller Kraft zurück. Erschrocken stolpert er nach hinten, bis das Wandregal uns stoppt. Ich stehe ganz nah vor ihm und halte ihm mein glühendes Gesicht entgegen.

»Schau uns doch an«, brülle ich. »Dieser Führer ist schuld, dass wir alles verloren haben, unser Haus, unsere Heimat, die Freunde, alles. Was soll denn daran gut sein?«

Er starrt mich erschrocken an, unfähig, etwas zu sagen. Ich lasse ihn los und stürme aus dem Waggon.

Alois 1945

MENSCHENSTROM

Seit Monaten hören die Häftlinge das Donnern der Front. Jeden Tag gibt es neue Gerüchte. Die Russen sind über die Weichsel. Sie überrennen die Deutschen. Sie kesseln das Lager ein. Sie stehen schon in Kattowitz. Jeder hat eine todsichere Quelle.

Alois gibt nichts darauf. Aber er ist sicher, die Russen können nicht mehr weit sein. Die SS-Wachmänner sind nervös. Auch Bienek ist unruhig. Er zeigt sich auf einmal großzügig, spendiert Schnaps und Tabak, lässt den Schlagstock stecken. Er gibt sich sogar als Retter aus, der viele Männer aus dem Block vor der Gaskammer bewahrt hatte.

Am Abend trinkt er und wird redselig. Er nimmt Alois zur Seite und bietet ihm eine Zigarette an. »He, Allgäuer, was machst du, wenn das alles hier vorbei ist?«

Alois hat keinen blassen Schimmer. Seit einem Jahr denkt er nicht weiter als bis zum nächsten Essen, bis zum nächsten Tag.

»Du gehst doch bestimmt zurück in dein schönes Dorf in den Bergen«, sagt Bienek mit schwerer Zunge.

»Mal sehen«, sagt Alois. »Vielleicht schau ich mir die Welt an.«

Bienek schnaubt. »Die Welt ist im Arsch. Wir haben sie kaputt gemacht.«

Er überlegt eine Weile, sucht nach den richtigen Worten. »Pass mal auf. Es dauert nicht mehr lange, dann sind die Russen da. Und wenn sie die Sauerei hier sehen, dann kannst du dir denken, dass sie ziemlich angefressen sind.«

Alois schweigt und wartet.

»Es wird ein Tribunal geben. Sie werden alle rausziehen, die für das hier verantwortlich sind.« Bienek macht eine große Bewegung mit dem Arm. »Und da kann es gut sein, dass mir ein paar Leute was anhängen wollen.«

Oh ja, denkt Alois, diese Leute wird es bestimmt geben. Und wer weiß, ob sie warten, bis die Russen Gericht halten. Wenn die SS abhaut, ist Bieneks Leben keinen Pfifferling mehr wert.

»Aber ich bin in diesem Laden nur ein kleines Licht«, fährt Bienek fort. »Ich habe doch nichts zu sagen, bin ein Häftling wie alle anderen.«

»Du willst, dass ich für dich aussage, wenn es so weit kommt?«

Bienek reibt sich die Glatze und schaut Alois groß an.

»Warum sollte ich das tun?«

Bienek steht auf und schlägt mit der Faust auf den abgeranzten Tisch. »Weil ich euch alle immer beschützt habe. Schau dich doch mal um. Wo wärt ihr denn ohne mich? In der Gaskammer wärt ihr. Ich habe meinen Laden zusammengehalten. Ich war vielleicht nicht immer zimperlich, aber schau dir doch die anderen an. Ich hab keinen totgeschlagen oder erwürgt. Ich hab mich für die Leute eingesetzt. Gerade du solltest das wissen. Ohne mich wärst du schon lange da draußen verreckt, erfroren oder einfach vor Schwäche umgefallen.«

Bienek hat recht. Immerhin hat er ihm die Stelle bei den Kartoffelschälern besorgt.

»Ich denke drüber nach«, sagt Alois.

»Denk genau nach.« Bienek ist aufgestanden und hält ihm einen Finger vor die Nase. »Ein Wink von mir und du überlebst den Appell morgen nicht.«

Doch am nächsten Morgen gibt es keinen Appell mehr. Stattdessen Befehle aus den Lautsprechern. Alle Mann raus, jeder eine Decke, antreten. Evakuierung. Das Lager wird geräumt. Nur die Gehfähigen. Wer nicht laufen kann, muss bleiben.

Alle rennen hektisch durcheinander. Mitten in dem Chaos stolpert Alois über Juri, der gerade umdreht und wieder zurück in den Block will.

»Ich nicht gehen«, sagt Juri.

Alois hält ihn fest. »Weißt du, was sie mit denen anfangen, die zurückbleiben?«

Juri begreift nicht. »Ich warten auf Kameraden.«

»Bis deine Kameraden da sind, bist du ein toter Mann.«

Er zieht Juri mit und sie stellen sich in die Reihe. Ungläubig sehen sie, wie das Tor geöffnet wird und Tausende abgemagerte Männer in ihren Zebra-Anzügen hinausströmen. Sie werden von dieser Masse fortgerissen in den eisigen Januartag.

Immer wieder kommen neue Kolonnen hinzu. Frauen und Männer aus Birkenau, Monowitz und den vielen anderen Außenlagern. Sie alle reihen sich in den stummen Menschenstrom, der über knietief verschneite Felder, vereiste

Wege, durch Schneetreiben und klirrende Kälte marschiert. Wie eine Viehherde, begleitet von den Schlächtern. Schon nach kurzer Zeit bleiben die ersten Häftlinge zurück, brauchen eine Pause, setzen sich in den Schnee oder fallen einfach um. Vom Ende des Zuges sind Schüsse zu hören. Juri, der unwillig neben Alois marschiert, bleibt stehen und schaut sich um.

Alois schiebt ihn weiter. »Wenn du schwach wirst, bist du tot.«

Er arbeitet sich mit Juri in den vorderen Teil der Kolonne vor. Dort treffen sie auf Bienek. Er hat die rote Armbinde des Blockältesten weggeworfen und ist jetzt ein Häftling unter Tausenden.

»Du Schwein«, ruft Juri und geht auf Bienek los. Bevor der reagieren kann, schlägt Juri ihn mit der Faust ins Gesicht.

Alois packt Juri am Arm. »Spar dir deine Kraft zum Laufen. Wenn du eine Rauferei anfängst, erschießen sie uns alle.«

»Der da soll nicht überleben«, knurrt Juri.

»Im Moment wollen wir alle überleben. Die lachen doch nur, wenn wir uns jetzt auch noch gegenseitig umbringen.«

Widerwillig fügt sich Juri.

Als der Todesmarsch zwei Tage später das Städtchen Gleiwitz erreicht, liegen Tausende Männer und Frauen hinter ihnen am Wegrand. Erschossen, erschlagen, erfroren, zugedeckt vom endlos fallenden Schnee.

Die Bewacher treiben die frierenden, hungernden und erschöpften Menschen in ein provisorisches Lager. Dort fällt Alois einfach um. Er hat keine Kraft mehr und sein verletztes Bein ist angeschwollen. Die letzten Kilometer haben Juri und Bienek ihn in die Mitte genommen und gestützt.

Juri zieht ihn unter ein Vordach, das vor Schnee und Wind schützt. Dann verschwindet er und taucht eine halbe Stunde später mit ein paar Brocken Brot und sogar einem Becher Suppe auf, die er organisiert hat. »Nix schwach sein, sonst tot«, sagt er und grinst.

Martha

HEIMWEH

Nach dem Abwasch nehmen Mutti und ich die Schürzen ab. Vati ist mit den Jungs draußen und werkelt im Garten.

»Komm, ich zeige dir das Dorf«, schlage ich vor.

Sie mustert mich verwundert von der Seite. »Ich kenne das Dorf doch schon.«

Ich zwinkere ihr zu. »Ich mache eine Spezialführung.«

Mutti lacht. »Aber vorher muss ich mich umziehen.«

Sie schlüpft in ihr gepunktetes Frühlingskleid und wirft sich einen Schal um die Schultern. Ich hake mich bei ihr unter und genieße die umgekehrte Rollenverteilung, bin nicht mehr das Kind an ihrer Hand, sondern die Große, die sich auskennt. Sie lässt es zu und lächelt in sich hinein.

Zuerst führe ich sie zu den Nutrias.

»Die Viecher habe ich doch beim letzten Besuch schon gesehen«, sagt sie.

»Ich muss dir jemand vorstellen.« Ich beuge mich hinunter zum Gitter, und sofort steht Nutchen da und reibt ihre Barthaare an meiner Hand. »Das ist Nutchen, meine ganz besondere Freundin. Kannst du dich um sie kümmern?«

Mutti hält ebenfalls ihre Hand ans Gitter und freut sich,

als sie neugierig beschnuppert wird. »Das mach ich, Nutchen.«

Ich werfe den Tieren schnell Futter rein, dann gehen wir
ins Dorf.

Am Krämerladen bleibt Mutti stehen und betrachtet das
Schaufenster. Auf einmal ruft sie entzückt aus. »Oh, schau
mal, sie haben Cremeseife.«

»Die Verkäuferin ist ein bisschen biestig«, warne ich.

Aber sie hat schon die Klinke in der Hand. »Keine Sorge.«

Der übliche Hausfrauen-Clan ist versammelt und glotzt
uns unverhohlen an. Mutti tut, als bemerke sie es nicht,
und ruft ein lautes »Schönen guten Tag, die Damen« in die
Runde. Sie teilt damit die Gruppe wie Moses das Rote Meer.

»Ach, Sie lassen uns vor. Sehr freundlich. Vielen Dank
auch.« Mutti ist in Hochform.

Die Strobl setzt ihr falsches Lächeln auf. »Was darf's denn
sein?«

»Sie haben aber einen ausgesucht schönen Laden. Ich bin
ganz begeistert.«

Mutti strahlt die Strobl an und die kann mit so viel Lob
nicht umgehen, bekommt rote Backen. Bevor sie reagieren
kann, bittet Mutti um Cremeseife und feinen Kakao und eine
kleine Tüte Lakritzschnecken.

»Soll ich anschreiben?«, fragt die Strobl.

»Aber nicht doch«, lächelt Mutti und zückt ihre Geldbörse.

Als wir draußen sind, merke ich erst, dass ich die ganze
Zeit nicht geatmet habe.

»So schlimm ist sie doch gar nicht«, sagt Mutti und zwinkert mir zu.

Ich zeige ihr das Rathaus und die Kirche und den Marktplatz und die vielen Gasthäuser und Geschäfte. Als wir am »Gasthaus zum Lamm« vorbeigehen, bekomme ich einen Kloß im Hals. Bevor Mutti etwas merkt, fange ich an zu plappern.

»Hier war ich mal mit Vater. Die junge Wirtin heißt Dori, eine patente Frau, die wird dir gefallen.«

Ich ziehe sie weiter »Und jetzt gehen wir noch in die Käserei Thalmann. Das ist mein Lieblingsladen.«

Franziska Thalmann begrüßt uns freundlich. Als ich Mutti vorstelle, reicht sie ihr die Hand. »Sie haben eine großartige Tochter.«

»Ja, das finde ich auch«, sagt Mutti stolz, und ich merke, wie ich rot werde.

Frau Thalmann wendet sich zu mir. »Und du willst bestimmt wieder Glumes.«

»Glumse«, verbessere ich und wir lachen.

Die Frauen verstehen sich sofort. Mutti erzählt, dass sie erst vor zwei Tagen aus der Ostzone angekommen ist, zusammen mit meinen kleinen Brüdern. Dass sie sich erst eingewöhnen muss und dass ich ihr gerade das Dorf zeige.

»Dann willkommen in Obergünzburg. Ich hoffe, Ihnen gefällt es hier«, sagt Frau Thalmann und schenkt ihr ein großes Käsestück zur Begrüßung.

Zum Abschluss unseres Rundgangs gehe ich mit Mutti auf den Nikolausberg. Wir schauen von oben auf den Marktflecken und auf die Bergkette, die im Frühlingsdunst nur schwach am Horizont erscheint.

»Ich bin gerne hier oben. Es ist nicht so eng wie unten im Tal.«

Mutti nimmt meine Hand. »Heimweh?«

»Manchmal«, sage ich leise.

»Verstehe ich.«

Sie muss nicht mehr sagen. Ich weiß, dass sie sich noch schmerzvoller als ich nach den masurischen Weiten sehnt, nach dem Wind und dem Geruch des Meeres.

Ich lehne mich an sie und atme tief durch. »Aber noch öfter habe ich Fernweh.«

Lange stehen wir da und träumen uns jede für sich in die Ferne.

Am Ende des Rundgangs gehen wir bei Tante Irene vorbei, die uns zu einer Tasse Tee einlädt. Im Haus nimmt sie mich beiseite und drückt mir einen Umschlag in die Hand.

»Bethel hat geschrieben.«

Ich drehe und wende den Brief in meinen Händen. Mein Herz schlägt bis zum Hals.

»Nun mach schon auf«, sagt Irene.

Vorsichtig öffne ich die Lasche. Es ist nur ein Blatt drin. Mir kommen die Tränen. »Sie nehmen mich«, flüstere ich. »Ich kann gleich im Juni anfangen.«

Irene nimmt mich in den Arm und tanzt mit mir.

Mutti kommt aus der Nähstube. Wir bleiben ertappt stehen.

»Was habt ihr denn da für Geheimnisse?«

Ich halte ihr stumm den Brief unter die Nase. Mutti liest. Wie man nur so lange brauchen kann, um die paar Zeilen zu lesen. Endlich ist sie fertig, lässt das Papier sinken, fährt sich mit dem Handrücken über die Wangen.

»Dann ist es jetzt so weit. Meine kleine Marthi wird flügge.« Sie streicht mir sanft über die Wange.

»Vater wird es nicht erlauben«, sage ich deprimiert.

Mutti ist irritiert. »Ach, er weiß noch gar nichts?«

Irene schüttelt den Kopf.

»Das wäre ja noch schöner«, sagt Mutti. »Mach dir keine Sorgen. Ich spreche mit ihm.«

Ich weiß, wenn sie auf meiner Seite ist, wird es klappen.

Beim Tee zieht Erna eine Schnute, weil ich sie in das Geheimnis nicht eingeweiht habe.

»Sei nicht beleidigt, Zwiebelchen.« Ich streiche ihr über die Schulter.

»Hättest ja mal einen Ton sagen können«, brummt sie.

»Ich habe doch selbst nicht geglaubt, dass es was wird.«

»Ich würde das nicht wollen. Allein so weit weg. Ganz schön mutig von dir.«

»Ich bin nicht mutig«, sage ich. »Ich will nur endlich auf eigenen Beinen stehen.«

Erna freut sich ehrlich für mich. Sie ist überhaupt nicht neidisch, dass ich so weit wegfahre. Sie ist angekommen und zufrieden in diesem Dorf, in dem alles so überschaubar ist. Sie ist glücklich, dass endlich alle wieder zusammen sind.

Während wir Mädchen vor uns hin plappern, machen die Frauen bereits Pläne. Irene will die Zugfahrt bezahlen. Was für Kleider brauche ich? Welche Jacke, Strümpfe, Schuhe? Wie viel Wäsche? Wird ein Koffer reichen? Das Kind soll sich nicht zu sehr abschleppen.

Das Kind.

Das Kind hat auf der Flucht einen Koffer getragen, der fast so groß war wie es selbst. Dazu einen dicken Rucksack. Das Kind hat den dreijährigen Heinzi über Bahnhöfe und Feldwege geschleppt, dabei den vierjährigen Klaus an der Hand. Das Kind hat beim Hamstern Kohle- und Kartoffelsäcke hinter sich hergezogen, weil sie zum Tragen zu schwer waren. Das Kind ist kein Kind mehr. Es wird weggehen. Und es wird mit Freude sein Gepäck tragen.

Auf dem Heimweg nimmt mich Mutti in den Arm. »Ich werde dich vermissen. Aber ich bin froh, dass du diesen Schritt selbst machst. Sonst hätte ich dich weggeschickt.«

Als ich sie erschrocken anschaue, lächelt sie nur. »Du würdest hier doch versauern.«

Ich lehne meinen Kopf an ihre Schulter.

»Dann war das jetzt so etwas wie dein Abschiedsspaziergang«, sagt sie.

»Ja, das war es«, antworte ich.

Ein Abschied, ohne es zu wissen. Das ist gut so. Denn ich hasse Abschiede. Hatte schon viel zu viele.

KRANKENLAGER

Das Klopfen weckt Alois auf. Knüppel, die an die Wände der Waggons schlagen, dazu gebrüllte Kommandos. »Raus, raus, ihr Schweine, dalli, dalli, aufstellen, schneller.« Er spürt, wie jemand an ihm zerrt, ihn hochzieht und auf die Beine stellt. Juri schüttelt ihn.

»Wo sind wir?«, fragt Alois benommen.

Juri zuckt die Schultern. »Ist Endstation.«

Die Türen werden aufgerissen. Der eiskalte Nachtwind bläst durch den Gestank. Befehle, Beschimpfungen, Hundegebell prasseln auf die Gefangenen ein. Erst jetzt erkennt Alois, dass er die ganze Zeit auf einer Leiche lag. Der Boden des Waggons ist voll damit.

Er erinnert sich an den Beginn der Fahrt in Groß-Rosen. Mit Knüppeln und Gewehrkolben wurden sie in offene Kohlewaggons getrieben. Sie wurden so eingepfercht, dass sie sich nicht mehr bewegen konnten. Sitzen oder liegen war unmöglich. Wer zusammensank, wurde von den anderen totgetreten.

Alois hat keine Ahnung, wie lange die Fahrt dauerte. Alles lag wie in einem dicken Nebel. Er weiß, dass Regen und Schnee auf ihn fiel, dass die Kälte ihn erstarren ließ und die qualvolle Enge ihm die Luft nahm.

Als Juri ihn aus dem Waggon zieht, sieht er das Schild »Mauthausen Bahnhof«. Gnadenlos schlagen die SS-Männer auf die Häftlinge ein, scheuchen sie auf dem Platz vor dem kleinen Bahnhof zusammen. Der Frost ist noch strenger, der Wind noch eisiger als in Groß-Rosen.

Während sie im Licht der Scheinwerfer von den SS-Leuten gezählt werden, berichtet Juri ihm in seinem abgehackten Deutsch, dass sie fast drei Wochen unterwegs waren. Dass Alois die meiste Zeit nur vor sich hin gedämmert hat. Dass sie anfangs die steif gefrorenen Leichen aus dem fahrenden Zug geworfen haben. Dass der Zug dann irgendwo angehalten hat und die Toten in den letzten Wagen verfrachtet wurden. Dass sie dabei beinahe auch Alois mitgenommen hätten. Aber er war noch am Leben, also ließ man ihn im Waggon liegen.

Bevor es weitergeht, müssen sie die Leichen ausladen und zu einer Kiesgrube bringen. Lebende Skelette, die tote Skelette beerdigen. Als sie die Leichen in die Grube werfen, sieht Alois, dass auch Bienek darunter ist. Er fragt Juri, ob er das war, aber der schüttelt den Kopf.

Erst weit nach Mitternacht werden sie in Marsch gesetzt. Bei strengem Frost schleppt sich die Kolonne halb toter Männer über eine Schotterstraße steil bergauf. Ihre dünnen, zerlumpten Häftlingskittel bieten keinerlei Schutz vor dem eisigen Wind. Immer wieder kippt einer aus der Kolonne in den Schnee. Sofort eilt einer der Wachmänner heran und gibt ihm einen Genickschuss.

Alois spürt seine geschwollenen Beine nicht mehr, seine

Füße sind in den Holzpantinen erfroren. Alles an ihm ist ein einziger Eisblock. Nach einer Stunde beschließt er, dass es mit dem Leiden nun ein Ende haben muss.

Er bleibt stehen. »Lass mich hier liegen, dann erschießen sie mich und es ist vorbei«, sagt er.

»Nix aufgeben«, antwortet Juri und hakt ihn unter. »Sind gleich da.«

Alois starrt in die mondhelle Nacht. Etwas in ihm schaltet ab. Er geht wie ein Automat. So wie er den Höllenweg von Auschwitz nach Gleiwitz gegangen ist. So wie er die Todesfahrt in den Kohlewaggons überstanden hat. Es ist erstaunlich, dass man gehen und trotzdem schlafen kann. Dass man leiden und trotzdem nichts spüren kann. Dass der Tod mitfährt, mitgeht, neben einem schläft, unter einem liegt und doch nicht greifbar ist. Dass man selbst sterben und doch gleichzeitig leben will.

Doch Juri hat recht. In der düsteren Morgendämmerung ragt der graue Granit des Lagers über ihnen auf wie eine Drohung. Alois nimmt die letzten Kräfte zusammen. Egal wie es dort oben ist, schlimmer kann es nicht mehr werden.

Doch er täuscht sich. Kaum sind sie durch das Tor, müssen sie sich an einer Mauer aufstellen und warten. Stunde um Stunde stehen sie im Schnee, der kalte Wind zerrt an ihnen. Immer wieder fallen ihre Leidensgenossen einfach um und bleiben als gefrorene Häufchen liegen, die der Schnee zudeckt. Zwischendurch glaubt Alois, ohnmächtig zu werden. Doch immer wieder holt Juri ihn zurück.

»Auf zum Duschen, ihr Dreckschweine«, brüllt schließlich ein Aufseher. Sie müssen sich ausziehen und nackt über den Appellplatz laufen. Am anderen Ende warten Schergen mit Schläuchen und spritzen sie ab. Klitschnass wieder zurück und aufstellen.

Schon auf dem Weg bleiben viele Männer liegen, weitere kippen unter dem eisigen Wasserstrahl um oder werden von den SS-Männern erschlagen, weil sie nicht schnell genug laufen. Als Alois angespritzt wird, bleibt ihm die Luft weg. Er rennt zurück, spürt nichts mehr, steht stramm, sieht Juri rennen, stolpern, hinfallen, aufstehen, nass werden, zurückrennen. Ihre Körper dampfen die letzte Wärme aus.

Am nächsten Tag hat Alois Fieber. Er glüht und brabbelt unverständliches Zeug vor sich hin. Juri sitzt neben ihm, nicht weil er ihm irgendwie helfen könnte, sondern um ihn vor den Hyänen zu schützen. Im Sanitätslager sind nicht die SS-Leute die Gefahr, sondern die Mitgefangenen. Sie warten nur darauf, dass einer stirbt, und stürzen sich auf ihn, um Beute zu machen. Ein Stück Brot, eine Decke, ein paar Schuhe, einen Blechnapf.

Nach vier Wochen scheint es Alois besser zu gehen. Er schlägt die Augen auf und schaut Juri verwirrt an. »Ich habe von zu Hause geträumt«, sagt er.

Juri lächelt. »Träum ich jede Nacht.«

Alois will sich aufrichten, aber er kommt nicht hoch. Juri drückt ihn zurück. Er verschwindet und kommt mit einem Napf faulig stinkendem Wasser zurück.

»Trinken!«, befiehlt er.

Alois liegt in einem düsteren Bau. Dreistöckige Holzpritschen stehen dicht an dicht. Darin drängen sich Hunderte Männer, sie teilten sich zu dritt oder zu viert ein Bett. Erst jetzt bemerkt Alois, dass er und Juri noch einen Bettnachbarn haben. Er sieht nur die Füße von dem Mann, der bewegungslos daliegt.

»Was ist das hier?«, fragt Alois.

»Krankenlager«, antwortet Juri.

»Dann müssen wir nicht arbeiten?«

Juri schüttelt den Kopf.

Mühsam richtet sich Alois auf. Er will raus aus der stinkenden Baracke. Gestützt von Juri geht er vor die Tür. Der Frost hat nachgelassen. Der Schnee ist geschmolzen und hat das ganze Gelände in eine Schlammwüste verwandelt. Es ist bedrückend still. Die ausgezehrten Häftlinge, die nicht in den Betten liegen, schlurfen durch den Schlamm auf der Suche nach etwas Essbarem. Jeder Grashalm, jede Wurzel, die den Winter überlebt hat, wird aufgegessen.

Das Sanitätslager liegt außerhalb des Hauptlagers zu Füßen der hohen Granitmauer. Ein Dutzend Baracken hinter doppeltem Stacheldraht. Alois lehnt sich an die Holzwand und schaut hinauf zu der grauen Festung. Aus dem Kamin des Krematoriums dringt dicker schwarzer Rauch.

Juri ist selbst nur noch ein Schatten. Aber er hat noch Hoffnung. Vor zwei Wochen sind 500 Russen ausgebrochen. Sie haben die Wachtürme angegriffen und mit nassen Decken den Elektrozaun kurzgeschlossen. Viele starben im Kugelhagel. Aber 300 schafften es in die Wälder.

Seither ist die ganze Gegend in Aufruhr. Jeder Schuppen, jedes Gehölz, jedes Erdloch wird durchsucht. Eine erbarmungslose Hetzjagd. Juri betet jeden Abend für die Kameraden.

Die SS ist nervös, die Wachmannschaften wurden verstärkt. Allerdings nicht im Sanitätslager. Nur zwei Soldaten patrouillieren um den Zaun. Hier bricht sowieso keiner aus. Sie nennen es Sterbelager. Es herrscht Fleckfieber, Krätze, Typhus, Ruhr, Tuberkulose. Die ausgemergelten Gestalten husten sich die Lunge aus dem Hals, ihre Mägen und Därme können nichts mehr bei sich behalten. Sie sind entstellt von Hautausschlägen und Geschwüren.

Kein Wachmann, kein Sanitäter hat Lust, das Revier der Aussätzigen zu betreten. Die SS-Ärzte kommen nur, wenn sie eine der gefürchteten Selektionen machen. Wer dabei aussortiert wird, wird in die Gaskammer geschickt. Oder er bekommt eine Spritze mit Phenol oder Benzin ins Herz.

Alois hört Hämmern, Poltern, Hundegebell und Geschrei aus dem nahen Steinbruch. Dort werden diejenigen weitergequält, die noch Steine brechen und tragen können. Und wem die Kraft ausgeht, der wird an Ort und Stelle totgeschlagen, unter den zentnerschweren Granitbrocken erdrückt oder von der SS den Steilhang hinuntergeworfen. Nicht wenige springen freiwillig, damit es endlich ein Ende hat.

In der Schlange bei der Essensausgabe gibt es direkt vor Alois einen Tumult. Zwei Häftlinge streiten um ein schimmliges Stück Brot. Dabei verschüttet einer die Suppe. Sofort wirft er sich hin und schlürft die Reste aus dem Schlamm. Ein Kapo rastet aus. Er schlägt mit einem Gummischlauch auf den armen Mann ein. Dann wird der leblose Körper weggeschleift.

Als Alois endlich an der Reihe ist, zittern seine Hände so stark, dass er beinahe auch seine Suppe verschüttet. Zurück in der Baracke löffelt er neben Juri die übel riechende Brühe. Lange betrachtet er den grauen Brotbrocken, den sie bekommen haben.

»Was ist?«, fragt Juri.

»Ich werde morgen nicht mehr da sein«, sagt Alois. »Aber mein Brot wird da sein. Nimm es dir. Ich habe gute Schuhe und ein dickes Käppi. Auch sie werden noch da sein. Nimm sie dir.«

»Nix da«, protestiert Juri. »Krieg bald zu Ende. Dann wir saufen und tanzen und dann gehen nach Hause.«

»Saufen und tanzen«, sagt Alois schwach. »Das hört sich gut an. Aber jetzt will ich erst mal schlafen.«

Martha

NARBEN

Schwarzhut faltet die Zeitung zusammen. »Hast du gehört? Es gibt eine neue Verfassung, ein Grundgesetz.«

»Ich interessiere mich nicht für Politik«, sage ich.

Er runzelt die Stirn wie ein Oberlehrer. »Das solltest du aber.«

Dann steht er auf. »Lass uns ein bisschen gehen«, sagt er und marschiert los, ohne meine Antwort abzuwarten.

Der Kies knirscht, als wir durch die Gräberreihen laufen.

»Weißt du, warum wir auf Friedhöfe gehen?«, fragt er.

»Um die Toten zu ehren und uns an sie zu erinnern.«

»Nein. Das tun wir hier drin in unserem Herzen, sonst nirgends.« Er klopft sich sanft mit der Faust auf die Brust. »Wir gehen auf Friedhöfe, weil wir hier am besten spüren können, dass wir lebendig sind. Und egal wie verzweifelt wir sind, egal wie grau und schwer uns der Alltag erscheint, sollten wir dafür dankbar sein.«

Er wendet sich nach Süden. Nach wenigen Minuten erreichen wir eine Allee, die sich in langen Kurven ins Tal schlängelt. Die Sonne scheint schräg durch die Bäume.

»Ist Alois Roth ermordet worden?«, frage ich nach einer Weile.

Schwarzhut schweigt lange und ich denke schon, er hat mich gar nicht gehört.

»Ich weiß es nicht«, sagt er schließlich. »Er hat die Todesmärsche überlebt, was an ein Wunder grenzt. Im Lager Mauthausen kam er ins Sanitätslager.«

Vaters Stimme taucht in meinem Kopf auf. *Ich war Sanitäter.* Ich schüttle mich.

»Es war eine Todeszone«, sagt Schwarzhut finster. »Keine Versorgung, kaum etwas zu essen. Man hat die Häftlinge dort einfach verrecken lassen. Oder man hat mit Giftspritzen oder der Gaskammer nachgeholfen.«

»Und Alois?«

Er zuckt mit den Achseln. »Man wird es wahrscheinlich nie herausbekommen.«

»Und sein Verräter läuft immer noch frei herum.«

»Du darfst nicht denken, dass die Leute hier schlechter sind als andere. Es war überall dasselbe. Es gab Gute und Böse. Es gab diejenigen, die alles taten, um an die Macht zu kommen, denen jedes Mittel recht war, denen nichts heilig war, kein Besitz und kein Menschenleben. Es gab Speichellecker, Spitzel und Verräter. Und es gab auch die Anständigen, die rechtschaffen und menschlich geblieben sind. Sie alle gibt es übrigens auch heute noch.«

»Und es gab diejenigen, die brav funktionierten«, sage ich.

»Ja, die gab es auch«, sagt er nachdenklich.

Schwarzhut dreht um und wir spazieren wieder zurück zum Dorf.

»Und wohin wirst du jetzt gehen, Martha?«

»Woher wissen Sie, dass ich fortgehe?«

Er grinst schief. »Es wird erzählt im Dorf.«

»Was wird denn noch so alles erzählt?«

»Zum Beispiel, dass dein Vater bei der SS war. Stimmt das?«

»Ja, es stimmt«, sage ich. »Ich habe ihn gefragt. Er sagt, er hat nichts getan, wofür er sich schämen muss.«

»Und, glaubst du ihm?«

»Ich weiß nicht mehr, was ich glauben soll. Ich weiß auch nicht, wem ich vertrauen kann. Ich weiß überhaupt nichts mehr.«

»Ich habe dich gewarnt, dass die Wahrheit schmerzhaft sein kann.«

Wir sind wieder an der Bank hinter der Friedhofsmauer angekommen. Ich schaue hinunter zum Waggon, der jetzt ein Jahr mein Zuhause war.

»Wenn ich nachts die Nutrias höre, kommt es mir vor, als würden sie um Alois Roth weinen«, sage ich leise.

»Warum sollten sie? Es sind Tiere. Und selbst wenn sie sich für uns Menschen interessierten, sie könnten sich an Alois nicht erinnern. Sie sind viel zu jung.«

»Weinen wir nicht auch manchmal um Menschen, die wir nicht kennen, die weit vor uns geboren wurden? Wir weinen, weil ihr Schicksal uns berührt. Wegen ihres Unglücks, wegen ihrem Schmerz. Wegen der Ungerechtigkeit.«

Schwarzhut mustert mich lange, sein Gesicht zeigt keine Regung, sein Blick undurchdringlich. Ich halte ihm stand.

»Warum?«, frage ich.

Er legt den Kopf schief. »Warum was?«

»Warum haben Sie Ihren Freund verhaftet.«

Seine Augen flackern, dann schaut er weg, hinunter zum Waggon.

»Er war nicht mein Freund. Und selbst wenn – im Dienst hast du keine Freunde.«

»Warum haben Sie ihn verhaftet?«, wiederhole ich.

»Ich hatte keine Wahl.«

»Haben wir nicht immer eine Wahl?«

»Nein«, sagt er tonlos. »Es war Krieg. Was weißt du schon vom Krieg?«

Ich stelle mich wütend vor ihn. »Ich weiß genug vom Krieg. Vor meinen Augen ist Königsberg zerbombt worden. Vor meinen Augen ging Dresden in Flammen auf. Vor meinen Augen sind brennende Leichen vorbeigeschwommen. Vor meinen Augen sind Mädchen und Frauen vergewaltigt worden. Ich habe mich über meine kleinen Geschwister geworfen, wenn unser Flüchtlingszug beschossen worden ist. Ich weiß genug vom Krieg.«

Ich habe mich in Rage geredet. Er weicht einen Schritt zurück. »Was hätte ich tun sollen? Wenn ich Alois nicht verhaftet hätte, dann hätte es ein anderer getan.«

»Vielleicht hätte es ein anderer getan. Vielleicht auch nicht.«

»Ich habe geglaubt, dass Alois irgendwas ausgefressen hat. Dass er für ein paar Wochen ins Gefängnis geht. Wie so oft. Woher sollte ich wissen, wohin das führt? Und als es mir dann klar war …« Er bricht ab.

»Da war es zu spät«, beende ich seinen Satz.

»Danach habe ich den Dienst quittiert und bin weggezogen.«

»Und seither verfolgt er Sie.«

Er nickt geistesabwesend.

Ich weiß, wie es ist, wenn Wunden schlecht verheilen, wenn Narben Jahre später noch wehtun.

»Seither versuchen Sie, das Licht anzumachen. Aber nicht für mich.«

Er nimmt zum ersten Mal seinen schwarzen Hut ab und hält ihn vor die Brust. »Doch, Martha. Auch für dich.«

Nur ein dünner grauer Haarkranz liegt um seinen Schädel, der Rest ist kahl. Auf einmal sieht er viel weicher aus als sonst, betroffen, verletzlich.

»Ich wünsche dir viel Glück«, sagt er. »Du hast übrigens meine Frage noch nicht beantwortet, wohin du jetzt gehst.«

»Sie werden es erfahren. Man wird im Dorf darüber reden. Wenn nicht, dann werden Sie es herausbekommen. Sie sind ein guter Polizist.«

Ein kurzes Grinsen blitzt durch sein Gesicht. Dann setzt er den Hut wieder auf und geht.

STERNSCHNUPPE

Die Nacht ist mild und windstill. Der Himmel, der seit Monaten grau und diesig war, hat aufgemacht und gibt ein Meer von Sternen frei. Ein funkelndes Versprechen, dass auch dieser endlose Winter einmal ein Ende hat.

Der Wachsoldat, der um das Sanitätslager patrouilliert, sieht, wie ein Häftling unerlaubt seine Baracke verlässt. Er hebt das Gewehr und legt an. Doch er wartet noch ab. Der Mann ist groß, er trägt weder Käppi noch Schuhe. Bestimmt ist das wieder einer, der genug hat. Einer, der beschlossen hat, in den Zaun zu gehen und mit dem Starkstrom seine Qualen zu beenden.

Der SS-Mann wartet auf die Funken. Doch der Häftling bleibt mitten auf der Lagerstraße stehen. Er schaut nach oben und kippt einfach um. Der SS-Mann hört das schmatzende Geräusch, als der Körper in den Matsch fällt.

Alois betrachtet die Sterne. Er weiß, dass er die Baracke nicht verlassen darf. Doch alle Angst und Schwäche sind von ihm gewichen.

Er schließt die Augen und er sieht noch mehr Sterne als zuvor. Sie sind in seinem Kopf, er kann die Planeten aufzäh-

326

len. Du brauchst nur genug Fantasie. Es gibt viele Dinge, die da sind, obwohl man sie nicht sieht.

Die Winterstarre geht zu Ende. Der Frühling ist nah, er spürt das in den müden Knochen. Nicht mehr lange, dann rennen wir wieder über die Wiesen und hängen unsere Füße in den Bach. Er spürt, wie das weiche Gras seine Fußsohlen kitzelt, fühlt die Sonne und das Wasser auf seiner Haut.

Er atmet tief ein. Man kann die Triebe der Bäume riechen. Das wird ein prachtvolles Frühjahr. Klee und Getreide werden wachsen, die Obstbäume werden blühen, die Kartoffeln gut angehen. Es wird Brot und Fleisch und Bier geben.

Bald ist Ostern, Liebste, da werde ich dir einen Antrag machen. Was sagst du dazu? Freust du dich? Wirst du Ja sagen?

Alois sieht ihr Gesicht vor sich, den Strahlenkranz ihres Lachens. Er hört ihre dunkle Stimme. Du bist ein verrückter Kerl und ein Träumer.

Aber natürlich ist er ein Träumer. Natürlich ist er ein Verrückter. Was soll man denn anderes sein in dieser wahnsinnigen Welt? Eine Welt, beherrscht von Schlächtern, die keine Achtung haben vor den Schwachen, die alles zum Feind erklären, was sanft und offen und feinfühlig ist, die das Nachdenken und Fragen und Aufrechtgehen verbieten.

Was bleibt dir denn sonst, als zu träumen und verrückt zu sein?

Denn gegen deine Träume sind sie machtlos. Beinahe hätten sie auch die ihm weggenommen. Ein Jahr lang waren seine Fantasie und Erinnerungen erloschen. Nun sind sie wieder da.

Sie sprudeln durch seinen Kopf wie eine Quelle, die lange

versiegt war. Alles läuft an ihm vorbei wie ein Festumzug. Die Freunde und Verwandten, rauschende Feste, Tanzen und Küssen, Ärger und Streit, Einsamkeit, Trauer und Verzweiflung, Sonnenaufgänge und Abendrot, ausgeschnittene Berge und duftende Wiesen. Er hat den Geruch von Heu in der Nase, von Rinderbraten und dunklem Bier. Er hört das Läuten der Sonntagsglocken, Blasmusik und Mädchenlachen.

Alois muss mitlachen. Er bringt nur ein raues Krächzen zustande. Doch in ihm klingt es laut und wild. Er lacht sich all den Irrsinn von der Seele. Dann kommen ihm die Tränen und er weint wie ein kleines Kind.

Der Wachsoldat sieht, wie der große Häftling am Boden zuckt und dann still liegt. Er schultert das Gewehr und dreht seine Runde weiter. Keine besonderen Vorkommnisse.

Alois schaut in den Himmel und sieht eine Sternschnuppe quer über sich hinwegziehen. Vielleicht hat er sich das auch nur eingebildet. Aber das ist jetzt egal. In seine weit geöffneten Augen sickern die Sterne und die Nacht.

Martha

LICHT

Alle wollen mit zum Bus gehen, um mich zu verabschieden.
Die Vorstellung ist fürchterlich. Mitten im Dorf die Horde
der Krutke-Familie, die mich umrundet und umarmt und
zuplappert. Seit Tagen versuche ich, es ihnen auszureden.
Schließlich spricht Mutti ein Machtwort.

»Marthi wird jetzt selbstständig. Dann kann sie morgen
auch alleine zum Bus gehen.«

Im Waggon geht es zu wie im Hühnerstall. Karl und
Heinzi toben herum, Vater wandert auf und ab, schimpft die
Jungs und hält dazwischen Vorträge. Welche Gefahren auf
mich lauern, wie ich mich verhalten soll, was ich alles beachten muss. Nach den Monaten der Stille und Einsamkeit bin
ich von dem Lärm und dem Getriebe überfordert.

Mutti wird es dann zu viel. Sie scheucht alle raus, damit wir in Ruhe den Koffer packen können. Erna und Irene
haben mir ein Sommerkleid aus Baumwolle genäht, mit Blu-
menmuster und weitem Rückenausschnitt. Mutti hat auf das
Ersparte zurückgegriffen und mir neue Unterwäsche und
echte Seidenstrümpfe gekauft. Am Ende muss ich mich auf
den Koffer setzen, damit Mutti ihn zubringt.

Als meine Sachen fertig gepackt sind und alle draußen sind, hole ich schnell die Schatzkiste aus dem Versteck und stopfe sie in meinen Rucksack. Es gibt noch etwas zu tun.

Ich renne hinunter ins Dorf und komme außer Atem vor der Käserei Thalmann an. Eigentlich wollte ich die Haarklammer einfach vor die Tür legen, aber dann sehe ich Franziska im Laden. Ich trete ein, begleitet von der Kuhglocke. Bevor ich es mir anders überlegen kann, lege ich die Haarklammer auf die Theke.

»Kann es sein, dass die Ihnen gehört?«

Sie nimmt die Klammer wie eine zerbrechliche Blume in die Hand. In ihrem Gesicht spiegeln sich die Erinnerungen. Eine kalte Februarnacht. Ein Räuberhauptmann und eine Hexe, die ungeschickt miteinander tanzen, sich dabei schieflachen und sich im Mondlicht küssen.

»Wo hast du die denn gefunden?«

»Sie war im Waggon versteckt.«

Franziska hält sich die Hand vor den Mund. »Das muss fast dreißig Jahre her sein. Er hat das Ding tatsächlich aufgehoben.«

Sie denkt kurz nach, dann fasst sie eine Entscheidung.

»Ich finde, die Haarklammer passt besser zu einem jungen Mädchen als zu mir alter Schachtel.«

»Ich kann das nicht annehmen.«

»Natürlich kannst du. Ich habe gehört, dass du fortgehst.«

»Ich bin also schon das Dorfgespräch.«

Sie lacht auf. »Hier bleibt nichts verborgen.«

Sie dreht mich um, fasst meine Haare und steckt sie mit der Klammer zusammen.

Beschwingt eile ich zum »Lamm« und schleiche in den

Hinterhof. Dort stelle ich die Blechkiste auf die Bank und stehle mich davon. Da höre ich die Tür gehen. Hermann Roth kommt heraus, dehnt die Schultern und streckt den Rücken durch. Verborgen hinter dem Anbau beobachte ich ihn.

Als er sich auf die Bank setzt, entdeckt er die Blechkiste. Er nimmt sie auf den Schoß, öffnet den Deckel und erstarrt. Langsam nimmt er ein Teil nach dem anderen aus der Kiste. Ich sehe, wie Tränen über seine Wangen laufen.

*

Die letzte Nacht im Waggon ist so unruhig wie die erste. Neben und über mir die Atemgeräusche der Familie. Draußen das Käuzchen, das aus dem Wald schreit. Der Bach gluckert und der Wind geht durch die Tannen. Kuhglocken schellen und die Nutrias weinen.

Und doch ist etwas anders. Die Geräusche und die Dunkelheit haben ihren Schrecken verloren. Vielleicht ist der Geist weggegangen oder er hat sich aufgelöst. Vielleicht hat sich auch einfach meine Angst aufgelöst. Ich höre Schwarzhuts Reibeisenstimme. Immer wenn wir das Licht anmachen, verschwinden die Schatten.

Ich schlafe zum ersten Mal seit Langem ohne Albträume.

Klaus und Heinzi wecken mich beim ersten Morgengrauen. Sie wuseln durch den Waggon und sorgen für hektisches Durcheinander. Alle sind aufgekratzt, nur ich bin ruhig wie schon lange nicht mehr.

Gleich nach dem Frühstück gehe ich zu den Nutrias, werfe ihnen Futter in den Käfig. Nutchen schmiegt sich an meine Hand, als wüsste sie, dass ich gehe.

»Danke, dass du immer für mich da warst und mich getröstet hast«, flüstere ich.

Sie schaut mich mit ihren Knopfaugen an und lächelt mir mit ihren orangen Zähnen zu. Ich erinnere mich, wie ich vor einem Jahr hier saß und wie dieses kluge Tier als Erstes den fehlenden Splitter in meinem Kopf entdeckt hat, die raue Stelle auf meiner Seele.

Die Stelle ist immer noch da, aber sie fühlt sich nicht mehr so rau an. Etwas ist heiler geworden, stärker, lebendiger.

Nutchen streichelt mich ein letztes Mal mit ihren Barthaaren. Dann watschelt sie zurück zu den anderen.

Vor dem Waggon sind alle zu meinem Abschied aufgereiht. Erna erdrückt mich fast und Karl gibt mir einen lässigen Schmatz auf die Wange. Klaus und Heinzi wollen auch geknuddelt und geküsst werden und hören erst auf, als Mutti sie zur Ordnung ruft.

Mutti nimmt mich an beiden Händen und presst ihre Stirn gegen meine. »Du weißt, dass ich stolz auf dich bin.«

Vater steht hilflos herum und weiß nicht wohin mit seinen Händen.

»Sollen wir nicht doch besser mitgehen?«, fragt er und erntet einen strafenden Blick von Mutti.

Er sieht so traurig aus. Ich streiche ihm mit der Hand über die stoppelige Wange. »Adieu, Vati.«

Da legt er seine starken Arme um mich und hält mich. Lang und fest. Es tut gut, noch einmal in dieser Wärme zu stecken. Einer Wärme, die mir einmal Sicherheit vermittelt hat.

»Ich wünsche dir viel Glück, Marthi«, sagt er mit belegter Stimme.

Dann lässt er mich los und tritt zur Seite und muss sich dringend die Schuhe binden.

Mutti gibt mir einen Klaps auf den Po. »Ab mit dir.« Und so schleppe ich mit der einen Hand meinen schweren Koffer und winke mit der anderen, bis ich um die Kurve bin.

Der Morgen ist kühl und grau und der Regen macht nur eine kurze Pause. Dennoch verabschiedet sich das Dorf von seiner angenehmen Seite. In den Gärten blühen Büsche und Blumen, die Bäume platzen in alle Grüntöne. Die diesige Luft streicht über das Günztal, es riecht nach Frühling und frischem Leben. Bauern fahren mit Gespannen und Traktoren aufs Feld, Dienstmädchen und Arbeiter sind unterwegs, von der Kirche schlägt die Glocke. Es ist ein Idyll.

Am Krämerladen bleibe ich stehen. Drinnen packt Georg gerade frische Waren in die Körbe. Er sieht mich und erstarrt in der Bewegung. Für einen langen Moment schauen wir uns in die Augen, zwischen uns das grünliche Schaufenster, zwischen uns eine ganze Welt.

Ich sehe ihn und zugleich mich selbst als Spiegelung im Glas. Ein dünnes Mädchen, aufgeschossen, mit Mantel und Koffer. Gepackt wie ein Flüchtling. Aber ich bin nicht mehr auf der Flucht. Ich habe das armselige Kopftuch abgelegt und trage Franzis Haarklammer. Ich fange jetzt an mit dem Ankommen.

Am Busbahnhof vor dem »Hirschen« drängen sich die Menschen. Die meisten sind Stammkunden, die zur Arbeit oder zu einem Markt fahren. Alle kennen sich und plaudern zwischen Koffern, Kartons und Taschen.

Ich stelle mich etwas abseits. Die Leute beachten mich nicht weiter. Auch nach einem Jahr bin ich hier eine Fremde geblieben. Aber ich beklage mich nicht, die Menschen waren gut und hilfsbereit – zumindest die meisten.

Ob wohl Schwarzhut vorbeikommt, um sich zu verabschieden? Aber das ist nicht seine Art. Wer weiß, vielleicht steht er hinter einer Hausecke und beobachtet mich.

Als der Bus herfährt, setzt sich die Menge in Bewegung. Die Menschen schieben sich an die Tür, Gepäck wird eingeladen.

Ich bin die Letzte und wuchte meinen Koffer hoch. Kurz bevor ich einsteige, kommt Dori um die Ecke gehastet und rennt auf mich zu.

»Gut, dass ich dich noch antreffe«, sagt sie atemlos. »Die Blechschachtel. Die hast doch du gestern hingestellt.«

»Ich weiß, ich hätte sie schon lange …« Ich schaue beschämt zu Boden.

Doch anstatt mir Vorwürfe zu machen, fällt sie mir um den Hals. »Du bist ein Schatz.«

Ich weiß nicht, was ich sagen soll. Hinter mir hupt der Busfahrer. Dori winkt, er soll warten.

»In der Dose war etwas, das nicht für uns bestimmt ist.«

Sie zieht die Karte hervor. Blau blüht ein Blümelein.

Ich zucke mit den Schultern. »Ich weiß auch nicht, für wen die sein sollte.«

»Jetzt ist es deine«, sagt sie und drückt mir die Karte in die Hand. Ich drehe sie um. Dort steht »Für Martha zur Erinnerung«.

Der Fahrer hupt wieder und Dori schiebt mich in den Bus.

»Wo soll's hingehen?«, fragt er mürrisch.

»Weg«, sage ich und lächle ihn an.

NACHWORT

Diese Geschichte ist ein Geschenk. Das war mir sofort klar, als Wilhelm Weinbrenner mir Anfang 2018 zum ersten Mal von dem Eisenbahnwaggon und seinen Bewohnern erzählte. Zusammen mit anderen Ehrenamtlichen hat Weinbrenner die Geschichte seines Heimatortes Obergünzburg erforscht und war dabei auf den »Waggon vierter Klasse« gestoßen.

Ein alter Bahnwaggon am Rand eines Dorfes, am Rand der Gesellschaft, in dem seit Jahrzehnten die Außenseiter untergebracht werden. Der Waggon ist Symbol für Ausgrenzung und Deportation und zugleich für Hoffnung und Neubeginn. Hier treffen die Lebenden auf die Toten. Wie unter einem Brennglas verdichten sich dort fünfzig Jahre deutscher Geschichte.

Grundlage für diesen Roman sind gründliche Nachforschungen. Die Orte und zeitgeschichtlichen Ereignisse sind so genau wie möglich beschrieben. Auch die Personen, ihre Geschichten und Hintergründe sind sorgsam recherchiert.

Dennoch ist dieser Roman eine Fiktion. Die Tatsachen und Fakten sind zu einer Erzählung verwoben. Die handelnden Personen sind zwar an historische Vorbilder angelehnt und ihnen deshalb ähnlich. Aber letztlich sind sie doch Produkte meiner Fantasie.

Es ist wichtig, das vorauszuschicken. Denn es geht in diesem Roman nicht darum, das Dorf und seine Bewohner zu verurteilen. Die Geschichte hätte ebenso gut an jedem anderen Ort in Deutschland spielen können. Überall im Land wurden in der NS-Zeit Menschen bespitzelt und verraten, ausgegrenzt und verfolgt. Überall im Land gab es nach dem Krieg Vorurteile und Ablehnung gegenüber den Vertriebenen. Und überall im Land herrschte nach 1945 eine kollektive Verdrängung der Nazi-Verbrechen. Obergünzburg steht exemplarisch für Tausende Städte und Dörfer.

Deshalb haben auch alle Personen fiktive Namen. Mit Ausnahme von Alois Roth und seiner Familie. Seine Geschichte basiert auf den Fakten, die eine umfangreiche Recherche ergeben hat. Nach der langen Zeit konnte das Leben dieses Mannes nicht mehr lückenlos aufgeklärt werden. Aber es lässt sich aufgrund der erhaltenen Dokumente und einiger Zeitzeugenberichte weitgehend nachvollziehen.

Alois Roth wird am 8. Dezember 1894 in Obergünzburg geboren. Seine Eltern Franz Joseph und Sofie Roth betrieben am Marktplatz das »Gasthaus zum Lamm« mit dazugehöriger Landwirtschaft. Alois wächst zusammen mit seinem älteren Bruder Hermann und drei jüngeren Geschwistern auf. Er besucht sieben Jahre lang die Volksschule, danach drei Jahre die gewerbliche Fortbildungsschule. Über seine gesamte Schulzeit bekommt er in allen Fächern beste Noten. Die Lehrer bescheinigen ihm einen besonderen Fleiß und ein »sehr lobenswürdiges Betragen«.

Als Alois dreizehn ist, stirbt seine elfjährige Schwester Maria. Ein Jahr später stirbt die Mutter. Er macht eine landwirtschaftliche Lehre bei seinem Vater. Danach arbeitet er vermutlich im elterlichen Betrieb.

Im Ersten Weltkrieg bleibt Alois Roth ein Fronteinsatz erspart. Er wird im Sommer 1917 zur Reservekompanie eingezogen und bereits im Mai 1918 wegen einer Erkrankung oder Verletzung wieder aus der Armee entlassen. Sein Bruder Hermann hingegen ist vier Jahre an der Front. Er kommt im Sommer 1918 verwundet und hochdekoriert zurück. Noch im selben Jahr übergibt der Vater den Hof und die dazu gehörige Gastwirtschaft an Hermann.

Während also der ältere Bruder der neue »Lammwirt« wird, gerät Alois auf die schiefe Bahn. Warum, das wissen wir nicht. Im September 1919 findet sich der erste Eintrag einer Straftat bei ihm. In einer Zeitungsmeldung vom 12. März 1920 steht im Obergünzburger Tagblatt, dass Alois Roth als Schleichhändler verhaftet wurde. Dort heißt es, Alois habe während des ganzen Krieges Schwarzhandel betrieben. Vermutlich muss er zumindest für kurze Zeit ins Gefängnis.

Gesichert ist, dass Alois Roth zwischen 1919 und 1938 insgesamt zwanzig Mal mit dem Gesetz in Konflikt kommt. Aufgelistet sind: elfmal Betrug, zweimal Schleichhandel, einmal gefährliche Körperverletzung, einmal Hehlerei, zweimal Ruhestörung, einmal Diebstahl, einmal grober Unfug und einmal Berufsbeleidigung. Zu den einzelnen Vergehen sind keine Unterlagen mehr zu finden, da die Gerichtsakten weitgehend verschollen sind oder zerstört wurden.

Alle seine Straftaten sind juristisch gesehen »Vergehen minderschwerer Natur«. Entsprechend sind die Freiheitsstrafen, zu denen Alois Roth verurteilt wird, meist gering. Aus den wenigen erhaltenen Hinweisen wissen wir, dass er zumeist einige Tage Haft bekommt. Da er aber Wiederholungstäter ist (vor allem bei Betrug), muss er auch einige Male für mehrere Monate ins Gefängnis.

Anfang 1922 zieht Alois von zu Hause aus und wohnt an verschiedenen Adressen im Ort. Er schlägt sich mit Hilfsarbeiten durch. 1930 ist er für einige Monate als Gemeindearbeiter in Obergünzburg angestellt. Mehrere Male zieht er weg, vermutlich weil er andernorts Arbeit findet. Hinter einigen »Wegzügen« in der Meldekarte verbergen sich allerdings auch längere Haftstrafen.

So muss er Ende 1933 für acht Monate ins Gefängnis. Vermutlich verliert er dadurch seine Wohnung. Jedenfalls ist in der Meldekarte danach keine neue Adresse mehr in Obergünzburg eingetragen. Allerdings wissen wir aus Dokumenten und von Zeitzeugen, dass Roth auch danach am Ort lebte. Sehr wahrscheinlich wurde ihm ab 1934 der ausrangierte Eisenbahnwaggon als Wohnung zugewiesen. Diesen Waggon hat die Gemeinde 1929 beschafft und als Notwohnung außerhalb des Dorfes am Rand einer Wiese neben einem Bach aufgestellt.

In den 1930er-Jahren ist Roth immer wieder für einige Monate in Kempten. 1936 arbeitet er dort beim Bau der Kaserne. 1941/42 ist er ein Jahr in Landsberg gemeldet. Vermutlich ist er dort beim Bau einer Staustufe des Lechs beschäftigt.

Nach 1938 finden wir keinen Eintrag mehr im Strafregister. Entweder lässt sich Roth nichts mehr zuschulden kommen oder er wird nicht erwischt. Dennoch wird er fünf Jahre später erneut verhaftet. Unter dem Datum 26. November 1943 steht auf der Meldekarte der Eintrag: »Durch Gendarmerie Posten hier verhaftet, Landgerichtsgefängnis Kempten, soll Staatliche Kriminal Polizeistelle Augsburg erfragt werden«. Ein örtlicher Polizist nimmt ihn fest und bringt ihn zum Bahnhof im Nachbarort Günzach, wo der Zug nach Kempten abfährt. Der damalige Bahnhofswirt erinnerte sich an den Tag. Alois Roth habe um eine Halbe Bier gebeten und gesagt: »Jetzt bringen's mich fort.«

Wer die Verhaftung angeordnet hat, lässt sich nicht mehr ermitteln. Aber der Hinweis auf der Meldekarte zeigt, dass die Gestapo dahintersteckt. Nach drei Tagen wird Roth von Kempten nach Augsburg ins Gestapogefängnis Katzenstadel überstellt. Dort verbringt er etwas mehr als zwei Monate. Als Straftat ist im Gefangenenbuch ein »P« (für Polizeihaft) angegeben, als Haftgrund »Vorbeugung«.

Roth war demzufolge ein Opfer der »vorbeugenden Polizeihaft« geworden. Er hatte ein langes Vorstrafenregister, keine feste Arbeit, erhielt Hilfen von der staatlichen Wohlfahrt und wohnte in einem Waggon als Notwohnung. Jeder dieser Punkte genügte, um Alois Roth als »Berufsverbrecher«, »Arbeitsscheuen« oder »Asozialen« zu diskriminieren. Wer in diesen Schubladen landete, konnte ohne richterlichen Beschluss inhaftiert werden.

Den Ideologen, die das Bild vom braven und fleißigen Deutschen predigten, war jemand wie Alois Roth ein Dorn im Auge. Erstaunlich ist, dass er so lange von Repressalien verschont blieb. Dafür gibt es nur eine Erklärung. Alois Roth muss einen einflussreichen Gönner und Freund gehabt haben (vielleicht auch mehrere), der seine schützende Hand über ihn hielt.

Warum er dann 1943 dennoch verhaftet wurde, darüber können wir nur spekulieren. Vielleicht hatte er sich etwas zuschulden kommen lassen. Vielleicht wurde die schützende

Hand über ihm weggezogen. Vielleicht wurde er gezielt denunziert. Es ist nicht unwahrscheinlich, dass jemand die lokalen Gremien übergangen und Alois Roth bei überörtlichen Funktionären angeschwärzt hat. Wir wissen es nicht.

Am 2. Februar 1944 wird Roth von Augsburg nach Auschwitz deportiert. Er kommt am 11. Februar 1944 an und wird im Stammlager (Auschwitz I) aufgenommen. Unter der Häftlingsnummer 173690 wird er als politischer Häftling geführt.

Das ist bemerkenswert. Aufgrund seiner vielen Vorstrafen und der unsoliden Lebensweise musste man davon ausgehen, dass Roth im Konzentrationslager in die Häftlingsgruppe der so genannten »Berufsverbrecher« oder »Asozialen« kommt. Die Einstufung als politischer Häftling lässt nach Aussage von Experten darauf schließen, dass Roth sich kritisch über das Regime geäußert hat und von irgendjemandem verraten wurde.

Zeitzeugen schildern Alois Roth als durchwegs unpolitischen Menschen. Was tatsächlich vorgefallen ist und was zu seiner Verhaftung und der politischen Einstufung führte, lässt sich aus den wenigen erhaltenen Unterlagen nicht mehr klären.

Obwohl Alois Roth mit 49 Jahren nicht mehr zu den jüngsten Häftlingen zählt, überlebt er das Vernichtungslager Auschwitz ein Jahr lang. Über seine Lagerzeit existieren nur drei Dokumente. Zwei bescheinigen Behandlungen im Krankenblock. Das dritte ist eine Liste von Männern, die auf Typhus und Tbc untersucht wurden. Es sind die Häftlinge, die im Kommando »Kartoffelschälerei« eingesetzt waren. Darunter taucht auch Alois Roth auf. Er war also einer von rund 120 Mann, die als Kartoffelschäler arbeiteten.

Die Kartoffelschälerei war eines von zahllosen Kommandos, in denen die Häftlinge arbeiten mussten. Es wird von mehreren Auschwitz-Überlebenden beschrieben. Im Vergleich zu vielen mörderischen Arbeiten zählte es sicherlich zu den »besseren« Arbeitskommandos. Zum einen war man unter Dach, zum anderen nahe an den Essensvorräten. Roth hatte damit eine begehrte Arbeit ergattert. Ob das seiner Pfiffigkeit, dem Zufall oder guter Verbindungen geschuldet war, wissen wir nicht. Jedenfalls verbesserte es in der Todeszone Auschwitz die Überlebenschancen.

Auch in den Kapiteln über Auschwitz sind die Personen anonymisiert und tragen fiktive Namen. Grundlage hierfür sind neben eigenen Recherchen vor allem Literatur von Überlebenden des Vernichtungslagers. Unter den vielen Beschreibungen möchte ich zwei hervorheben: »Menschen in Auschwitz« von Hermann Langbein und »Ist das ein Mensch?« von Primo Levi.

Der Mitgefangene, der im Roman Hugo Daniel heißt, hat ein reales Vorbild. Einen Rom, der ebenso wie Alois Roth im Gestapo-Gefängnis in Augsburg war. Er wurde im selben Transport wie Roth nach Auschwitz deportiert und nach drei Monaten in Birkenau ermordet. Da seine Geschichte unbekannt ist, wurde er für den Roman anonymisiert.

Im Januar 1945, als die russische Armee vor Auschwitz steht, werden Zehntausende Häftlinge auf die berüchtigten Todesmärsche geschickt. Nur ein Teil von ihnen überlebt die Strapazen. Unter ihnen ist Alois Roth. Den Dokumenten zufolge kommt er ins KZ Groß-Rosen und wird von dort in Viehwaggons unter unmenschlichen Bedingungen weiter ins KZ Mauthausen deportiert.

Am 15. Februar kommt er dort an. Sein Zustand ist so schlecht, dass er in das sogenannte »Sanitätslager« eingeliefert wird. Dieses war nichts anderes als ein Sterbelager, in dem die geschwächten Häftlinge ohne ausreichende Verpflegung und medizinische Versorgung weitgehend sich selbst überlassen wurden. Dort stirbt Alois Roth am 22. März 1945. Als Todesursache wird Kreislaufschwäche und allgemeiner Körperverfall angegeben.

Diese Angaben waren häufig eine Verschleierung der wahren Todesursache. Allerdings könnten sie hier tatsächlich stimmen. Schließlich hatte der 50-jährige Alois Roth mörderische Strapazen hinter sich. Ein Tod durch Schwäche wäre durchaus naheliegend. Ebenso ist es aber möglich, dass Roth von SS-Ärzten durch eine tödliche Herzinjektion getötet wurde. Dies war im »Sanitätslager« an der Tagesordnung. Letztlich werden wir die Wahrheit nicht mehr herausfinden.

Durch die Recherchen kennen wir zwar die Lebensdaten und -umstände von Alois Roth, dennoch wissen wir über seine Person nur sehr wenig. Wer war Alois Roth? Er war ein Außenseiter, teils aus freiem Willen, teils weil ihn die Gesellschaft dazu gemacht hat. Er war ein schlauer und pfiffiger Kerl, aber vielleicht einer, der sich überschätzt hat und dadurch auf die schiefe Bahn geriet. Er wollte sich nicht einfügen in die bäuerliche Gesellschaft mit ihren vorgefertigten Lebensläufen. Er hatte seinen eigenen Kopf und er wollte sein eigenes, unangepasstes Leben leben.

Zeitzeugen erinnern sich an ihn als Sonderling, der wenig arbeitete, gerne trank und immer Geschichten erzählte. Einer bezeichnete Roth als »Bauernphilosoph«.

Nachdem Alois Roth weg war, wurde über ihn geschwiegen. Niemand hat den Fall nach dem Krieg aufgerollt. Niemand hat nachgefragt, niemand hat Anklage erhoben. In den Augen vieler Menschen war er selber schuld. Immerhin war er ein verurteilter Dieb und Betrüger. Doch egal ob Alois Roth ein Kleinkrimineller war, egal ob er wenig arbeitete, egal ob er in prekären Verhältnissen lebte und dem Alkohol zusprach. Niemand war zu Recht im KZ, niemand wurde zu Recht ermordet.

Alois Roth wurde vergessen. Es erging ihm wie vielen seiner Leidensgenossen. Deshalb steht er stellvertretend für Tausende Menschen, die unter dem Stigma »Berufsverbrecher«, »asozial«, »arbeitsscheu« in die Konzentrationslager eingeliefert, dort entwürdigt, gequält und ermordet wurden. Sie haben bis heute keine Lobby. Erst Anfang 2020, 75 Jahre nach Kriegsende, beschloss der Deutsche Bundestag, diese Menschen als Opfer des nationalsozialistischen Regimes anzuerkennen.

Noch ein paar Bemerkungen zur eigentlichen Heldin unserer Geschichte. Die sechzehnjährige Martha ist eine Romanfigur. Ein aufgewecktes Flüchtlingsmädchen, das von einem besseren Leben träumt und neugierig seine neue Heimat erkundet – und dabei auf das Schweigen der Nachkriegsgesellschaft prallt. Marthas Geschichte ist fiktional, allerdings ist sie nicht frei erfunden. Sie beruht auf wahren Begebenheiten. Diese verdanken wir den Kindern der Familie Minde.

1948 kam Ernst Minde aus russischer Kriegsgefangenschaft nach Obergünzburg. Er stammte aus Ostpreußen und holte nach und nach seine fünf Kinder und die Frau zu sich, die in der Ostzone gelandet waren. Die Familie hatte eine lange Odyssee hinter sich, die sie von Königsberg in Ostpreußen über Dresden bis ins Allgäu führte. Sie kamen für die ersten Jahre in dem abseits gelegenen Bahnwaggon unter.

Drei dieser Kinder – Eva, Jürgen und Martin – haben mir ihre Erinnerungen erzählt. Von den schlimmen Erfahrungen im Krieg, von der Flucht und vom Neuanfang. Sie haben den Waggon beschrieben, die Lage, die Einrichtung. Sie haben von dem kargen Leben in dem beengten Raum berichtet und von der benachbarten Nutriafarm, in der die Tiere nachts Geräusche machten, die sich anhörten wie das Weinen von Kindern.

Besonders hat mich dabei ein Besuch bei Eva Schwertner, geborene Minde, beeindruckt. Sie kam nach dem Krieg als 17-Jährige nach Obergünzburg. Etwa ein Jahr lebte sie in dem einsamen Waggon und musste ihrem Vater den Haushalt machen.

Offen und sehr eindrucksvoll erzählte die heute fast 90-Jährige von den Schrecken ihrer Kindheit. Von den Bombardierungen in Königsberg und Dresden, von der Flucht, von den Vergewaltigungen nach Kriegsende, von der Angst und den Albträumen. Aber auch vom Ankommen, vom Einleben, vom Fremdsein. Davon, wie es ist, wenn man andernorts neu anfangen muss. Diese Erzählungen sind in die Figur von Martha eingeflossen.

Von Alois Roth allerdings hat die Familie Minde nie etwas gehört. Sie wussten nichts über ihren Vormieter im Waggon, der fünf Jahre vor ihrer Ankunft verschwunden war. Doch ebenso wie Roth stand auch diese Familie zunächst am Rand der Gesellschaft. Sie waren Sonderlinge, sie gehörten nicht dazu. Mit einem großen Unterschied. Während für Alois Roth der Bahnwaggon die letzte Station war, bevor er abgeholt und in die Todeszone geschafft wurde, war für die Familie Minde der Waggon eine Startrampe, der aus dem Trauma des Krieges hinausführte ins Leben.

Ganz bewusst habe ich die Spielhandlung des Romans in die Zeit zwischen der Währungsreform im Sommer 1948 und dem Erlass des Grundgesetzes im Mai 1949 gelegt. Die Jahre nach dem Krieg sind für mich eine Art »Niemandszeit« zwischen Zusammenbruch und Aufbruch, zwischen Diktatur und Demokratie. Eine Zeit, in der viele Deutsche die Gräuel des Nationalsozialismus verdrängten und sich gerne als Opfer und nicht als Täter des Krieges sehen wollten. Vor allem war es eine Zeit des Schweigens.

Neben der historischen Bedeutung hat die Geschichte von Martha und Alois aber auch viele Bezüge zu unserer heutigen Gesellschaft und zu aktuellen Fragen. Wohin kann die Radikalisierung der Gesellschaft führen? Wie behandeln wir heute die Andersartigen, diejenigen, die nicht funktionieren? Wie steht es um unsere Offenheit, Gastfreundschaft, Hilfsbereitschaft gegenüber Geflüchteten? Wie groß ist unsere Bereitschaft zur Integration? Wie kann sie gelingen? Nicht zuletzt: Wie gehen wir heute mit der Wahrheit um, was blenden wir aus, was glauben wir?

Zuletzt noch mal zu Obergünzburg heute. Man kann es googeln und man kann hinfahren. Es ist ein beschaulicher Marktflecken, idyllisch gelegen im Allgäuer Voralpenland. Die Menschen sind freundlich und weltoffen. Ein Besuch lohnt sich.

Robert Domes, im Sommer 2021

DANKSAGUNG

Diese Geschichte gäbe es nicht ohne Wilhelm Weinbrenner. Er hat den »Waggon vierter Klasse« und seine Bewohner aus dem Vergessen geholt und setzt sich seit Jahren dafür ein, dass Alois Roth zurück ins öffentliche Bewusstsein gebracht wird. Er hat nicht nur mit seinen Zeitzeugenbefragungen und Recherchen die Grundlagen für diesen Roman gelegt, sondern vor allem auch mich während der mehr als drei Jahre dauernden Arbeit an diesem Buch stets unterstützt. Mit Taten und Zuspruch, vor allem aber durch seine wundervolle Freundschaft. Danke für alles!

Ebenso dankbar bin ich seiner Frau Christa Weinbrenner, die Alois Roth noch persönlich kannte und mir viel über die Geschichte und den Alltag in Obergünzburg während und nach dem Zweiten Weltkrieg erzählt hat.

Zu großem Dank bin ich den Mitgliedern der Familie Minde verpflichtet. Sie haben freimütig von ihren Erlebnissen berichtet und mir das große Vertrauen geschenkt, dass ich ihre Familienerinnerungen für diesen Roman verwenden darf. Besonders danke ich Eva Schwertner, geborene Minde, und ihrem Bruder Martin Minde, die in mehreren Gesprächen über das Leben im Bahnwaggon und im Ort erzählt haben.

Eine ganze Reihe weiterer Zeitzeugen haben ihre Erinnerungen mit mir geteilt und dieses Bild erweitert. Unter ihnen seien hier nur einige namentlich genannt: Eleonore Gabler, Dr. Jörg Gabler, Artur Erber und Hermann Knauer. Ihnen und allen anderen Gesprächspartnern herzlichen Dank.

Von Anfang an haben Bürgermeister Lars Leveringhaus und der gesamte Marktgemeinderat von Obergünzburg die Recherchen unterstützt. Allen Beteiligten vielen Dank für den Mut, dieses Kapitel der Ortsgeschichte aufzuarbeiten, für die Offenheit, den freien Zugang zum örtlichen Archiv und auch für finanzielle Hilfe.

Mein Dank geht an alle Mitarbeiterinnen und Mitarbeiter der Archive, die geholfen haben, Puzzleteile zu der Geschichte zusammenzutragen. Es wäre müßig, sie alle aufzuzählen. Besonders erwähnen möchte ich die Archive im Museum Auschwitz-Birkenau und in der KZ-Gedenkstätte Mauthausen, die mich nicht nur mit Material versorgt haben, sondern mir auch in persönlichen Führungen das Grauen dieser Vernichtungslager deutlich gemacht und meine vielen Fragen beantwortet haben. Das Staatsarchiv Augsburg hat mich fachkundig unterstützt, jeden noch so kleinen Hinweis von Alois Roth nachzuverfolgen. Und dank der freundlichen Hilfe aus dem DB Museum der Deutsche Bahn Stiftung in Nürnberg konnte ich dem Bahnwaggon vierter Klasse auf die Spur kommen. Martina Kleinert, Leiterin des Historischen Museums Obergünzburg, hat geduldig meine Fragen zur Südseesammlung beantwortet.

Für die finanzielle Unterstützung dieses Werkes geht ein herzlicher Dank an die Kurt und Felicitas Viermetz Stiftung in Augsburg, an Dr. Ulrich Stiebel und Werner Hofmann aus Obergünzburg sowie an die Sparkasse Allgäu. Dieses Buch wurde gefördert von der Stiftung Literatur – begründet von Dieter Lattmann (www.stiftung-literatur.de).

Wie alle meine Romane wäre auch dieses Buch nicht entstanden ohne die engagierte und freundschaftliche Begleitung meiner Agentin Lianne Kolf und ihres Teams. Ein großer Dank gebührt Katrin Künzel vom cbj Verlag, die sofort von der Buchidee überzeugt war und das Manuskript sehr einfühlsam und klug lektoriert hat.

Vielen Dank an meine Probeleser, die mit Lob und Kritik die Geschichte vorangebracht haben. Vor allem danke ich Kurt Niedermeier, der mit seinen klugen Einwürfen geholfen hat, das Manuskript ein gutes Stück zu verbessern.

Den größten Dank verdienen meine Frau Simone und meine Kinder, die mich mit viel Geduld und Verständnis durch das Auf und Ab einer schwierigen Recherche und einer anstrengenden Schreibphase getragen haben. Ohne sie wäre das alles nicht gelungen!

Robert Domes

Autor

ROBERT DOMES, geboren 1961 im bay-
erischen Ichenhausen, studierte Politik
und Kommunikationswissenschaften
in München. Er arbeitete jahrelang als
Redakteur bei der Allgäuer Zeitung,
zuletzt als Leiter der Lokalredaktion in Kaufbeuren,
bevor er sich 2002 als Journalist und Autor selbstständig
machte. »Nebel im August«, sein erstes Jugendbuch über
ein »Euthanasie«-Opfer im Dritten Reich, wurde auf
Anhieb ein großer Erfolg. Inzwischen gibt es davon eine
hochkarätige, vielfach ausgezeichnete Verfilmung von Kai
Wessel mit Ivo Pietzcker in der Hauptrolle.

Mehr über den Autor auf www.robertdomes.com

Von Robert Domes sind bei cbj erschienen:
Nebel im August (30475)
Waggon vierter Klasse (31352)

Mehr über cbj auf Instagram unter @hey_reader

Robert Domes

Nebel im August –
Die Lebensgeschichte des Ernst Lossa

352 Seiten, ISBN 978-3-570-30475-4

Deutschland, 1933: Ernst Lossa stammt aus einer Familie von „Jenischen", Zigeuner, wie man damals sagte. Er gilt als schwieriges Kind, wird von Heim zu Heim geschoben, bis er schließlich in die psychiatrische Anstalt in Kaufbeuren eingewiesen wird. Hier nimmt sein Leben die letzte, schreckliche Wendung: In der Nacht zum 9. August 1944 bekommt er die Todesspritze verabreicht. Ernst Lossa wird – obgleich geistig völlig gesund – mit dem Stempel „asozialer Psychopath" als unwertes Leben aus dem Weg geräumt.

www.cbj-verlag.de